古代歷史文化研究輯刊

二八編

王明蓀 主編

第 24 冊

學步古今：中國法律史略論稿
（第一冊）

陳景良 著

國家圖書館出版品預行編目資料

學步古今：中國法律史略論稿（第一冊）／陳景良 著 -- 初
版 -- 新北市：花木蘭文化事業有限公司，2022〔民 111〕
序 34+ 目 4+150 面；19×26 公分
（古代歷史文化研究輯刊 二八編；第 24 冊）
ISBN 978-626-344-098-2（精裝）
1.CST：法律 2.CST：中國史
618   111010300

ISBN-978-626-344-098-2

9 786263 440982

古代歷史文化研究輯刊
二八編　第二四冊　　　　　　ISBN：978-626-344-098-2

學步古今：中國法律史略論稿（第一冊）

作　　者　陳景良
主　　編　王明蓀
總 編 輯　杜潔祥
副總編輯　楊嘉樂
編輯主任　許郁翎
編　　輯　張雅淋、潘玟靜、劉子瑄　美術編輯　陳逸婷
出　　版　花木蘭文化事業有限公司
發 行 人　高小娟
聯絡地址　235 新北市中和區中安街七二號十三樓
　　　　　電話：02-2923-1455／傳真：02-2923-1452
網　　址　http://www.huamulan.tw 信箱 service@huamulans.com
印　　刷　普羅文化出版廣告事業
初　　版　2022 年 9 月
定　　價　二八編 27 冊（精裝）新台幣 80,000 元

學步古今：中國法律史略論稿
（第一冊）

陳景良　著

作者簡介

　　陳景良，法學博士。現任中南財經政法大學教授、博士生導師、法律文化研究院院長，中國法律史學會常務理事、中國法學會董必武法學思想研究會常務理事，曾任河南省法學會副會長、河南省法學會法理法史研究會會長、湖北省法學會法律文化研究會會長。

　　主要研究方向為中國法律史、唐宋法制史、中西法律文化比較。在《法學研究》《中國法學》《法學》《法律科學》《學術月刊》《史學月刊》等學術刊物上發表論文 60 餘篇，多篇論文被《中國社會科學文摘》《人大複印資料》《律師文摘》等轉載。主要著作有《中國法制通史‧宋卷》（副主編）、《當代中國法律思想史》（主編）、《踕步探微：中國法史考論》（獨著），主持或參撰《中國法制史》教材數種。

提　　要

　　本書以中國法律史為研究領域，設置了「宋元法史論稿」「比較法視野下的中國法傳統及其價值」「當代中國法律思想研究」「閱讀與評論」「演講與筆談」五個論題。

　　「宋元法史論稿」主要討論了宋代、元代的法律制度及法律思想。兩宋及元代時期，法典體例及內容得到了長足發展，民事立法有了重要突破，司法制度日臻完善，宋元法制實有承上啟下的重要地位。兩宋皇帝和士大夫都十分重視法制在國家治理中的作用，一方面以法律方式鞏固中央集權制度，重懲貪墨，加強社會控制，另一方面又利用法律吸引外商、促進貿易，建立司法公正的制度保障，維護民眾的訴訟權利。宋代士大夫在司法活動中，既有著人文主義的德性關懷，同時又在事實認知、法律推理上表現出深厚的知識理性。

　　「比較法視野下的中國法傳統及其價值」主要是以西方法文化為參照，揭示中國法傳統的特質，重新認識傳統法文化對於建設現代法治的價值，強調禮法傳統與中國現代法治的有機聯繫。

　　「當代中國法律思想研究」主要闡述了中國共產黨法治觀的歷史形成，梳理了新中國法學研究中的若干問題，並討論了梁漱溟的法文化觀。「閱讀與評論」彙集了作者數十年來對於學界重要法史著作的閱讀心得，「演講與筆談」則就宋代司法傳統中的經驗、智慧進行了簡明而清晰的講解、梳理。

代序　江南雨中答客問——宋代法律史研究中的史料、理論與方法

陳景良　王小康

按語

　　自庚子年初春疫情爆發以來，我們的日常生活便籠罩在新冠病毒之下，秩序被打亂，安全無預期，心情自然煩悶不堪。可世間萬物，都要用辯證的眼光看。不便於交流的生活狀態，卻給我帶來了一個意想不到的好處，這就是可以利用關起門來的時間，靜心思考多年以來一直縈繞於我心頭的一些話題：第一，對於中法史研究（以宋代法律史為例）來說，史料、理論與方法之間的關係究竟是什麼；第二，作為一個在高校從事中國法律史教學與研究的教師，我心目中一個理想的中法史專業研究生，到底是怎樣的？對此，我想利用拙稿問世的機會，借用「問答」的形式，稍作說明，並將其作為本書的「代序」。

　　我自 1986 年碩士畢業，到河南大學法律系（1996 年後改名法學院）任教以來，從事法史教學、研究活動已越 36 年。其間，1996年開始招收碩士生，2000 年調入中南財經政法大學，2004 年開始招收博士研究生，後擔任法律史專業學科帶頭人，碩導組與博導組組長。在此過程中，我對教師與學生的關係深有感觸：一是教學相長，老師與學生之間的良性互動是從事本專業教學與研究的重要動力。二是在現實生活中，因功利主義的盛行與制度的僵化，學生欲

選一個理想的導師難，導師想招收一個稱心的學生，更是難於上青天。多年前，我曾給一個出國留學於愛丁堡大學法學院的學生寫臨別贈言道：你年輕多擇師（因為古語有言：「轉益多師」），我年老慎擇徒（一個好的老師，應「居處恭，執事敬，與人忠」——《論語‧子路》）。

理想雖不等於現實，但生活必須有理想。學術研究與大學教育更應該把涵育人格、鼓勵思考、培養新知作為「鵠的」，而不僅僅是簡單地傳授某種固化的知識（此乃「灌輸」而非「點化」），更不是把功利作為最高的目標（此乃「販賣」而非「教育」）。我心目中一直想招到理想的學生，希望他或她，能把宋代法史研究傳承下去。基於這樣的思考，我著眼於中法史特別是宋代法律史研究的旨趣，以「士大夫與宋代司法傳統研究的再出發」這個話題為中心，設計了一個問學提綱，由我的學生、青年教師王小康博士提問，我來回答，以此來回應開篇所提出的兩個問題。

問學對話

王問：陳老師，我國臺灣地區的花木蘭文化出版社向來以學術為本，培育新知，尊重學人。該社既出版優秀的博士學位論文，也推出學人的文集，並且免費付梓，這確實是令人感佩。聽說您在文集出版之際，欲用一種獨特的問答文體來作序言，表達您對三十多年來從事中法史，尤其是宋代法史（士大夫與宋代司法傳統關係）研究的理論反思。那麼，對於本次結集出版的因緣，您有何感想呢？

陳答：好的。我首先藉此機會，向花木蘭文化出版社表達敬意與感謝！當今的社會，功利主義盛行，物慾橫流。大學儼然成為市場，學生與學術似乎變成了商品。在此背景下，花木蘭文化出版社能免費出版青年博士的學位論文，並且有選擇地推出學者的文集，實屬難能可貴。藉此，我必須向出版社方面負責聯繫的楊嘉樂先生與本書的責任編輯表示感謝，同時也向你及參與校對的童旭博士、博士生王若堯表達謝意。本書內容縱貫中西古今，寫作時間跨越三十餘年。文章體例殊異，大多數發表於各種學術期刊、報紙，還有幾篇在不同場合演講的文稿。若沒有諸位的熱誠編輯與辛勤付出，本書是很難這麼快面世的。作為著者，我心中充滿了感激。

　　同時，還必須說明的是，文集中有幾篇與他人合作撰寫的文章：有的是我在青年時期與老友張中秋教授的合作，有的是我近幾年指導碩博研究生，就某個專門的宋代法史問題，在我數年思考與演講的基礎上反覆提煉，與他們共同完成的。這裡合作的文章，都是實實在在的合作，既非應景，更不是掛名。我始終認為，無論是學生還是同事，合作必須是真合作，而不能是功利的應酬與應景。這是我幾十年來從事學術研究堅持的原則。在我看來，學術研究必須有傳承、有擔當，有交流、有批評，這樣才能有新的學思突破。

　　王問：您說的這個原則，我們作為學生，已在與老師的日常相處中感受到了。老師本科是法學專業，碩士論文寫的是「元代的民事法規與民事訴訟探微」，1987 年碩士畢業後在河南大學法律系工作了六年，在被任命為法律系主任的當年（1993 年），又考取了中國政法大學中國法律史專業博士研究生，跟隨張晉藩先生讀書。您的博士論文不是繼續做元代法史方向的研究，而是由元入宋，研究士大夫與宋代法律文化的關係，關注的重點是士大夫群體的政治性格與宋代司法傳統的關係。您後來發表的系列論文，都是沿著博論的主題，由點到面而成扇狀發散的，其內容涉及到宋代士大夫的法律素養，南宋法官群體——即《清明集》中名公們的司法實踐、事實認知、證據運用、法律推理，訟學、訟師與士大夫的關係，宋代司法傳統的轉型，兩宋皇帝的法律思想，兩宋法制歷史地位等等。可以說既有對具體名詞、專門問題的考據（譬如，對宋代「干照」、「法官」、「司法」、「法理」諸專業名詞的考論），也有對宏觀問題的思辨，如對「宋代司法傳統的現代解讀」。我好奇的是，老師的學術轉向是怎樣發生的，您的宋代司法傳統研究理論脈絡是如何展開的，二者之間又有怎樣的關係？

　　陳答：你問的問題進入了我學術研究的內在理路，也與我的心路歷程相契合。我很樂意回答這些問題，權且把這篇問答當做是我們進行學術研討與心靈碰撞的另一種形式，把積壓在心中多年而又若隱若現的研究方法、理論框架、概念提煉等模糊畫面，儘量勾劃出一條輪廓，呈現在讀者面前。

　　王問：那就太好了。我最近在給老師編輯文集時（共兩本，一本名為《踱步探微：中國法史考論》，大陸法律出版社 2022 年 3 月版；另一本名為《學步古今：中國法律史略論稿》，即本書），似乎也感覺到了老師法史研究心路歷程的前後變化，並對老師的研究思路與方法有了切身的感受。現在老師能利用這個對話的方式，對此加以概括與總結，正是我所期盼的。

　　陳答：交流需要心靈的契合與一定知識的共同背景，這樣才能走進學術研究的歷史脈絡中。因此，我想先就自己的專業背景與法史研究的心路歷程，略做交待。這既是對本文集出版背景、所選內容的應有說明，也是我自「天命之年」後，對學術、人生、社會三者關係的一個反思。

　　我於上個世紀 50 年代後期出生在豫東平原的一個僻壤，鹿邑縣趙村公社腰屯村。小時候沒見過山，對大海更是一無所知。兒時的快樂，就是在一望無際的莊稼地裏追野兔、逮蚱蜢，下雨時也到河塘裏混水摸魚。小學就讀於譚集，中學在趙村公社，但大部分時間不是上課，而是學軍與參加各種社教活動，譬如民兵打靶、農村駐隊。由於當時大陸已廢除了高考，改為工農兵推薦上大學（大專三年），走出農村的機遇十分渺茫。因此，參軍入伍便成了我選擇的出路。

　　1977 年，鄧小平同志復出主持中央工作，中斷了十年的高考重新恢復。我於 1978 年復員後，經過一年的補習，於 1979 年秋考入了吉林大學法律系（即一般所謂法學「五院四系」中的「四系」之一）。其實，我當年報考的優先志願是歷史系、中文系。

　　我兒時喜歡聽歷史故事，入伍前讀的最多的是革命題材的戰鬥小說，如《敵後武工隊》《紅日》《野火春風鬥古城》等等。由於「文化大革命」十年浩劫，改革開放後，人們的精神世界亟待重建，而可以撫慰人們心靈的是文學，能夠揭示人性深度的是史學。因此，我心中的理想是，既然無法在和平年代當戰鬥英雄，橫槊賦詩，那就當一個文學家或史學家。可惜的是，歷史系、中文系都未錄取。我最終進了法律系（現在各大學普遍改系為院，都叫法學院）。

　　大學時，慢慢對法律與法學有了初步認識。畢業時原來想進公安部，覺得那樣威武有尊嚴。後來受老師影響，決定進北京考取研究生。這樣一來，北京大學法律系便是首選。那時腦子裏總覺得，刑法才是最重要的法律知識。研究罪與罰，既有趣，又有用。故報的志願是北京大學法律系刑法方向，導師選的是甘雨沛先生，他的專長是外國刑法史。然而，成績出來，外語（英語）與中國法制史（我清楚地記得，考卷的論述題是：試論中國古代的「罪刑法定主義」。不過那時，我對此所知甚少）兩門都不及格，自然名落孫山。

　　1984 年，我經過在河南大學政教系國際共運史教研室工作一年後（其實，主要是補習英語，準備考研。當時的教研室裏有一個吳祖謀教授，他在政教系國際共運史教研室教《法學概論》。當時師範大學政教系普遍開設此門課程。

我因具備大學法律系專業背景，故被分到此教研室），又報考中國政法大學刑法專業方向碩士研究生，但因成績在六名之後，而被調到了中國法制史專業研究生班。

如此一來，經過幾番誤打誤撞後，我竟然又走進了中國法律史專業的學術殿堂。現在想來，好像是冥冥之中有神助之力，拉我進了這個法與史相際會的學科，又好像是歪打正著，圓了少年時期喜歡讀史、追慕英雄的夢。

碩士三年，讀書雜亂，志無定向。懵懂中翻閱中華書局出版的點校本二十四史，覺得《元史》總共才有八冊，可以讀完。進入元代史料，我被成吉思汗手下的木華黎、赤老溫的英武形象所吸引，這或許與兒時的英雄夢相關。回到河南大學圖書館查閱史料時，碰巧找到了《山右石刻叢編》中的山西省霍邑縣杜（抑或為「社」字）莊碑文。其中反映的是元代時的兩個村莊，因水源污染而打官司，最後被「告攔」調解的事。我遂對元代的民事訴訟產生了興趣。進而查閱文獻，又發現了一部日用百科全書式的古代民間類書——《事林廣記》。這部類書本是南宋時期寧宗、理宗之際的陳元靚所撰，後來為元人增擴為《纂圖增新群書類要事林廣記》《新編群書類要事林廣記》。1999 年中華書局把它合編影印出版，名為《事林廣記》。因這部書中收集有宋元時代的訴狀格式，我當時極為興奮，遂以《元代民事訴訟與民事法規探微》為題，來做碩士論文。現在大陸訴訟法學界民、刑訴訟法教材中廣為流行的「『訴訟』在中國古代法律中獨立成篇始於元代」的觀點，便是源自我這篇碩士論文。

如果說，這篇早年的碩士論文，還算有點貢獻的話，那麼它主要得益於有《山右石刻叢編》與《事林廣記》《元典章》等史料為支撐。對於《事林廣記》的史料價值，著名的文獻學大家胡道靜先生曾專門予以評介（見中華書局 1999 年《事林廣記》影印本《附錄》）。現在學界已認識到明清法律知識傳播與日用類書的關係，並進行了深入研究。〔註1〕事實上，日用類書深刻影響到百姓日常的涉法活動，其源頭實在宋元時期，其中的典型例子就是告狀的訴狀格式已制式化，落實為人們的生活知識。不過，我當時也只是初步意識到這種法律類書之價值與影響力，還沒有現在學界的深切認識。

我研究生畢業後，在河南大學法律系從事中法史教學與研究工作。因我當時就住在圖書館旁邊的老區內，因此去圖書館查文獻成為家常便飯。在教

〔註1〕尤陳俊：《法律知識的文字傳播：明清日用類書與社會日常生活》，上海人民出版社 2013 年版。

師閱覽室與集藏部，我認識了歷史系專門研究「回回人是怎樣來中國」問題的穆德全教授（回族）。〔註2〕他聽說我研究元代法史，很是高興，贈給我陳垣先生的名作《勵耘書屋叢刊》，以示激勵。

1987年夏，我在當時的《中國社會科學》第2期上，讀到了黃時鑒先生的《大元通制考辨》一文，很是為黃文的縝密學理與乾淨文字所折服，遂尋求作者信息。後得知黃先生為杭州大學圖書館工作人員，便請求暑假去杭州大學出差的吳祖謀先生（時任河南大學法律系主任），帶上我的求教信去拜訪黃先生。當時，物質生活固然匱乏，信息也不發達，但社會風氣淳樸，大學校園安靜。知識分子雖久受磨難，剛剛從政治運動的陰影中走出來，但心中卻有激情，且篤守學術良知與為人之道，對素昧平生的年輕學子求教，十分熱情。黃先生親筆回信，告訴我怎樣讀《元典章》，又贈我浙江古籍出版社出版的，他負責點校的《元代法律資料叢書》，共四本。

我當時能得到穆先生、黃先生的暖如春風般的鼓勵，心中充滿了陽光與自信。受此鞭策，我在完成碩士論文後，便又查找史料，發現元代的青年皇帝英宗碩德八剌，因受元仁宗愛育黎拔力八達之影響，嚮往儒家思想文化，大力推行新政與改革。由此，我便欲在黃時鑒先生文章的啟發下，探索英宗新政與《大元通制》的關係，這便是1988年4期《江海學刊》上那篇學術文章（《大元通制》與英宗新政）發表的緣由所在。

年輕的我剛一出道，便有學術前輩相激賞，本無理由不沿著這條道路前行，可後來卻為何由元入宋了呢？這有兩個原因。當時大陸元史研究的重鎮是南京大學歷史系，其帶頭人是元史研究會會長韓儒林先生。我本欲報考韓先生元代史方向的博士。後來瞭解到，元史研究是世界性的學問，要深入研究元朝各個方向的歷史，尤其是讀博士研究生，必須要有語言天賦，至少要懂俄語、藏語、波斯語、蒙古文字等，否則是無法深入下去的。可我偏偏不具備這樣的條件，因教育背景與天賦所囿，一門英語尚且不能熟練，遑論其他語言文字。因此，我便只能望而卻步了。這是其一。

其二，河南大學是我工作的地方，我從事中法史研究的依傍是歷史學，而河南大學歷史學研究的重心是宋代——開封便是當年北宋的都城所在地，一幅《清明上河圖》喚起了人們對那個繁華年代的多少夢想。由此，我又怎麼不可能回到這個讓人魂牽夢繞的年代，從事宋代法律史研究呢！「憶昔曾

〔註2〕河南大學歷史系教授，著有《回回族源考述》。

飲汴河水，常憶君恩到白頭。」直到今天，那個曾經長期工作過的百年老校園，都始終讓我難以忘懷。

王問：原來曾有過這樣的一段學術往事。我從您的心路歷程中知曉了研究方向轉換的因緣。

陳答：是啊，往事已過 30 餘年。可我每當想起那段往事，穆先生柱杖走路，校園內與我打招呼的老者形象總在眼前，黃先生教我如何讀《元典章》的書信更是在我腦海裏不斷閃現。二位先生已經駕鶴西去，好在他們的著述皆已傳世，仍可啟迪我們邁步向前。

現在，讓我們回歸主題，就史料、概念提煉，理論框架三者的關係，來談談對士大夫與宋代司法傳統研究的再認識。我們先從一部宋代古籍《宋會要輯稿》與王雲海先生說起。

我研究宋代法律史，是從 1980 年代後期開始的，最早的一篇學術論文是1989 年第 3 期發表在《史學月刊》上的《兩宋法制歷史地位新論》，繼後是《兩宋海外貿易立法演變論略》（《南京社會科學》1992 年 5 期）、《南宋事功學派法制變革思想論析》（《法律科學》1992 年 1 期）、《宋代吸引外商的法律措施敘論》（《法學研究》1993 年 4 期）三篇文章，大體也都三十來年了。1993年讀博士研究生後，我研究的方向集中於「士大夫與宋代司法傳統」的視角，且從文化的內在理路出發，揭示二者的關係。在此過程中，我逐漸認識到史料的重要性。這首先得益於河南大學歷史系已故學者王雲海先生的教誨，此外，開封古籍書店的一位王老先生對我也有潛移默化的作用。

王雲海先生是宋史學界少有的專門研究《宋會要輯稿》這部鴻篇巨帙史書的專家，他的傳世之作是《〈宋會要輯稿〉研究》。他的這部作品最早以河南師範大學（河南大學恢復校名以前，曾稱為「開封師範學院」「河南師範大學」）學報編輯部增刊名義刊行（1984 年），後改由上海古籍出版社出版，易名為《〈宋會要輯稿〉考校》（1986）。現在市面及網絡上已不見此書蹤跡。王先生專心於此書研究，生前在日本、中國大陸、臺灣地區宋史學界均享有崇高威望。因為，在點校本未問世之前，《輯稿》這部大書（800 多萬字，若加上整理者遺棄的部分，總共有千萬餘字）既為宋史研究的必需文獻，又是問題最多、最難讀懂的古籍——它是影印本，且內容錯亂，字體大小不一，字跡多有潦草（詳見點校本《〈宋會要輯稿〉整理研究說明》）。

我因為不是歷史學科班出身，未受過歷史學的嚴格訓練，對於版本、目

錄、校勘、輯佚、繫年、辨偽諸文獻學基本知識，甚為陌生，故對「史料是史學研究之基礎」等觀念，一開始並不瞭解，更談不上自覺的認識。我對史料重要性的感性認識，來自於向王先生的學習、求教以及與先生所帶研究生弟子們的交談。

當時我得知王先生是研究《宋會要輯稿》一書的大學者，迫不及待地登門拜訪。我懷著崇敬且又拘謹的心情，敲響了河南大學西門南邊一排紅磚三層樓東部單元的一個房門，一位老先生出現在我的面前，他就是王雲海教授。這裡是王先生的住處，大概有六十多平米。當時正是冬季，先生從裏屋出來，戴一頂舊式氊帽，著對襟深藍色布衣，衣服前一排手工製作的舊式扣子，十分整齊。從著裝看，先生是一位老式學者。他抽著煙，態度隨和，為人寬厚，對來訪的我十分熱情。當得知來意並瞭解我是吉林大學法律系畢業時，先生更是面帶笑容。他說自己也是法律專業出身，畢業於江蘇學院法律系（1949），後來到平原師範學院（處在河南省新鄉市，現改稱「河南師範大學」）、河南大學任教，從事宋史研究，集中研究《宋會要輯稿》，現正準備主編《宋代司法制度》一書，很歡迎我的到來和交流。

上世紀 90 年代初，先生帶領他的碩士生弟子們編寫了《宋代司法制度》一書，一時影響頗為廣泛，成為學界研究宋代法史的必備參考書。其實，先生最有功力的作品是他的《宋會要輯稿》研究三部曲：即《宋會要輯稿研究》《宋會要輯稿考校》《校勘述略》。我所受益的正是先生告誡我的一個條訓：研究宋代法史，首先要讀的是宋人修的《會要》，只是宋人所修原書今已不得見，今日能見到的是清人徐松從《永樂大典》中輯出來的手抄稿，學界稱為《宋會要輯稿》。儘管它已非宋人所修之書的原貌，且錯訛無數，但它畢竟是我們現在能夠看到的，離宋人時間最近的，法制信息最為豐富的原始史料。研究宋代的各種制度，尤其是宋代法律制度，《宋會要輯稿》是不得不讀的首要的歷史文獻。做法史研究，關注宋代，當然應從這部書開始。

先生所帶的碩士生裏，有很多我長期交往請益的朋友、同道，他們說王先生對他們的要求是採用最笨且又原始的讀書方法：對於宋代的史料，如《文獻通考》《宋會要輯稿》《續資治通鑒長編》（簡稱《通考》《會要》《長編》）等，必須一部一部地讀。一天 50 頁，要有一個長期的讀書規劃。我非先生親授弟子，自然無緣親耳聆聽這樣的訓教。聽聞王先生弟子的轉述，我得以對於史料的重要性有了初步的感知，這對我後來的研究工作影響深遠。

　　20 世紀 80 年代，我得到的兩部最重要歷史文獻，便是沈刻《元典章》（線裝書）與影印本《宋會要輯稿》。對這兩種文獻的初步識讀，為我瞭解和研究中國法律史，提供了史料基礎。在開封這七朝古都的濃鬱文化氛圍中，使我與古典文獻結下不解之緣的牽線人正是我有幸結識的二位王老先生，一是王雲海，二是給我購買古籍提供各種方便的、開封古籍書店的王老先生（可惜遺忘他的名字）。1990 年，張晉藩師第一次到河南大學講學時，我宴請張先生，就是請二位王老先生作陪。那時的條件尚差，我住的河南大學蘋果園 4 號樓離河大南大門尚有一公里的距離。當我騎自行車把先生帶到家時，二位王老先生已在我家等候了。可惜的是，那時候我沒有照相機，也沒有現在這樣自覺的學術記錄意識，失掉了一個為歷史留影的珍貴機遇，也讓此一段學術佳話失去了物質載體。而今三十年過去，二位王老先生皆已作古，我也進入花甲之年。結集舊作，出版文集，追憶這些往事時，不免有一絲惆悵湧上心頭，好像失去了什麼。老先生們的身影是那樣的讓人難以忘記！

　　王問：噢，怪不得老師的案頭擺著線裝《元典章》與影印本《宋會要輯稿》，給我們講《中國法律史文獻學》課的時候，也說到《宋會要》是怎樣一部書，給我們翻看的也是影印本。不過讓我有點不解的是，李燾的《續資治通鑒長編》作為記述北宋政治歷史的編年體史書，向為學界所重，王雲海先生怎麼沒有給您推薦這個呢？

　　陳答：你問到要害之處了。《長編》的史料價值與權威性是宋史學界公認的，也是不容懷疑的。它同樣是一部內容極其豐富的，較為原始的宋代史料文獻。原有九百多卷，現存五百二十卷，其餘四百卷或於歷史流傳中佚失，或當時就沒有刊行。王先生之所以沒有給我推薦此書，我猜想有兩個原因：一是《長編》作為一部大的歷史文獻，整理點校是一大工程，當時並無點校本刊行。現在流佈於學界的點校本是由上海師範大學古籍所與華東師範大學古籍所聯合起來，共同點校的。該工作始於 1979 年，至 1995 年方才完成，經歷長達十六年的整理歷程，眾多歷史學者付出了十分寶貴的心血。這部書1997 年才出完，2004 年中華書局重印，是學界最為常用的宋代史料。

　　當時《長編》只有上海古籍出版社的小字影印本，密密麻麻，無標點，字跡小的可憐。這可能是原因之一，但此理由並不充分。因為當時的《宋會要輯稿》，內容更為龐大，同樣沒有整理，讀起來並不比《長編》容易，甚至更難。因此，只有這個理由是不能說服人的。

在我看來，這第二個關鍵理由可能是在於史料體裁。《會要》是以禮樂政刑制度為中心的政書，且分類詳盡、材料豐富，包含有大量的宋代官書檔案元素。《長編》則為編年體史書，它以時間為經（對於漢武帝後的史事，歷代的編年體史書往往以皇帝年號為經，其典型為《資治通鑒》），以史事為緯，按年、月、日（以天干地支組合符號來紀時）順序記述史事。編年體是中國傳統歷史書寫中一種最悠久的體裁，它有助於弄清歷史進程中的事實脈絡，方便考史。相較而言，會要作為政書，將法律制度與司法實例歸於「刑法」等專類中，這自然比《長編》更能提供清晰、詳盡的法制史線索，便利於法律史研究。

其次，王先生當時在編寫《宋代司法制度》，我是法學出身的法律史研究者，因此在他看來，設有「刑法」專類的《宋會要輯稿》自當是我關注、運用宋代史料的不二之選。更何況，王先生是專門研究《宋會要輯稿》的，對此項研究也最有貢獻的權威專家。他向我推薦《宋會要輯稿》，並以此作為打開宋代法史研究之門的鑰匙，自然是大家見識，是合情合理的。

王問：經老師這麼一講，再結合碩博兩個階段聽您講《中國法律史文獻學》《宋代法律史文獻學》兩門課程的學習體會，我對《宋會要輯稿》與《長編》這兩部文獻的特點、價值的認識更加清晰了。我自己在博士論文寫作過程中，對這兩部文獻也多有運用，這正是得益於老師平時的教誨。此次聽老師追述這段學術歷程，我得以瞭解王老先生的人格與事蹟，對這些歷史文獻更多了一份溫情與敬意。

今日離宋代已遠隔八百多年，我們讀宋代之書、知宋代之人，需要一定的知識和資料基礎。瞭解研究這部書的現代學者及其背後的故事，加深了我對法史研究乃至宋代司法傳統的理解。老師既然講到了這些，能否沿此思路，把您目前研究宋代法史尤其是研究宋代司法傳統的新認識，給我們講一講？

陳答：你不提醒，我似乎仍沉浸在對往事的回憶中。借著此文集與法律出版社所出文集刊發的機會，我正想把自己近來對宋代法史研究所做的新思考加以總結和提煉。在此，我想把兩部文集中所收文章的題目與時間順序，先做個交待，然後再說對「士大夫與宋代司法傳統」的新思考與新認識。有興趣的讀者，也許能從這漫談中，體會到我對於方法論的感悟。

王問：願聞其詳。

陳答：無論是作為一門課程，還是作為一個研究方向，中國法律史都是

強調法學與史學的結合。對它的學科屬性，當以法與史相互交融的眼光視之。因此，法史研究必須以史料為基礎去建構事實，分析材料，解說其時代內涵，透過縝密的學理論證而追索其歷史意義與研究價值。求真求實當是其首要價值。中國法律史研究中的任何選題，無論是刑、民法制或者司法實踐等等，也不論是古代，還是近現代，都離不開堅實的史料基礎。研究者必須對自己研究對象所處時段的基本歷史文獻，先有一個基本的瞭解；再要對研究專題所必須參考的歷史文獻，下一番紮實的閱讀工夫，由此才能對史料比勘、輯佚辨偽、史料運用等，有著一個自覺的認識。要對自己研究領域之基本文獻了熟於胸，至少也需要二至三年工夫。

就史料、方法、理論框架而言，我近些年來所發的論文（都已收入到此次文集與大陸法律出版社的文集中）中，既有專講方法論的篇章，如《反思法律史研究中的「類型學方法」——中國法律史研究中的另一種思路》《探賾索隱：盡顯中華法理之妙——讀黃源盛著〈漢唐法制與儒家傳統〉》《傳統悠悠入夢來：中國法制史的價值、現代意義與研究方法——記我的導師張晉藩先生》；也有從中國傳統文化的內在理路出發，在與學界流行的觀點論辯中，提煉概念、試圖確立研究範式的，譬如《從人生智慧的角度，重新認識中國法文化的價值》《崔述反息訟思想論略》《宋代司法傳統的敘事及其意義：立足於南宋民事審判的考察》《突出民族性是當代中國民法典編撰的當務之急》《何種之私：宋代法律及司法對私有財產權的保護》《宋代司法中的事實認知與法律推理》《訟師、訟學與士大夫——宋代司法傳統的轉型》等。

王問：確實如此。老師對法史研究中「類型學方法」的反思，確實是有振聾發聵的作用，可以揭示中國法傳統的多面向性、發展性，避免把傳統法的形象片面化、靜態化。記得老師曾在講課中說到：何兆武先生曾對史學研究方法有一精準總結，對您影響頗深。您能否結合這一點，說說近來的致思方向與研究課題，談一談對法史研究理論方法的認識。

陳答：何先生翻譯過羅素《西方哲學史》、帕斯卡爾《思想錄》、康德《歷史理性批判文集》等西學名著，對西方文明與哲學有很深的理解。他還出版過史學理論專著《歷史理論與史學理論》（商務印書館 1999 年出版），對史學研究中的史料、理論與方法有深刻的總結。他說，史學研究既是科學，即求真實證，必然以史料為基礎；又是一門藝術，藝術講究的是個性與特色，且注重形象思維與心靈感受。這二者似乎是排斥的、矛盾的，但實則不然。他

把歷史研究求真求實的面向稱作是史學一，而把另一個面向稱作是史學二。再偉大的史學家，沒有史料也是無法建構歷史事實的，而有了史料，沒有方法與理論，也無法解釋各種歷史現象的內在脈絡與聯繫，更難以認識歷史人物、歷史事件、各種制度之間的內在邏輯關係與歷史規律。

按我的理解，在史學研究中，中西文明史上各種偉大的史學著作，風格迥異，殊不相同。宛如各種建築物，有的是古羅馬風格，有的是哥特式風格，有的是蘇州園林式樣，有的是北京故宮式樣。史料對於史家來說，就好像是建房子的木料、磚瓦或大理石等（西人謂之「mater」——質料）；而建成什麼樣式，有怎樣的風格，全靠設計者的理念與圖紙（西人謂之「form」——形式）。史學研究離不開史料，就同建築離不開原料（磚瓦木料等）一樣。但僅有史料並不等於史學，即是說原料胡亂堆砌，只能是垃圾，不可能成建築，建築需要設計。史料同樣需要方法與理論（框架）才能成為史學。何先生說史學既是科學，又是藝術，說的就是這個道理。所謂「史學是科學」，指以史料為基礎的求真、求實，辨析考證。而所謂「史學是藝術」，則是指方法的自覺與理論框架的運用，也就是研究者總要有一個獨特的視角與方法切入自己研究的領域，彰顯獨特的研究思路。力求於該領域中，史料有所拓展，知識有所增新，結論能啟發思考。當然，若能做到鉤沉稽古，發微抉隱，淹博貫通，那更是青史留名的事業，學者理想的境界了。

就宋代法史研究中的「士大夫與宋代司法傳統」主題而言，我自 1996 年博士畢業後，沿著學位論文的思考方向，在馬克斯·韋伯創造的「理解的社會學」之理論框架的觀照下，以司法實踐中「行動的人」——宋代士大夫群體（他們從事司法活動時，有各種稱呼：譬如「名公」「州縣官」「幕職州縣官」或宋代歷史文獻中的「司法參軍」「司理參軍」「簽判」「法官」等等）為原點，旁及皇帝、訟師、胥吏、雜人等社會生活中的諸多司法參與者，從他們的價值理念、行為方式、法律素養、思維習慣諸方面，揭示他們是如何在儒家意識形態的話語體系背景下，應對自身所處歷史時代的情勢（如商品經濟的發展、功利主義的盛行、法律知識的傳播、市井社會的多元結構與物慾的橫行等），在社會階層間的固有張力與司法活動中的尖銳對立狀態下，是怎樣以各自的方式及其生活中的行為邏輯，來共同型構（塑造）宋代司法傳統的。要描繪出這一龐大的歷史畫卷，必須深入到歷史文獻之中進行觀察；這種觀察也不可能囿於靜止的法條敕令，而必須把握動態的社會生活及司法實踐活動。

　　所謂「社會中行動的人」，本是馬克斯・韋伯「理解的社會學」理論中的一個概念。用於宋代司法傳統研究，它有三個指向：

　　其一，在儒家文化語境下，主流價值觀認為人的本質屬性為善（或稱「善端」，指人有向善的可能）。但這只是歷史事實的一個方面。這並不妨礙在宋代司法實踐中，審判者多是以現實的視角（或者說是摻雜著法家的眼光——「性惡」）來看待人性。例如南宋的王炎，他就說「炎嘗謂君子畏義，中人畏法，小人犯法而趨利。天下之君子常少，小人常多，故為國者不可廢法，所以禁其趣利而道其畏義。君相立法者也，內則御史，外則監司，行法者也。郡守奉法以治其屬縣，縣令奉法以撫其民。民微矣，與令最親，去郡守遠，去監司又遠，去朝廷則又大遠。令賢歟，則法存而民安，是為國培護其根本也；不賢歟，則法廢而民擾，是為國戕其根本也。」（《全宋文》卷 6096，第 270 冊，上海辭書出版社、安徽教育出版社 2006 年版，第 80 頁。）可見，宋代士大夫群體對於人性的看法並非是僵化的。

　　其二，影響著宋代司法傳統的群體，除了「士大夫」外，還有胥吏與社會階層中的各類雜人，他們是基層社會司法活動的參與者。這些互相關聯，且疏離於主流價值觀的「人」，其行動邏輯與士大夫是不同的。

　　其三，運用「社會中行動的人」此一概念，重在觀察司法實踐中不同群體所扮演的「角色功能」，並且以結構功能的眼光，揭示他們在司法傳統塑造中扮演的不同角色及其行動邏輯。

　　進一步說，在宋代三百二十年的歷史進程中，參與司法活動的各類群體，他們的價值理念（對於社會下層的百姓及各色人等，也許只能說是一種直觀想法與生活感受）、利益訴求、生活方式，其具體形態是完全不同的，但囿於他們所生活的那個時代的政治經濟結構與文化背景，也都具有相通的時代特徵。

　　通過收集、閱讀、辨析史料，在社會歷史法學的理論視角下，由「社會行動中的人」這個點出發，具體落實到對下列問題的思考：兩宋皇帝法律思想，士大夫群體法律素養，士大夫、訟師、訟學與司法傳統轉型的關係，名公們如何在司法實踐中認定事實、運用證據、釋法說理、教育民眾，闡釋自己的人格理想、公平意識、秩序期待，達到司法裁判中知識理性的求真、價值觀念的向善等等。這正是我三十多年來開展宋代法史研究的致思邏輯。

　　總之，我的研究就在「社會中行動的人」的視角下，由點到面成扇狀迸

發開來，從各個角度展現宋代司法傳統的諸多面向。這就是法律出版社、花木蘭文化出版社所刊兩部文集中「士大夫與宋代司法傳統」系列論文的寫作原委。

王問：您以士大夫這一主體為切入點，來研究宋代司法傳統，確乎是把握到傳統文化、傳統法制的精神根脈。這對我也深有啟發。您近年來在課堂與課後，經常給我們談及傅斯年、鄧廣銘先生，且對他們的學術成就與治學方法充滿敬意。能談談這是為什麼嗎？

陳答：這正是我最近正在思考的問題。

傅斯年是國民政府時期的學術領袖，年輕時考取「庚子賠款」的公費留學生，先到愛丁堡大學，後轉入倫敦大學研究院，學習實驗心理學，1923 年轉入柏林大學哲學院，學習比較語言學。歸國後曾任職於中山大學，參與創立中央研究院及其歷史語言研究所，後又主政西南聯大、北京大學、臺灣大學。他雖英年早逝（1895～1950），但在學界一直享有崇高威望，是公認的學術大師。

我在文獻課課堂上，之所以首先向同學們推薦他的《史學方法導論》（中國人民大學出版社 2011 年版），主要是因為學界流行他的那句名言：「上窮碧落下黃泉，動手動腳找東西」。關於傅斯年對史料的重視，學界概括為「史學就是史料學」。傅先生在他的《史料論略》一文中確實說過下面的話：「史學的對象是史料，不是文詞，不是倫理，不是神學，並且不是社會學。史學的工作是整理史料，不是做藝術的建設，不是做疏通的事業，不是去扶持或推倒這個運動、那個主義。假如有人問我們整理史料的方法，我們要回答說：第一是比較不同的史料，第二是比較不同的史料，第三還是比較不同的史料。」（見《史學方法導論》第 2 頁。）

傅先生對史學的科學實證精神，深深地影響著宋史大師鄧廣銘（字恭三）一生的學術事業。鄧先生作為傅的學生，年輕時即奉行史學嚴謹、求實的精神，其早年的研究成果《稼軒詞編年箋注》（增定本 1993 年由上海古籍出版社出版）、《辛稼軒年譜》《辛棄疾傳》（二者後合為一冊，2007 年由三聯書店出版），便是奉行此原則的典範。其作品曾受到宋詞研究宗師夏承燾的高度讚賞。

20 世紀 40 年代，鄧先生在閱讀宋史研究基本史料——元人所修《宋史》的過程中，先後發現《宋史·職官志》《宋史·刑法志》的記載存在著重大的

失誤，主要是事實錯訛、年代倒置、類例混淆等。遂從宋代最駁雜難懂的職官制度入手，於荊棘叢中殺開一條血路，先撰成《宋史職官志考正》（1943年於桂林；後來出版時附有陳寅恪《宋史職官志考證序》、鄧廣銘《宋史職官志抉原匡謬》兩文）。繼後，1948年鄧先生又對《宋史·刑法志》的史源進行考證，比勘多種史料，鉤沉輯佚，發覆表微，撰成《宋史刑法志考正》之宏文，成為史學界研究宋代法制史的經典之作。

這些前輩學者的研究成果帶給我很多啟示。以此為基礎，我想從宋代司法傳統研究的角度，就史料考證的重要性，再談一點新近的認識。

學界公認，中國臺灣地區法史學者徐道隣先生是研究宋代法律史的大家。他青年時期並非研究法律史方向，而是主攻憲法學，博士論文為《憲法的變遷》。歸國後，投身於宦海，先後任職於國防設計委員會、考試院、行政院，也從事過外交工作。宦海沉浮多年，為父報仇未果。後重新回歸學術，從事中國法律史教學與研究，曾任上海同濟大學法學院院長，赴臺後任教於臺灣大學。旋又赴美任教於密歇根州立大學，著有《唐律通論》《中國法制史論略》等學術著作（參見陳新宇、劉猛主編《徐道隣法政文集》，清華大學2017年出版）。

徐在他的《宋律中的審判制度》一文中，提出了一個著名的論斷：「宋朝的皇帝懂法律和尊重法律，比中國任何其他的朝代都多」（參見《徐道隣法政文集》第207頁）。接著他一口氣列舉了宋朝八位懂法律的皇帝，他們分別是：宋太祖、宋太宗、宋真宗、宋仁宗、宋神宗、宋高宗、宋孝宗、宋理宗。

我對此充滿好奇，也時有懷疑。故在近幾年欲對宋仁宗、宋神宗祖孫二人進行專門的研究。就宋神宗而言，他20歲即位，38歲含恨離世，他在位的18年中，最大的事便是支持王安石變法了。從宋代基本史料的記載看，譬如《宋史》《續資治通鑒長編》《文獻通考》《容齋隨筆》等，他的確是個既想有大作為，又是一個懂法律、尊重法律的皇帝。這不僅反映在他對法理的通曉上，而且還表現為他對具體立法實踐進行指導，對敕、令、格、式等法律形式下規範性的定義。

就法理而言，宋神宗說，立法之上還有一個統率法條的法意，這就是「道」。他說：「法源於道，人能體道，則立法足以盡事」（《宋史·刑法志》）。就法律形式的具體定義而言，他說：「禁於未然之謂敕，禁於已然之謂令。設於此以待彼之謂格，使彼傚之之謂式。修書者要當識此。」（《宋史·刑法志》）。

　　然而，元人所修《宋史》中的這段記載是否正確呢？鄧廣銘先生回答說：「是完全錯誤的」。那麼，原因在哪裏呢？於此，我想就鄧廣銘先生在他的名著《宋史刑法志考正》一文中，對史實所進行的考證工作及其方法，做一學術梳理，藉此彰顯考史的重要。

　　簡言之，關於神宗與大臣談話時對「敕令格式」中「敕」「令」二概念所下的定義，宋代歷史文獻中的記載是前後矛盾的，文意也剛好是相反的。其中，《容齋隨筆》與《宋史・刑法志》（未點校前的版本），都說是「禁於未然之謂敕，禁於已然之謂令」（參見《容齋隨筆》《三筆》卷十六「敕令格式」條，《宋史》卷一九九《志》一五二，校勘記注 2，簡字版，頁 3329）。而《宋會要輯稿・刑法門・格令類》一之十二、《玉海》卷六六《元豐諸司敕式編敕》條（廣陵書社 2016 年版，影印本 1923 頁）、《長編》卷二九八元豐二年六月辛酉條、《長編》卷三四四元豐七年三月乙巳條附注引，記載的則是「禁於已然之謂敕，禁於未然之謂令」。

　　以《長編》卷三四四元豐七年三月乙巳條附注引《刑法志》為例，史稱：「至元豐修敕，詳定官請對，上問敕令格式體例如何，對曰：『以重輕分之』。上曰『非他。禁於已然之謂敕，禁於未然之謂令。設於此以待彼之至之謂格，設於此使彼傚之之謂式』」（見《長編》點校本 14 冊，第 8254 頁，中華書局 1002 年版）。

　　以上典籍都是宋史基本文獻，記載的也都是宋神宗與編敕（實為立法活動，編撰法典）大臣對話中，對何謂「敕、令、格、式」所下的定義，可竟因「已」「未」二字顛倒，而意義完全相反。到底孰對孰錯，錯在何處，根源是什麼？經過鄧先生的考證，元人所修《宋史》十五志中，獨有《刑法志》不同於其他諸志，其所用的史料，不是出自當時元人可以看到的宋代史臣編修的《國史》諸志。這讓鄧先生十分驚愕，元人為何如此選擇？元人所修的《刑法志》，其史源出自何處？這段史料又錯在哪裏呢？

　　鄧先生用史料比勘的方法（即傅斯年反覆強調的考史原則），對元人所修《宋史・刑法志》諸條史料及其事實原委，展開了抉原匡謬、正本清源的考史工作。他所遵循的原則即：「明悉本事之原委，比考諸書之異同，確證某說之是非」。這正如朱熹所論，治經研史當如「老吏斷獄」，字字句句都要問個清楚、查個明白。人們常說，「打破砂鍋問到底，還問砂鍋在哪裏」。應用到史學研究上，就是要求對史料所載之史實，窮追猛打，拷問明白。

　　總之，這種方法是追根求源且充滿懷疑精神的。究竟何以命名，史學界並無統一的意見。在中國傳統史學中，這對應於清人「樸學」之考據方法。在西方漢學中，或可對應於所謂「默證原則」。我年前（辛丑年）冬天讀《何炳棣思想制度史論》，在這本大著的第三章《「天」與「天命」探源——古代史料甄別運用方法示例》一文中，得知西方漢學對中國上古史（即夏商周）的研究，強調使用所謂「默證」原則：對上古歷史事實，若現存史料無所見（傳世文獻與地下考古實物），即證明事實之所無。此種看起來追求實證的科學精神，若走向僵化、極端，帶來的就是偏見與荒謬。這方面的代表人物是美國漢學家顧立雅，中國史學界的「疑古學派」走過了頭也同樣如此。欲糾正此弊端，必須對此「默證」原則進行揚棄，在思維方法上加以推進。

　　那麼，這個推進的考史方式是什麼呢？何先生說，在甲骨卜辭與金文以外，有關商周的宗教觀念與歷史研究，還要靠傳世文獻。傳世文獻往往歷史悠久，在傳承中經歷過散佚、重編，乃至有人做偽。譬如，《尚書》文獻就存在古今版本、流派問題，《古竹書紀念》的真偽問題，《尚書》中的篇章何真何偽問題，等等。因此，對於上古的傳世文獻，必須經過嚴格的輯佚、證偽、考實後才能運用。具體來說，首先得嚴格鑒別上古文獻的真偽，其次是對文獻運用進行條件上的限制。最後是綜合辯證。只有這樣，才能做到匡謬抉誤、正本清源，從而糾正「默證原則」極端化所帶來的弊端。

　　具體而言，其步驟如下：第一，史料辨別運用的是內證與外證的方法。所謂內證，是指從文獻記載的史實和編撰的動機，以核定或窺測其文獻之部分或整體是否真實；外證則是指從版本源流、文體詞藻等方面鑒別文獻之真偽；第二，設定條件，對文獻運用作限制。這樣一來，在嚴格的條件限制基礎上，文獻的科學性自然凸顯，其歷史價值便經得起考驗（參見《何炳棣思想制度史論》，頁88）。

　　舉例來說，《尚書》中的《周書》諸篇章，學者通常以為它是研究西周社會及歷史的重要文獻史料，而對於內中所記殷商失國前的史事，則持懷疑態度。何先生依據傅斯年《性命古訓辯證》一書的指引，自《尚書》甄選出使學者無懈可擊的資料以資論證。譬如凡是周公、成王所說「古人有言曰」中之「言」，所謂「我聞，惟曰」中之「聞」，往往涉及商代之故實，而這一定是聞自殷人所言，或者聽自熟悉晚商人物及史實的文王或其近臣幕僚。這些「言」

「聞」所記之歷史事實，正是研究殷商歷史及價值觀念的可貴史料。如若仍棄之不用，認為其遠不如甲骨之「堅硬」，那就不是方法的嚴謹，而是方法的僵化了（參見《何炳棣思想制度史論》頁89）。

第三是綜合辯證。無論你堅持怎樣嚴謹的原則，也不管你怎樣努力去窮盡各種史料，都難以發現全部歷史事實。因為歷史既已過往，就永遠地湮沒，任何事實記載都難以將其全面再現。正因如此，對歷史事實的澄清與認識，還必須在堅持考史原則與方法基礎上，運用綜合辯證的方法，予以重新建構。

譬如，自晚清俞樾（曲園）以來，學界普遍堅信商人自殷遷後，「更不遷都」，《尚書・盤庚》三篇，敘事「紊亂」，次序顛倒。但史家晁福林在近代歷次殷墟考古發掘成果的基礎上，縝密核證《尚書・盤庚》篇的古今相關文獻，通過綜合辯證，得出了盤庚遷殷之後，不久又遷都於「亳」的結論，糾正了自俞樾以來學界對此問題的認識誤區。由此，《盤庚》全篇確為「研究商代歷史史實」最為珍貴的文獻資料（參見《何炳棣思想制度史論》，第92～93頁；晁福林：《從盤庚遷殷說到〈尚書・盤庚〉三篇的次序問題》，載《中國史研究》1989年1期）。

我之所以由鄧廣銘先生的考史方法，引申到何炳棣先生的治學路徑，是因為何先生是治經濟史的大家，他向來以崇尚實證考辨、只做一等學問而著稱。他們二人的治史方法有異曲同工之妙。

回到前述《宋史・刑法志》中「敕」「令」定義的問題上來。我認為，鄧先生《宋史刑法志考正》一文有以下知識貢獻：

第一，《宋史・刑法志》的史源不是來自宋代官方所修《國史・刑法志》，其主要內容來自馬端臨《文獻通考・刑考》。第二，洪邁的《容齋隨筆》也是《宋史・刑法志》的部分史源，「敕」「令」定義的文字倒置，雖不是直接源自《容齋隨筆》，但極有可能是出自這樣的傳播路徑：《通考》引自《容齋隨筆・三筆》，現存《宋史・刑法志》作者又從《通考》轉引。第三，除了上述兩個文獻，《宋史・刑法志》的內容是編撰者——元代史臣從各種宋代文獻中漁獵而來。第四，元人所修《宋史・刑法志》主要有八類錯誤。在當時元代史臣有機會讀到宋人《國史・刑法志》，卻為何棄之不用、重新修撰？這始終是一歷史謎團，尚且無從得解。第五，鄧先生列出了他撰寫此文所引據的二十九種歷史文獻（參見《宋史職官志考正・宋史刑法志考正》，商務印書館2021年版，第309～310頁。以上各點均參見本書）。

　　鄧先生的研究成果本已得到學界承認。其中，上述對「敕」「令」定義的糾正，也被中華書局版《宋史》《文獻通考》的點校整理者所採用。鄧先生用《會要》（即現在看到的《宋會要輯稿》）、《長編》《玉海》諸書的記載，尤其是李燾《長編》附注所引《國史‧刑法志》之記載，證實了現存元人所修《宋史‧刑法志》（未點校前）的記載之誤。由此可知，神宗論法律形式之言的正確表達應是：「禁於已然之謂敕，禁於未然之謂令」（參見《宋史職官志考正‧宋史刑法志考正》，頁316～317；《宋史》簡字本44冊，3329頁，中華書局1985年版；《文獻通考》8冊，卷一六七，頁5023注48，中華書局2011年版）。

　　此一樁歷史公案本已得到解決，然而凌郁之先生的《容齋隨筆箋證》在此處卻依然寫作：「禁於未然之謂敕，禁於已然之謂令」。凌郁之先生在「按語」中說，《容齋隨筆》一書的這段史料來源於宋人《國史‧刑法志》，若說是《通考》引洪邁之書，元人作《刑法志》又轉引《通考》，因此致誤的話，那根本原因是《國史‧刑法志》本身就是有誤。這樣一來，又把學界公認的學術成果倒回到起點上去了。（參見《容齋隨筆箋證》，中華書局2022年版，第1773～1775頁）。

　　當然，凌先生並沒直接說《宋史刑法志考正》錯了，而是直接歸結到《國史刑法志》本身，來了個釜底抽薪。元人當時所能見到的宋代官修《國史》諸志，今已不傳。我們所能見到的就是上述幾種文獻，此外就是《朱子語類》（見《朱子語類》卷一二八《法制》條）的記載。李燾《長編》卷三四四元豐七年三月乙巳條附注所引《刑法志》（即《國史‧刑法志》）的原文（點校本中的雙行夾註小體文字），本是一鐵證。可凌先生卻無視這一點，認為洪邁書中這條史料也是源自《國史‧刑法志》，若錯也是國史自身之錯。

　　王問：作為文獻學專家，凌先生在《容齋隨筆箋證》上傾注了多年心血。但其結論卻與前輩大師鄧先生相左。對此公案，老師認為應如何裁判？

　　陳答：我的態度十分明確，鄧先生的考證是對的。之所以如此說，理由有三：其一，李燾《長編》小注所引之文明確記載為《國史》。其二，並無明確證據證明洪邁的此條史料源自《國史》，凌先生的說法只是推測。第三，除了上述《會要》《玉海》《朱子語類》等史料可做旁證外，我們還可以從綜合辯證的角度，推論出來「敕」之為法乃是有關「禁於已然」的刑事法條。

　　詳言之，敕與令在古典中國都是規範社會中人們行為的法律規範。所謂

「禁於已然」，就是在危害社會的行為發生後，國家以強制的方式給予行為人處罰，大致相當於現代法律體系中的刑事法條；而「禁於未然」，則是說行為人的危害行為尚未發生時，國家法給予引導、授權、規制等，相當於現代法律體系中的民事、行政法規等。

宋代並沒有現代意義上的民、刑部門法劃分理論，也不曾有現代以憲法為根本法、以民法典為小憲法的價值觀念，及在此觀念下建構的一套法律體系。就此來說，在古代中國，包括已產生出許多近現代社會因素的宋代，其法律觀念、法律體系自然是與現代社會迥然不同的。但這並不妨礙我們可以以現代的法理視角去分析、審視古代中國法，與古聖先賢、歷史文獻進行對話。

之所以這樣說，我有以下理據。

首先，古老的中華法系根本上屬於成文法傳統，在此傳統下，國家機構與治理模式蘊含著許多「理性」因素（韋伯所謂工具理性、技術理性），如科舉制、考課制、官僚制、科層制等。與此相適應的法律體系，也同樣具有「民刑有分，功能有別」的悠久傳統。在此方面，唐宋以後的法律體系表現得尤為顯著。宋代在繼承唐及五代法律體系的基礎上，又加以揚棄與創新，其法律體系愈加成熟完善，具有鮮明的時代特徵。在宋代，敕、令通過國家編纂後，都是成文法典，也是法律形式（淵源），二者調整的對象與適用的方式，是有著清楚劃分的。按照宋人當時的說法是「約束為令，刑名為敕」（《長編》卷四〇七，中華書局 2004 年版，第 16 冊，第 9913 頁）。

其次，自西漢以來，中國古代對法律形式的劃分，及對其相互關係的認識，就已達到了很高的水平。大史學家司馬遷說：「夫禮禁於未然之前，法施已然之後；法之所為用者易見，而禮之所未禁者難知。」（《史記·太史公自序》，中華書局 2019 年版文白對照本第 5 冊，第 4046 頁）。東漢章帝時，大律學家陳寵也說：「禮之所去，刑之所取，失禮則入刑，相為表裏者也」（《後漢書》卷四十六，中華書局橫排版簡字點校本，頁 1048）。這二者雖然講的是禮法或禮刑關係，但卻可以作為我們認識宋代文獻中「敕」「令」定義孰對孰錯的旁證材料。

我們知道，在歷史進程中，禮經過三國兩晉南北朝，尤其是隋唐的發展，逐漸由指導法律的價值、原則，滲透於社會生活與政治生活的各個方面，譬如婚喪嫁娶、祭祀、朝儀等等。經過國家機關的整理編撰後，禮在形式上成

為《禮典》。在此背景下，禮不僅與律關係密切，禮亦可轉化為令——《禮典》的內容可以納入《令典》。（參見高明士：《中國中古禮律綜述：法文化的定性》，商務印書館 2017 年版。）

我們可以在禮與令的轉化關係視角下，來看待宋人的敕、令關係。申言之，令與禮一樣，都是規定行為的應為、可為或禁為，設定假定條件、行為模式，但並沒有直接規定法律後果——罰則。就此而言，令理應為「禁於未然之前」。這一點可以在宋仁宗時期頒布的《天聖令》文本中得到印證。在宋代，當法律修訂機構（編敕所、詳定一司敕令所等等）對散敕加以編撰後，敕就成為「海行法」（即普遍適用的刑事法規），編敕也就成為法典。這種「敕」作為「刑名」之屬，自然是「施於已然之後」，也就是針對犯罪行為發生後適用的規範或原則。

現舉例進一步說明。依《宋律》（宋刑統）：「凡殺人，雖已死，其為從者被執，雖考掠，若能先引服，皆從按問欲舉律減一等。」為了體現此種情勢下，朝廷對從犯自首的鼓勵，宋神宗熙寧元年（1068 年）的敕文規定，對從犯可減二等處罰。此種敕文就是針對刑律的具體實施而制定的刑事處罰細則，其在編撰程序後即為通行刑事法規。

這一點，在元豐七年（1084）三月乙巳日，編敕完成後，宋神宗與諸修法大臣的對話中，可以得到證實。《長編》卷三四四載：

> 「《刑法志》〔註3〕云：『初議修敕必先置局，詔中外言法之不變與約束之未盡者議集，然後更定，所言可採而行者，賞錄其人。書成，詔中書，樞密院及刑法司律官偉參訂可否以聞。始，《咸平敕》成，別為《儀制令》一卷。天聖中，取《咸平儀制令》約束之在敕者五百餘條，悉附令後，號曰《附令》。慶曆、嘉祐皆因之。《熙寧敕》雖更定為多，然其體制莫變。至元豐，修敕詳定官請對，上問：『敕、令、格、式體制如何？』對曰：『以輕重分之』。上曰：『非也。禁於已然之謂敕，禁於未然之謂令，設於此以待彼之至之謂格，設於此使彼倣之之謂式。修書者要當知此，有典有則，貽厥子孫。今之敕、令、格、式則典則也。若其書具備，政府總之，有司守之，斯無事矣。』於是凡入杖、笞、徒、流、死，自名例以下至斷獄凡

〔註 3〕注意，此所謂《刑法志》指宋人官修《國史·刑法志》，而非元人所修的《宋史·刑法志》。

十有二門，麗刑名輕重者皆為敕；自品官以下至斷獄凡三十五門，約束禁止者皆為令；命官之賞等十有七，吏、庶人之賞等十有七，又有倍、全、分、釐之級凡五卷，有體例模楷者皆為式；始分敕、令、格、式為四。《熙寧敕》十有七卷，附《令》二卷；《元豐敕》十有三卷，《令》五十卷。《熙寧敕》、《令》視嘉祐條則有減，《元豐敕》、《令》視熙寧條有增，而格、式不豫焉。二《敕》有《申明》各一卷。天下土俗不同，事各有異，故敕、令、格、式外，有一路、一州、一縣、一司、一務敕式，又別立省、曹、寺、監、庫、務等敕凡若干條，每進擬，有牴牾重複，上皆鐵（簽）改，使刊正，然後行之，防範於是曲盡矣。」（《長編》卷三百四十四，點校本 1992 年版，14 冊，頁 8254）。

最後，南宋時期理學大師朱熹（朱子）對「敕、令、格、式」的解釋，旁證了「敕」施已然之後、「令」禁未然之前的正確無誤。《朱子語類·法制》載：「或問：『敕、令、格、式，如何分別？』曰：『此四字乃神宗朝定法時綱領。本朝只有編敕，後來乃命群臣修定。』又曰：『觀此數語，真是分別得好。』」（指上引神宗對「敕、令、格、式」定義的劃分）。

朱子進一步說明道：「格，如五服制度，某親當某服，某服當某時，各有限極，所謂『設於此而逆彼之至』之謂也。式，如磨勘轉官，求恩澤封贈之類，只依個樣子寫去，所謂『設於此而使彼傚之』之謂也。令，則條令禁別其事不得為，某事違者有罰之類，所謂『禁於未然』者。敕，則是已結此事，依條斷遣之類，所謂『治其已然』者。格、令、式在前，敕在後，則有『教之不改，而後誅之』底意思。今但欲尊『敕』字，以敕居前，令、格、式在後，則與不教而殺之有何異？殊非當時本指。」[註4]（《朱子語類》黎靖德編、王星賢點校，中華書局 1985 年版，卷 128《法制》，頁 3063；又可參見《朱子全書》80《朱子語類》五，4015 頁，上海古籍出版社，安徽教育出版社 2000年 12 月版）。

綜上，通過對上述宋代文獻進行史料比勘、綜合辯證，今人可以得知宋神宗元豐年間「敕」「令」兩種法律形式的準確內涵，也可堅信鄧廣銘先生之

〔註 4〕朱熹不僅是理學思想家，而且還是一個具有極高法理素養的法律專家。關於這一點，一方面可通過其本人、門生後學的榜文、判詞得到印證，另一方面，《朱子語類·法制》中關於法律形式的這段議論更是直接的證明。

考證的正確性。〔註5〕由此，我們可以體悟史料考證的重要性。鄧、何兩位先生的考史方法非常值得今人學習。

　　但另一方面，我們也必須知道，要深入研究宋代法律史尤其是宋代司法傳統，使這個沈寂八百餘年乃至千年以上的司法傳統煥發出時代的新意，彰顯出傳統中國的獨特法理智慧與文明內涵，還必須在史料比勘、史實建構基礎上，具備理論框架或方法論的自覺。

　　王問：記得您在 2017 年的《師大法學》上，曾發表《宋代司法傳統研究中的若干問題》一文，這篇文章的一個立意即為闡明宋代法律史研究中的史料、方法與理論分析。去年冬天（2021）我們召開「明悉本事之原委：史料比勘在法史研究中的運用」專題學術研討會，您又寫了《史料、史料學與中法史研究》一文。在這兩篇文章中，您已對宋代的基本歷史文獻、史料的辨析與反思、宋人的史學成就、考史的重要性等問題，做了專門的論述。近來，您

〔註 5〕事實上，若回到宋代法律體系的具體語境中，敕、令的劃分遠非這麼簡明。自唐以來，律、、令、格、式成為法律的主要表現形式。宋建國後，在繼承唐與五代法律體系的基礎上，創造出「編敕」的立法活動，以適應新興社會關係的出現。其實，就法律形式的劃分而言，禮、律、令三者在唐代關係就極為密切。首先，禮從價值上講，是修律的指導、依據，也可表現為刑律執行的原則。令作為百官之所守的行政法規，又可因禮典的編纂而進入禮中。對此，高明士先生有著專深的探討（見氏著《中國中古禮律綜述──法文化的定型》，商務印書館 2017 年 6 月版）。

神宗、蘇頌、朱熹等人對敕、令、格、式等法律形式的區分，說明宋人對於法律體系的內在劃分、組合已有著卓越而深刻的見解。就宋初而言（一般指太祖、太宗、真宗三朝），敕的編撰並無專門的機構，由大理寺負責；敕的地位也沒有那麼高，它只是律令的補充形式。宋仁宗天聖間方設置專門負責編敕的機構──「詳定編敕所」，負責編修《天聖編敕》。神宗時改稱「重修編敕所」「詳定重修編敕所」，期間因支持變法之需，要修諸司或一司敕式，又改名為「詳定編修諸司敕式所」「詳定一司敕式所」。

依據河南大學孔學先生之研究，北宋時期的編敕機構與法律體系的演變，若以神宗中期為界限，大致可分為兩個階段：前一個階段可稱為「編敕所」階段，後一個階段可稱為「敕令所」階段。這主要是因為編敕體例改變而造成的。神宗《熙寧編敕》以前，僅僅是把與刑名相關的宣敕按《宋刑統》十二律的名稱加以分類編撰。仁宗《天聖編敕》開始編入刑名敕，對「令」則以《附令敕》的形式編入書，對於「格」「式」則單獨編書。而神宗銳意變法，『以律不足以周事情，凡律所不載者，一斷於敕』。把原來的律、令、格、式改為敕、令、格、式，並對它們的含義進行區分解釋。（參見孔學：《宋代專門編敕機構──詳定編敕所述論》，《河南大學學報（社會科學版）》2007 年第 1 期）。

又重新思考這一主題，我非常想聽您講講最新的體悟和心得。

另外，您自 1996 年博士畢業以來，就一直圍繞士人群體與宋代司法傳統之關係的角度撰寫文章，並試圖在「唐宋變革說」這一宏觀視野下，揭示宋代司法傳統的轉型，「尋求中國人過日子的規則與邏輯」。近幾年，我注意到您特別強調學問研究必須得有「理論框架」與「概念提煉」，要「截斷眾流」「獨抒己見」，建構自己獨到的理論命題。作為青年研究者，我對您的主張十分感興趣，懵懂地感到其中包含著您對於方法論的深思，但理解尚不透徹。希望您能進一步講解一下。

陳答：看來你在完成博論後，已對我的研究取徑及致思方法有了相當程度的理解。我想立足於三十年來對此一關注焦點的思考，結合你的博士學位論文《「法」中求「理」：南宋士大夫的法律哲學與裁判方法》，談談我新近對上述問題的理解。

我們說學術研究中要有一「理論框架」。首先，必須對此一概念進行定義，儘管嚴格而準確的定義本身是很難給出的。其次，需要指出的是，學位論文導論中的所謂「理論框架」，不是簡單介紹論文的篇章結構，而是要說明自己試圖通過什麼方法或路徑來凝練問題意識，以及試圖解決學術研究中的何種問題。最後，也是最重要的一點，我們得思考，如何借助這個源自「文化社會學」「大眾傳播學」的概念，力爭在法律史研究中形成自己的獨特風格。

「理論框架」又稱「框架理論」（Framing Theory），原本是「人工智慧之父」、美國學者馬文・明基斯（1927～2016）創立的。而框架的概念源自英國人類學者格雷格里・貝特森（1904～1980），他曾受教於英國結構功能主義人類學大師拉德克利夫・布朗。「理論框架」概念由加拿大裔美籍學者歐文・戈夫曼（1922～1982）引入「文化社會學」，後又被引入到「大眾傳播」研究中，成為定性研究的一個重要觀點。〔註6〕

〔註 6〕什麼是理論框架？視角理論框架是關於「研究對象」的描述性體系，包括了與研究對象有關的概念界定、分類特徵的論述。有了這樣一個理論框架，也就有了專業探討研究對象的話語權。假設理論框架是要驗證的一種理論框架。這種框架往往包括了一些需要證實的特點、趨勢、規律和關係等。解釋理論框架出現在研究結果之後，是對研究發現和研究結果的解釋。研究者借用各種現有的理論來解釋研究結果和發現，只要邏輯上有其合理性。發現理論框架是研究者綜合文獻研究和實證研究，發現並提出新的有關研究現象或對象的理論體系。研究的理論貢獻就在於證實或證偽假設理論，或者建立一個新的理論框架。對研究問題進行提煉，並放置在一個清晰的理論框架下來探討。

　　「理論框架」概念具有結構主義的特徵。假若我們將其運用於中法史研究，那麼可以這樣說：所謂「理論框架」，就是法史研究者所建立的獨到分析架構和方法；借助於此，研究者得以把研究對象置於特定的歷史場域中，透過結構功能主義視角的分析，尋找「社會中行動的人」的價值觀念、行動邏輯，及其背後的制度原理。

　　運用到宋代法史研究，反思「士大夫與宋代司法傳統」的關係，我是欲借用馬克斯‧韋伯「理解的社會學」之視角，把論述的中心聚焦於宋代司法實踐中的「人」。這裡的「人」是特指某些群體，譬如宋代懂法律、尊重法律的皇帝群體，如宋太祖、宋太宗、宋真宗、宋仁宗、宋神宗、宋高宗、宋孝宗、宋理宗（參見徐道隣：《徐道隣法政文集》，清華大學出版社2017年版，第207頁）；工吏事、曉法律、通經術的士人群體（譬如《清明集》中的名公們）；以「打官司」為生的訟師群體；承擔獄訟管理、文書送達工作的吏人團體。此外，當然也涉及到司法實踐中當事人群體，尤其是宋代底層社會的弱勢群體，如人力、女使、贅婿、接腳夫、茶食人等。

　　關於宋代的司法傳統及制度諸面向，若依據歷史唯物主義的觀點，自然當從宋代社會生活的政治、經濟、文化結構去觀察。〔註7〕學界通行的代表性成果，如張晉藩先生主編的《中國法制通史‧宋卷》《中國古代司法文明史》（第二卷），郭東旭《宋代法制研究》、戴建國《宋代法制研究叢稿》及二人合

　　　這就是所謂的「概念化過程」。基於已有的、成熟的、已出版的相關研究，往往在研究之前就能夠對自己所提出的研究問題，有某些初步的假設，而實證研究往往是檢驗假設。
　　　關鍵之處在於，「預期的假設」不是你的憑空猜想，而是根據有關理論、他人的研究可以「分析」或「推斷」出來的，即需要有某種根據（已有的或成熟的、已出版的相關研究），要闡述的是做這種分析或推斷的邏輯，而不僅僅是根據想當然或者常識。文章中提到一個理論，但只是提了「一個理論的名稱或介紹」而已，只是「大致分析的方法」，還要根據框架理論進行「具體化」，即：當前對於這一理論的使用的現狀是什麼，哪些是影響這種理論的顯著因素。只有當通過理論分析和文獻檢驗，發現所研究的問題呈現出新的研究現象，才能提出假設，然後檢驗這個假設。
　　　不少學生在論文中單獨介紹某個理論，就以為有了理論框架。其實不然，任何理論框架的應用，關鍵是應用這一理論背後的推斷邏輯。所謂理論，是對兩個或多個現象間具有某種關係的陳述。為此，需要把理論涉及到的主要方面放到你自己的研究情景下，進行「具體化應用」，包括概念定義、操作定義。而且關鍵是內在的邏輯，不是研究要素的簡單羅列和堆砌。
〔註7〕學界其他未注明以歷史唯物主義為指導的著作，不再一一列出。

著的《南宋法制史》等，都是持這種立場的。

我自 1986 年完成碩士論文，開始從事於中法史的研究，便堅持此種立場，現在也依然未改變。但這並不妨礙，我們可以同時借鑒韋伯的理論，注意「法律名流」們在人類法治文明史上所做出的重大貢獻。正是從此一角度出發，我把 11 世紀至 13 世紀活躍在趙宋政治舞臺上的士大夫群體（意指通過科舉取士，被宋代朝廷錄用的，從事於各級司法審理的官員們；《清明集》中稱其為「名公」，意為著名的官員、法官），視作是兩宋司法傳統的維繫者與創造者。

這樣說，並非僵化地認為他們就是宋代司法傳統形成的唯一力量，而是說士人群體上接皇帝（宋代有「皇帝與士大夫共治天下」之說，參見余英時《朱熹的歷史世界》、任峰《立國思想家與治體代興》），下連宋代基層獄訟管理者——公吏群體等，具有不可取代的、意義獨特的制度樞紐地位。宋代士大夫面對的是一個商品經濟發達，利益多元，物質欲望盛行的世俗社會，審理的是婚姻、田土、繼承、債負等民間細事，強盜殺人、作姦犯科的刑名重案，以及皇帝的「詔獄」。

他們既是宋代儒家意識形態下皇帝「欽恤刑獄」價值思想的落實者，也是在具體案件裁判中彰顯「法中求理」「理中求法」審判藝術的司法智慧創造者，他們還是活動於各級審判機構中，法律理念、法律制度、司法機制、審理活動的關聯者。

他們中間的最上層（宰執、兩制等中央高級官員），參與重大疑難案件的審理與立法編敕活動，他們的中層（路、州長官及諸曹職事官等）主要負責落實宋代特有的司法制度，譬如「鞫讞分司」與「翻異別勘」制等，他們的下層（知縣、縣令、幕職官員等）則在中華法系成文法典傳統的文明形態下，在「罪刑法定」、依法判案的框架內，平衡「天理、國法、人情」，落實「知識理性的求真」與「價值關懷向善」。知州、知縣乃親民之官，他們上承天子之命，代表皇權治理地方，向下面對百姓，負責勸課桑農、徵稅派役、聽訟折獄、化民成俗等日常政務。他們必須「導揚風化，撫字黎氓，審查冤屈，躬親獄訟」，知百姓之疾苦，明地方之利病。在案件的審理中，證據的辨別、事實的認定、規範的尋找，天理、國法、人情平衡中的法理闡釋與法律推理，都必須依靠他們的司法智慧與實踐經驗來完成。

我的基本思路是：

第一，從結構功能的角度分析宋代「士大夫」群體的特徵，包括階層的劃分，類型的概括，知識素養的養成與法學教育的開展，等等；

第二，從司法實踐的角度，看士人群體，尤其是《清明集》中所涉及的南宋理學影響下的法官群體，如何審理民事訴訟案件？其時代特徵是什麼？他們有著怎樣的公平意識、人格理想與秩序期待？怎樣在禮法衝突下釋法說理？

第三，如果說宋代司法傳統的形成與士大夫群體的司法實踐有著密切關係的話，那麼其時代特徵是什麼，如何概括與認識這個特徵？

第四，就士大夫與宋代司法傳統的關係而言，我關注的焦點是：士人群體在躬親獄訟的審判實踐中，面對著百姓的關切，訟師的助訟，胥吏的滋擾，兩造的不同訴求等，是怎樣落實最高層的司法理念。在紛繁複雜的利益衝突中，運用天理、國法、人情，乃至「鄉源體例」等多種規範，既要分清是非、依法決斷，又要化民成俗、引人向善。做官的士人群體就是各級司法機構的法官，他們在司法實踐中的行動邏輯是什麼，是怎樣運用法律推理的？士大夫是司法實踐中的行動者，作為個體他們有著鮮活的個性。譬如，參與宋神宗時期「阿雲之獄」中何為自首之討論的王安石、司馬光、韓維、呂公著等名臣，還有南宋時期《名公書判清明集》中記載的斷案者胡穎、劉克莊、范應鈴等名公，都值得深入討論。

作為群體，他們都是在特定的社會結構與法律文明形態下，秉持著那個時代的價值理念，討論案情、引經據典、斷獄決訟的。他們既是司法實踐者，又是那個時代司法傳統的塑造者。我們不僅想通過他們的實踐，揭示宋代司法傳統的理念、運作機制、審判程序等，而且還想透過社會生活的種種法律現象，揭示理念、制度背後的法律原理，以及具體個人的行動邏輯。

如果說，在唐宋變革的理論視野下，宋代司法傳統展現著由人倫理性向「知識理性」過渡的時代特徵的話，那麼，當我們深入到宋代社會的歷史進程中，首先必須以辯證的眼光看待唐宋之間社會的變與不變。恰如傅斯年所言：「就統緒相承以為言，則唐宋為一貫；就風氣異同以立論，則唐宋有殊別。」所謂「統緒相承」，是說唐宋國家政權都是以奉行儒家綱紀為正統，二者在法律、政制層面有繼承關係；而所謂「風氣異同」，則是指自唐中期以來，社會結構、經濟關係發生了劇烈變化。到了兩宋之際，土地私有制深化所帶來的

市場繁榮、商品經濟的活躍，極大的刺激了世俗社會各階層人們的物質欲望。由利益多元化所帶來的「興訟爭利」之風遍布於社會生活的各個角度，傳統的儒家倫理話語雖仍然是法官們「援情入法」、釋法說理的依據，但這套話語背後的行動邏輯則悄然發生著變化。

例如，儘管傳統禮法禁止卑幼控告尊長，但宋代卻對此類情形給予了一些附有特定條件的許可。（如宋太宗端拱元年發生的安崇緒告繼母案，南宋《清明集》中尊卑長幼互告爭財的案件）。即便當時的人們還沒有現代社會的一套「權利」概念，但卻事實上保護了當事人的某種利益或資格。在裁判過程中，那些躬親獄訟的法官們，無論是斷決凡人之間的田土爭訟，還是斷決親屬之間的財產之爭，他們都必須先運用證據、認定事實，在明辨是非的基礎上，才能融「天理、國法、人情」於一爐，謀求「情法允協」、恰到好處的判決與調處。其實，這正是他們獨到的司法智慧，也是宋代司法傳統的時代風範。

我們需要注意的是，宋代審判實踐中的「天理、國法、人情」平衡藝術或審判風格，既有上承漢唐、下及明清的一面，也有迥異於上、區別於下的獨特風貌。進言之，就「天理」與「國法」的關係而言，天理作為經義的抽象，自然仍是法律規範的指導，也是法官說理的依據。但不同於漢唐、明清的是，宋代的法官群體（即「名公們」）往往在審理親屬之間的爭訟案件時，把天理與審判之關係一分為二。正如柳立言先生所論，當我們考察二者關係時，「應從兩個面向分析，一是對受害者權益的保護，二是對加害者行為的懲罰。在前者，天理與法律平行而彌補其不足；在後者，為了彌補受害人和加害人彼此的天倫，天理有時凌駕法律，以道德訓悔而代懲罰。」（參見柳立言：《「天理」在南宋審判中的運用》，載《歷史語言研究所集刊》第八十四本第二分，2013年）。

就前者而言，天理是對法律的補強，自然不會損害法律的公平，就後者而論，天理代法律而申道德，以教誨代替了懲罰，表面上看似乎損害了司法的客觀與公正，該懲而不懲。其實，這正是中國古人司法的高明之處。若發生親屬之間的訴訟，尤其是當卑幼凌犯尊長時，理應加重處罰。但必須看到，堅持嚴格依法處罰並不等於真正的公正。在倫理已撕裂的情況下，單純的處罰帶來的是更大的損害，不利於固有倫常關係的恢復。正因如此，在特定案件中，宋代名公對當事人減輕處罰或者不處罰，代之以道德的訓誡，以此修復已受傷害的倫理秩序。在處理親屬之間財產爭訟的時候，必須考慮到當事

人的生活還要繼續下去，家庭所需要的公平最終有賴於關係修復，而不是懲罰實施。這正是「天理、國法、人情」平衡的最高境界，是恰到好處的司法公正。在某種意義上，「正義」本身就是「恰到好處」。

這樣一來，我們將會看到，在紛繁複雜的利益糾紛中，泥守儒家倫理話語構築的道德防線，已遠遠不能適應社會生活中司法公正的需要。依法判決、明辨是非是宋代司法傳統的主旋律，「援情入法」「法中求理」是為處理複雜疑難案件的藝術與智慧。後者是對前者的補充，不是顛覆與破壞；前者是成文法傳統下的大原則，並非可以被恣意丟棄者。修改它、補充它，都有一定的程序與原則，這正是宋代司法文明的時代內涵；而運用「司法文明」這個詞彙，考察司法制度與實踐時，則必須把它與司法的公正、客觀，即確定性、可預期性相聯繫。

王問：謝謝您對理論框架、概念提煉與命題建構的講解。您在對話開頭時就講，中法史的教學與研究要想深入而健康的發展，教師與學生之間的對話、互動至關重要。作為一個剛完成博士學業、有幸留校任教的青年學子，我切實感到師長前輩「金針度人」在自我學習成長之中的重要性。作為老師，您強調導師的責任，經常提到「教學相長」；作為學生，我們也應反躬自省：如何在學業中盡快步入學術門檻，登堂入室，潛研選題，做出一篇有分量的學術論文——而這些都離不開老師的指導。那麼，基於多年的教學研究經驗，您當下是怎樣認定心目中理想的學生的？在宋代法史與宋代司法傳統的研究方面，您對學生又寄予怎樣的希望呢？

陳答：謝謝你把我的思緒拉回到了對話的起點。人生活在現實中，卻不能沒有理想。就我指導學生而言，特別是有志於攻讀碩、博士學位的學生們，囿於我自身的學術志向與興趣所在，我總是希望學生一旦確定被錄取，在未到學校報到的五、六、七、八四個月中，就能確立一個文獻閱讀計劃，早一點接觸宋代的基本歷史文獻，先從馬端臨《文獻通考》讀起，接著是李燾的《續資治通鑑長編》、李心傳的《建炎以來繫年要錄》以及《宋會要輯稿》《宋史》等等。

當代法史的研究主流範式為規範主義，重視制度、法條的一般性運行邏輯。因此學生在逐步接觸、摸索歷史文獻的同時，還要讀幾本西方近現代規範法學的經典，譬如凱爾森的《法與國家的一般理論》、尼爾·麥考密克的《法律推理與法律理論》、哈特的《法律的概念》、卡爾·拉倫茨的《法學方法論》等。

　　學生必須明白兩個道理：第一，中國法律史學科的屬性雖然是法與史的結合，但其研究對象與方法首先是屬於法學性質。它研究的對象是法律，只不過是歷史中的法律；它的研究方法是規范主義，是從規範入手考察法的產生、發展與變化規律，思考的是法學問題。另外，在當下中國大陸的學科建制中，這個學科乃是設置在法學專業而非歷史學專業，中國法律史是法學本科教育中的核心必修課程。因此，學生在學習中必須養成法學的思維方式與思維習慣，從所閱讀的歷史文獻中，應看到法律的問題，應思考法學的命題。

　　第二，就中法史學科的法、史二維度之關係來說，法學與史學在強調實證與重邏輯思維兩個角度是完全相通的。就前者而言，無論是法學研究，還是史學研究，都特別重證據實，「法律事實」的認定、史學歷史真實的建構都要基於對證據的運用和考辨。只不過司法中的證據是指物證、書證、人證等，而史學建構歷史事實的證據則是各種體裁的歷史文獻。就後者來說，法學研究與史學研究都講求邏輯推理，強調嚴密的論證與縝密的學理分析。就法學而言，邏輯思維就是規範的尋找，法律與事實之間的推理、「涵攝」；就史學而言，邏輯思維就體現為，對史料的比勘與史源的嚴格求證，以及對歷史事實的合理推斷。史學中的考證方法與司法中證據關聯性原則具有某種相似性。

　　明白了上述道理，你才有可能在閱讀宋代基本歷史文獻中，透過史料記載的各種法律現象與矛盾衝突，去凝聚問題意識，提煉法學命題，確定自己論文的寫作方向。譬如說，編敕是趙宋王朝三百二十年歷史中一項重要的立法活動。就唐宋法律形式與體系的變化而言，敕與令如何劃分？禮與律、令，敕與律、令，彼此之間分際融合的歷史進程是怎樣的？規律是什麼？宋代編敕作為法典，是否為宋代法律體系獨立成型的標誌？元豐編敕在法制史上佔有怎樣的地位？諸如此類的問題一直以來都沒有得到解決，很值得進一步研究。

　　從此意義上講，你在閱讀史料時，就可以有意識地集中關注宋代的法律問題。而所謂「法律」，即便是從古今中西的最嚴格意義上定義，律令、刑獄、司法諸方面肯定是主流，是法史研究的主要方向。這樣一來，在熟悉宋代基本史料的基礎上，集中閱讀《宋會要輯稿》中的《刑法》、《文獻通考》中的《刑考》，《宋史》各志中的《刑法志》，就成為頭等重要的學習任務了。在學術研究中，理論水平、致思方式固然重要，但首要前提還得是熟悉文獻，循序漸進，做穩做實。

　　最後，我想說的是，不要以為宋代的考古發現不夠突出，司法檔案、獄訟判詞留下來的少，就以為宋代法史沒有研究前景。〔註8〕其實，無論是從文獻中的語詞入手，抑或是從文獻史料本身的史源處著眼，都能找到新的問題意識，拓展新的研究方向。

　　譬如，就特定語詞而言，可以提出這樣的學術問題：「奴婢」「客女」「女使」三者身份地位有何區別，反映著怎樣的歷史變遷。關於宋代婦女的地位，近年來雖不斷有學位論文問世、學術著作出版，但大多沒有新意，既無史料的深挖，也無具體詞語含義的深入考辨。再如唐宋《戶令》中的財產分配制度，既關涉到婦女的法律地位，也關係到法理上「權利」理論的拓展，這都是很值得重新研究的。目前，關於《戶令》史料的史源比勘，學界並無深入的著墨。

　　在史料比勘、史實建構方面，我們需要提出這樣的理論追問：事實判斷何以成為可能，價值判斷究竟何以為據？事實雖具有客觀性，但並非指客觀事物自身。宇宙之大，遠遠超出我們的想像，其中存在著大量不能為我們所認識的自然之物。儘管都是真實存在，但它們並非是認識論層面上的「事實」。認識論之所謂「事實」是指，客觀事物投射在人的認知世界，從而形成被認知主體所把握的某種認知結果。換言之，「事實」乃是人圍繞客觀事物所建立的主觀陳述。這並非說「事實」純粹是主觀性的，而是說事實判斷是認識主體對客觀事物或歷史事件的知識陳述，它本質上是認識主體所建構的「命題」。

　　譬如，太陽、月亮都是客觀的真實存在，但它們並非是事實本身。當我們說「太陽每天從東方升起，從西方落下」時，這才是認識論上的事實（判斷）。同理，長江、黃河是客觀存在，但也非事實，只是自然之物。若說「長江、黃河從西向東注入大海」，這就形成了事實判斷。作為命題，一個面向事實的判斷，既有可能符合客觀規律，是「真」的；也有可能偏離事實真相，是「假」的。法史研究首先要處理的往往就是歷史上那些具有法律意義的「事實」（判斷），在史料比勘基礎上去偽存真，實事求是，謀求建立真正的事實判斷——使認識合乎客觀的事實真相。當然，這只是一個大致的努力方向，其最終成效受限於各種現實條件和認知水平。

　　自然所為謂之「物」，人之所為謂之「事」。對「物」的認識，在人類文明

〔註8〕近年來宋代考古亦有一些重要成就，例如南海沉船考古、浙江武義徐渭禮文書等等，都值得法史研究者加以關注。

的不同歷史階段，認知主體對客觀事物規律的把握水平高低雖有不同，但大體上都有一個符合時代常識，或者說符合當時世界科學技術所要求的標準。相對而言，認識人類歷史的真實、社會的真實──「事」，就更加複雜，而極難有嚴格科學意義上的標準。譬如，對於法律事實、制度事實、歷史事實之「真」，人們只能用可掌握的證據，無限地接近它，但永遠無法百分之百地達到它。作為歷史唯物主義者，必須反對歷史虛無主義、後現代歷史解構主義，以及不可知的唯心主義世界觀。但在此基礎上，一個人（認知主體）要想準確認識人類社會、法律、歷史，世界觀、方法論又是不可或缺的。

　　基於這樣的思考，我認為，對於學界長期存在爭論而無法得到解決的問題，若換個理論角度，或許能得到一個新的思考方向。譬如，宋代乃至傳統中國，是否真實存在著「民法」或「民事法規」？若說不是「真實存在」，不是「歷史事實」（請注意二者之差異），那麼，可以轉而思考另一問題：民初大理院的推事們，怎能在沒有民法典的情況下去審判民事案件，並且在實踐中去援引《大清現行刑律》「民事有效」部分呢？儘管宋與清隔著元、明，但傳統中國的法典、法統都是一脈相承的。假如能夠以結構功能的視角，認可清末民初事實上存在著民事法規，那麼這種推理思維便同樣可以適用於對宋代的思考。在我看來，宋代社會生活中的民事法律規範，甚至更具時代特色。

　　假如說，民事法律規範真實存在於宋代社會生活中（這可以用大量的歷史文獻證明），是客觀的，但這一說法仍然不等於「歷史事實」。因為事實（判斷）需要在研究者的認識觀照下才能顯現。歷史事實的意義，需要恰當的理論解釋。這就意味著，對於所謂「歷史事實」的建構，我們不能停留於簡單的人有我有、中西比附式的論調，而一定要獨出心裁，基於對古今中西知識傳統的全面把握，建立起合乎普遍原理、尊重本土實情，認同文化傳統、照應當代實踐的理論敘事。這雖然聽上去神妙玄遠，但卻是我近年來一直在追求的理想境界，也是我對於你們學生的期望所在。

　　申言之，對於「客觀存在」與「歷史事實」之間的聯繫，必須由研究者作為認知主體，用一定的方法與理論，在考證史料的基礎上加以建構。否則，它只能是「沈寂之物」，藏於深山而人未知（史料文獻既似大海，又如深山。惟下海、登山，尋幽探勝者，可親見美景）。縱有風情萬種，何人識得滋味？

　　中法史研究欲向縱深發展，必須堅持守正創新的原則。所謂「守正」，就是以史料為基礎。所謂「創新」，其一是要考辨史料，推進對歷史事實的認識。

其二是需要提出概念性的分析工具。所謂「概念提煉」，擴展開來也可以說是「命題建構」。就「宋代『民法』何以可能」這一話題來說，我並不是簡單地主張，中國古代有著在功能、作用或規範等維度上類似於現代民事法規的內容，而是要在一個新的理論框架之下，提煉出分析性的概念與工具，建立關於宋代司法傳統的法理命題。〔註9〕而我的目標則在於，重構宋代民法或民事規範存在的歷史事實，形成新的致思方向，並揭示其時代內涵與現實意義。

　　王：人間小滿，煙雨江南。感謝老師的精彩講解和指導！宋人真德秀有詩云：「閒中意趣定何如，靜把陳編自卷舒。希聖希賢真事業，潛天潛地細工夫。」（《西山文集》卷一《閒吟》）您所提到的意趣、事業、工夫，值得我們深入學習和體會。

　　　　　　　壬寅年小滿時節（公曆 2022 年 5 月下旬）於江城武漢

〔註 9〕譬如，自在之物、客觀存在、歷史事實、事實建構、個體倫理之「私」。具體而言，宋代「民法」所保障的「私」不同於西方個人本位基礎之上的「權利」概念，而是對應著「家」的個體倫理之「私」。在中國古代法律史的語境下，探究中式「權利」的生成，不能機械地套用現代民法的概念和價值原則，而是要深入到生活原理的層面，尋求中國老百姓過日子的規則與邏輯。

目

次

第四冊

當代中國法律思想研究

閱讀與評論

演講與筆談

宋元法史論稿

兩宋法制歷史地位新論 [註1]

　　《宋刑統》是有宋一代一部最基本的法典。它於太祖建隆四年（公元 963 年）頒布，共 31 卷，213 門。由於這部法典的篇目烙有濃厚的仿唐痕跡，故其歷史地位向為學者所病。對中國法律史有篳路藍縷之功的陳顧遠先生說：「建隆四年竇儀重定刑統，實亦全部為唐律也。」[註2] 張晉藩先生也認為：「《宋刑統》就其律文言，只是《唐律》的翻版，除折杖法外，很少增損，甚至連《唐律》的律疏也一併照錄」。[註3] 然而，當我們重新研究《宋刑統》的全部律文及相關史料後，覺得有重新商討之必要。

一、《宋刑統》在體例與內容上對唐律的重要發展

　　《宋刑統》的篇目與律文確有因唐之嫌，但若由此判其為唐律的翻板，則尤為不可。因為在我國封建社會的立法史上有陳陳相因的歷史傳統。以學者所推崇的《唐律疏議》為例，無論是十二篇名，還是對律文的注疏，也是從前代各朝因襲而來。唐律從《名例》到《斷獄》的篇名與結構，來自隋之《開皇律》。而對律文的詮解，則完全是漢晉諸儒以《春秋》大義注疏律文的遺風。既然唐因隋不被世人所譏，那麼宋宗唐舊又何必病焉！其實，就其編纂體例或內容，《宋刑統》對唐律的發展是顯而易見的。

　　（一）從體例上看，《宋刑統》篇下設「門」，符合封建法律編纂體例的發展規律，是對唐律的一大進步。我國封建法律始終沒有嚴格意義上的部門法劃分。但不能認為中國封建法律在編纂體例上毫無時代的差異與變化。遵循著歷史的蹤跡，仍能窺見其從簡單到詳實、從不合理到相對科學的運行規

[註 1] 本原載於《史學月刊》1989 年第 3 期。
[註 2] 陳顧遠：《中國法制史》，商務印書館 1935 年版，第 39 頁。
[註 3] 張晉藩主編：《中國法制史》，群眾出版社 1982 年版，第 240 頁。

律，《宋刑統》篇下設「門」，也是這個運動鏈條中的合理一環。所謂「門」，就是依據法律調整的社會關係的性質，將同類或相近的法律條文歸結到一起的單元。唐律中並無「門」。「門」的創設，既有利於統治階級對該類社會生產關係的調整，也方便司法官在實踐中的運用查找，並使我國封建法典的編纂體例朝著科學的方向前進了一大步，是對唐律的一個重要發展。

（二）從刑制上看，《宋刑統》「折杖法」的創設，不僅緩和了社會矛盾，還對高麗王朝法律制度產生了深遠影響。宋開國之初，為了改變唐末、五代藩鎮割據時嚴刑峻法的局面，在刑罰制度上創設了一種變相減輕刑罰的制度，這就是「折杖法」。

凡流刑四：加役流，脊杖二十，配役三年；流三千里，脊杖二十，二千五百里，脊杖十八，二千里，脊杖十七，並配役一年。凡徒刑五：徒三年，脊杖二十；徒二年半，脊杖十八；二年，脊杖十七；一年半，脊杖十五；一年，脊杖十三。凡杖刑五：杖一百，臀杖二十；九十，臀杖十八；八十，臀杖十七；七十，臀杖十五；六十，臀杖十三。凡笞刑五：笞五十，臀杖十下；四十、三十，臀杖八下；二十、十，臀杖七下。〔註4〕

「折杖法」的實行，在一定程度上減輕了刑罰的痛苦，客觀上有利於社會生產力的發展。時人評論說：「流罪得免遠徙，徒罪得免役年，笞杖得減決數。」〔註5〕王栐則在《燕翼詒謀錄》中稱其為「良法美意，燦然具陳」。〔註6〕

論及我國古代法律對東南亞諸國之影響，以往的學者多把眼光集中在唐律上，殊不知宋法對國外的影響也不容忽視。鄭麟趾在《高麗史》中說，高麗刑制「笞刑五：一十，折杖七，贖銅一斤。二十，折杖七，贖銅二斤。三十，折杖八，贖銅三斤。四十，折杖九，贖銅四斤。五十，折杖十，贖銅五斤」。〔註7〕餘下杖、徒、流刑的折抵辦法基本上與宋「折杖法」同。高麗王朝一代刑制受宋律之影響，由此可見一斑。

（三）從內容上看，《宋刑統》有關民事立法的內容較唐律大為廣泛。《刑統》為了適應宋朝新經濟關係的需要，增添了有關田宅典賣、婚姻嫁娶、財

〔註4〕（元）脫脫等：《宋史》卷一九九，刑法一，第 15 冊，中華書局 1977 年版，第 4967 頁。

〔註5〕（宋）馬端臨：《文獻通考》卷一百六十八，刑考七，上海師範大學古籍研究所、華東師範大學古籍研究所點校，中華書局 2011 年版，第 5043 頁。

〔註6〕（宋）王栐：《燕翼詒謀錄》，中華書局 1981 年版，第 57 頁。

〔註7〕楊鴻烈：《中國法律在東亞諸國之影響》，商務印書館 2015 年版，第 53 頁。

產繼承等方面的內容。如卷 12 的《戶絕資產》《死傷錢物》；卷 13 的《典賣指當論競物業》《婚田入務》等，皆為唐律所無。這些內容不僅從側面展現了《宋刑統》的時代面貌，而且和宋朝的其他法律共同組成了宋代獨具時代色彩的民事立法。

二、兩宋的民事立法是我國古代民法史上的重要發展時期

民法的本質特徵在於它調整的對象是商品經濟關係。宋朝在政治結構、經濟制度與人的觀念都發生了與唐以前大為不同的變化。首先，門閥士族地主日趨沒落，大批庶族地主通過科舉考試進入國家政權而廣泛地參與政治生活；其次，自唐中葉以來，具有強烈人身依附關係的部曲佃客制經濟，隨著農民的反抗鬥爭而徹底崩潰，代之而來的是以租佃制為特徵的一般地主經濟，在統治者「不抑兼併，土地得自由買賣」的政策鼓舞下，土地私有化方向進一步加深，史稱「千年田換八百主」〔註8〕，「人戶交易田地，投買契書及爭訟界至，無日無之」。〔註9〕土地買賣的盛行與租佃制的普遍興起，削弱了農民對地主的人身依附關係，刺激了中小地主及農民購買土地的欲望，提高了勞動生產率。兩宋，不僅農業生產力較唐大幅度提高，手工業、商業也在全國城鄉活躍起來，所謂「金銀彩帛交易之所，屋宇雄壯，門面廣闊，望之森然，每一交易，動即千萬」〔註10〕，巨商小賈「通曉不絕」。〔註11〕封建商品經濟呈現出繁榮的景象。經濟基礎的變化必然導致上層建築的變更。這種變化首先在兩個方面進行：一是人們的思想觀念，由「諱言財利」向「利義均重」轉化；二是發展了的商品經濟使宋代的社會關係日趨複雜。租佃制下，一紙契約既是封建國家向地主提供的剝削農民的法律保證書，又是聯繫本主、佃人以及借主關係的紐帶。新的經濟秩序要求統治者制定出相應的法律規範來加以調整。與以往儒家思想「尚德不尚刑」的傾向不同，宋代統治者高度重視法律對穩定封建商品經濟秩序的作用。宋太祖說：「王者禁人為非，莫先

〔註 8〕（宋）袁采：《袁氏世範》卷下《富家置產當存仁心》，天津古籍出版社 1995年版，第 162 頁。

〔註 9〕（清）徐松：《宋會要輯稿》食貨三，第 10 冊，劉琳等校點，上海古籍出版社 2014 年版，第 6024 頁。

〔註10〕（宋）孟元老：《東京夢華錄箋注》，卷二，《東角樓街巷》，伊永文箋注，中華書局 2007 年版，第 144 頁。

〔註11〕（宋）孟元老：《東京夢華錄箋注》，卷三，《馬行街鋪席》，伊永文箋注，中華書局 2007 年版，第 312 頁。

於法令」〔註12〕，王安石說：「理天下之財者莫如法」〔註13〕，二程則認為：「凡為政，須立善法」。〔註14〕

正因為如此，兩宋王朝在三百餘年的統治中，進行了大規模的立法活動，有宋一代共編製法典 221 部，7955 條。〔註15〕雖然這些法典早已亡佚，但從存世的《宋刑統》《宋史‧刑法志》《宋會要輯稿》《文獻通考》《續資治通鑑長編》《慶元條法事類》殘卷及《名公書判清明集》等史料記載看，宋代有關的民事立法涉及田土買賣、婚姻嫁娶、財產繼承、物品抵當、檢校析財等十八個方面。〔註16〕其範圍之廣，內容之豐富，遠非唐律所能企及。現擇其大者，分述如下：

（一）制定詳密的田宅交易法規，促進商品經濟的繁榮。土地不僅可以買賣，而且還可以用作典當與抵押，宋法律稱其為抵當與倚當。典權與抵押權皆為所有權基礎之上的他物權，此類權利的出現從一個側面展現了宋代土地私有制的深度。為了維護封建土地私有權，促進商品經濟的發展，統治者制定了十分細密的田宅交易法規。史稱：「官中條令，惟（田宅）交易一事最為詳備。」〔註17〕大致說來，宋代的田宅典賣要經過如下程序：其一，典買人先向官府申買「定帖」與「正契」，然後才能簽訂合同。《宋會要》載：「人戶典賣田宅，議定價值，限三日先次請買定帖，出外書填，本縣上簿拘催，限三日買正契」。〔註18〕定帖是宋代官府專為田宅交易而印製的一種官方文書。買定帖是田宅典賣關係成立的第一步。典買人買到定帖後，須在三日內將有關事項填寫完備，交縣備案，然後獲買正契。正契又叫契本，分為兩聯一為契本，一為契根。契本交給當事人，契根留於官府。之後，當事人雙方簽訂合同，法律要求典賣、倚當莊宅田土，並立合同契四本，「一付錢

〔註12〕（宋）佚名：《宋大詔令集》卷二百，刑法上，司義祖編，中華書局 1962 年版，第 739 頁。

〔註13〕（宋）王安石：《翰林學士除三司使制》，載曾棗莊、劉琳主編：《全宋文》第 63 冊，上海辭書出版社、安徽教育出版社 2006 年版，第 48 頁。

〔註14〕（宋）程顥、程頤：《二程集》，上冊，中華書局 2004 年版，第 179 頁。

〔註15〕（清）沈家本：《歷代刑法考》，下冊，中華書局 2011 年版，第 177～178 頁。

〔註16〕參見中國社會科學院歷史研究所宋遼金元史研究室點校：《名公書判清明集》，中華書局 1987 年版。

〔註17〕（宋）袁采：《袁氏世範》卷下《田產宜早印契割產》，天津古籍出版社 1995 年版，第 160 頁。括號內文字為引者所加。

〔註18〕（清）徐松：《宋會要輯稿》食貨六一，第 12 冊，劉琳等校點，上海古籍出版社 2014 年版，第 7470 頁。

主（買方），一付業主（出賣方），一納商稅院，一留本縣」。〔註19〕其二，合同內容須清楚明白。法律規定，典賣田宅的數量與質量、四周鄰界標誌及立契人的意思表示必須明確突出。即「所典賣頃畝、田色、間架、勘驗原業稅租」〔註20〕等應一一寫明。宋嘉定八年（公元1215年）吳拱賣山地契上寫道：「今從賣後，一任朱元興聞官受稅，鋤作，變種杉苗為業。如有外人欄（攔）占，並是拱自祇（支）當，不及受產人之事」，「今恐人心無信，立此賣契為據」。〔註21〕其三，紅契是勘斷田宅交易糾紛的法定依據。紅契又稱赤契。係由官府在當事人已納稅的契約上加蓋公章而得其名。陶宗儀說：「紅契，買到者則其元主轉賣於人，立券投稅者是也」。〔註22〕紅契的萌芽可追溯到晉，史載：「晉自過江，至於梁、陳，凡貨買奴婢、馬牛、田宅，有文券，率錢一萬輸估四百入官」。〔註23〕這可看作是紅契制度之嚆矢。然而，紅契真正成為官府斷決田宅交易糾紛的法律憑證，到宋時方為普遍。史稱太祖開寶二年九月「初令民典買田土者，輸錢印契」。〔註24〕北宋後期規定：「諸以田宅契投稅者，即時當官注籍，給憑由付錢主」。〔註25〕高宗南渡後，統治者更加重視稅契制度，特用「厚紙立千字文為號印造」官契，並要求「遇人戶赴縣買契，當官給付」。〔註26〕實際生活中，當事人為規避契稅，往往私立草契，以白契成交，對此，南宋朝廷一再嚴申：「民間典賣田產，齎執白契因事到官，不問出限，並不收使」，〔註27〕「人戶典賣田宅，

〔註19〕（清）徐松：《宋會要輯稿》食貨六一，第12冊，劉琳等校點，上海古籍出版社2014年版，第7464頁。括號內文字為引者所加。

〔註20〕（清）徐松：《宋會要輯稿》食貨六一，第12冊，劉琳等校點，上海古籍出版社2014年版，第7469頁。

〔註21〕魯西奇：《中國古代買地券研究》，廈門大學出版社2014年版，第514頁。

〔註22〕（明）陶宗儀：《南村輟耕錄》卷一七，奴婢，中華書局1959年版，第208頁。

〔註23〕（宋）馬端臨：《文獻通考》卷十四，征榷考一，上海師範大學古籍研究所、華東師範大學古籍研究所點校，中華書局2011年版，第398頁。

〔註24〕（清）畢沅：《續資治通鑒》卷第六，宋紀六，中華書局1957年版，第133頁。

〔註25〕（清）徐松：《宋會要輯稿》食貨六一，第12冊，劉琳等校點，上海古籍出版社2014年版，第7469頁。

〔註26〕（清）徐松：《宋會要輯稿》食貨七〇，第13冊，劉琳等校點，上海古籍出版社2014年版，第8183頁。

〔註27〕（清）徐松：《宋會要輯稿》食貨七〇，第13冊，劉琳等校點，上海古籍出版社2014年版，第8184頁。

一年之外不即受稅，係是違法」。〔註28〕

　　紅契制度的實行有雙重意義。第一，它保證了封建國家的財政收入，統治者不致因田土所有權的轉移而蒙受損失。第二，它在一定程度上為下層勞動人民獲得土地提供了法律保證。從法律角度看，紅契是土地（包括房屋）私有權的法律憑證。這一點後人看的十分明白。明人王之垣說：「凡民間置產為子孫謀，而貽以白契，其心必有所不安，且恐有生奸以爭之者，是稅契又民之所欲也。」〔註29〕

　　（二）創設「檢校」制度，保護孤幼子女的合法權益。檢校本是檢查核實之意，作為法律用語出現在宋代法典中，卻有其特殊含義。《名公書判清明集》稱：「所謂檢校者，蓋身亡男孤幼，官為檢校財物，度所須，給之孤幼，責付親戚可託者撫養，候年及格，官盡給還。」〔註30〕實際上，檢校就是宋王朝對父母雙亡的孤幼子女的財產實行代管的制度。檢校作為法律用語首次出現在宋代法律中，當推《宋刑統》：「諸身喪戶絕者，所有……店宅、資財，並令近親轉易貨賣」，「無親戚者官為檢校」。〔註31〕檢校於北宋末方成為制度，迨南宋時普遍實行。《宋會要輯稿》記載，宋徽宗政和元年十二月十八日，臣僚奏曰：「孤幼財產，官為檢校，不滿五千貫，召人供抵當，量數借請，歲收二分之息，資以贍養，俟其長立而還之。」〔註32〕《名公書判清明集》記載檢校的判詞有四，即《不當檢校而求檢校》《檢校嫠幼財產》《侵用侄檢校財產論如擅支朝廷封樁物法》《檢校聞通判財產為其侄謀奪》。可知宋代檢校制度的內容基本如下：第一，適用檢校財產的對象必須是父母雙亡的孤幼。母亡父在，父亡母在，固不在檢校之列，就是父母雙亡，但其子女已長大，也不合檢校之意。史稱：「張文更父張仲寅以堂叔之故，陳理卑幼財產，意在檢校」〔註33〕，對此，法官判道：

〔註28〕（清）徐松：《宋會要輯稿》食貨七〇，第13冊，劉琳等校點，上海古籍出版社2014年版，第8183頁。

〔註29〕（明）沈榜：《宛署雜記》卷十二，稅契，北京古籍出版社1980年版，第181頁。

〔註30〕中國社會科學院歷史研究所宋遼金元史研究室點校：《名公書判清明集》卷七《不當檢校而求檢校》，中華書局1987年版，第228頁。

〔註31〕（宋）竇儀等：《宋刑統》卷十二，吳翊如點校，中華書局1984年版，第198頁。

〔註32〕（清）徐松：《宋會要輯稿》食貨六一，第12冊，劉琳等校點，上海古籍出版社2014年版，第7469頁。

〔註33〕中國社會科學院歷史研究所宋遼金元史研究室點校：《名公書判清明集》卷七《不當檢校而求檢校》，中華書局1987年版，第228頁。

「今張文更年已三十，盡堪家事，縱弟妹未及十歲，自有親兄可以撫養，正合不應檢校之條」。〔註34〕

第二，孤幼成丁後，官府必須如數發還被檢校之財物。曾任浙西提刑的胡穎在一份判書中寫道：「其一戶產業，並從官司檢校……候成丁日給還」。〔註35〕

第三，官府不應檢校而檢校者，須負法律責任。所謂「不應檢校輒檢校，……具職位姓名取旨責罰」。〔註36〕

檢校作為制度在宋朝出現決非歷史的偶然，它是宋代經濟發展，私有制深化在法制中的必然反映。它極類似於英國 14 世紀出現並得到充分發展的信託財產制，但又與之不同。檢校主要是基於儒家的「矜老憐幼」倫理觀，旨在「敦風俗、美教化」，維護封建社會的統治秩序，後者則是從權利的觀點出發，重點強調維護無行為能力人的合法權益。儘管如此，檢校制度在宋代出現，畢竟早於英國十四世紀的信託財產制四百餘年。其歷史地位不言自明。

三、司法制度日臻完善，影響之深迄達明清

宋承五代十國，政治制度的側重點在於厲行中央集權，統治者為了防止藩鎮割據、大臣專權的歷史鬧劇重演，注意運用法制的方式來協調封建國家的整個社會機能，反映在司法制度上，主要表現為以下兩點：

（一）實行「上下相維、內外相制」的司法監察制度，全面強化封建中央集權。第一，為防止司法官員舞弊，審判權一分為二。我國古代，向無「審」與「判」之區分，宋時，從中央到地方的司法機關，一律實行「審」與「判」相分離的原則。宋制，京城獄訟或要案，審問歸御史臺或開封府，判決與覆核則由大理寺、刑部職掌。大理寺內又設兩司「左斷刑（判決），右治獄（審問），以分寺事。斷刑則評事、檢法詳斷，丞議，正審；治獄則丞專推劾，……而卿總焉」。〔註37〕地方獄訟，審與判的區分主要體現在州級審判機構上。州

〔註34〕中國社會科學院歷史研究所宋遼金元史研究室點校：《名公書判清明集》卷七《不當檢校而求檢校》，中華書局 1987 年版，第 228 頁。

〔註35〕中國社會科學院歷史研究所宋遼金元史研究室點校：《名公書判清明集》卷八《叔父吞併幼侄財產》，中華書局 1987 年版，第 286～287 頁。

〔註36〕楊一凡、田濤主編，戴建國點校：《中國珍稀法律典籍續編第 1 冊：慶元條法事類》卷三六，黑龍江人民出版社 2002 年版，第 561 頁。

〔註37〕（宋）馬端臨：《文獻通考》卷一百六十七，刑考六，上海師範大學古籍研究所、華東師範大學古籍研究所點校，中華書局 2011 年版，第 5002 頁。括號內文字為引者所加。

有權斷決徒刑至死刑的所有案件，權力極重，故置司法、司理參軍負其專責。「司法參軍掌議法斷刑；司理參軍掌訟獄勘鞫之事」。〔註38〕這樣做的目的，自然是為了使「獄司推鞫，法司檢斷，各有司存，所以防奸」。〔註39〕

第二，實行「上下覆察」之制，防止冤案的發生。「上下覆察」制有兩方面的含義。其一，逐級覆察。宋朝，從中央到地方，司法活動都受朝廷的嚴密監視。中央司法機關大理寺、刑部的審判活動本由御史臺監督，但太宗「又慮大理、刑部舞文巧詆」，〔註40〕特置審刑院於禁中，直接監督中央司法機關的審判活動。並規定：「凡獄上奏，先達審刑院，印訖，付大理寺、刑部斷復以聞。」〔註41〕

對地方司法審判活動的監督，除嚴令「諸州十日一慮囚」外〔註42〕，還特在州縣之上設立監司負其全責。所稱監司者，「諸轉運、提點刑獄、提舉常平司」之謂也。督察州縣刑獄是監司的重要職責之一。先是，法律規定各州斷決的死刑案件必須申報路提刑司，若當事人呼冤則由路提刑司覆推，覆推後仍不服則移交本路其他監司審理。若本路監司皆與犯人有親友關係，則必須提請鄰路刑司審理。次是，監司定期巡檢所部州縣，覆察一般案件。法律規定：「諸監司歲分上下半年巡按州縣，具平反冤訟。」〔註43〕

其二，同級機關相互覆察。如中央大理寺分詳斷、詳議官兩大類。「凡斷公案，先上正看詳當否，論難改正，簽印注日，然後過議司覆議；如有批難，具記改正，長貳更加審定，然後判成錄奏」。〔註44〕這樣做，既是為了防止產生冤假錯案提高司法效能，也是為了集權於朝廷，強化封建專制。所謂「收

〔註38〕（元）脫脫等：《宋史》卷一六七《職官七》，第 12 冊，中華書局 1977 年版，第 3976 頁。

〔註39〕（明）黃淮、楊士奇編：《歷代名臣奏議》卷二一七，第 3 冊，上海古籍出版社 1989 年版，第 2850 頁。

〔註40〕（元）脫脫等：《宋史》卷一九九《刑法一》，第 15 冊，中華書局 1977 年版，第 4972 頁。

〔註41〕（元）脫脫等：《宋史》卷一九九《刑法一》，第 15 冊，中華書局 1977 年版，第 4972 頁。

〔註42〕（元）脫脫等：《宋史》卷一九九《刑法一》，第 15 冊，中華書局 1977 年版，第 4970 頁。

〔註43〕楊一凡、田濤主編，戴建國點校：《中國珍稀法律典籍續編第 1 冊：慶元條法事類》卷七，黑龍江人民出版社 2002 年版，第 129 頁。

〔註44〕（元）脫脫等：《宋史》卷一六五《職官五》，第 12 冊，中華書局 1977 年版，第 3900〜3901 頁。

縣之權歸於州，州之權歸於監司，監司之權歸於朝廷。上下相維，輕重相制，建置之道，最為合宜」。〔註45〕

（二）實行律學考試，重視司法隊伍的建設。第一，律學考試的內容與充任司法官員的資格。可法官員素質的良窳是決定吏治能否清明的關鍵。北宋初，「時天下甫定，刑典弛廢」，〔註46〕為了改變五代以來吏不明習律令、武人恣意用法的狀況，宋統治者在大力改革司法機構的同時，重點放在律學考試與司法官員的任用資格上，太祖建隆三年八月下詔：「注諸道司法參軍皆以律疏試判」。〔註47〕此後，出任司法官員必須進行律學考試遂為定制。考試的內容有三：一為「明法科」，律令、經義兼考；二是「新明法科」，只考律令與《刑統》，三為「試刑法」，專為現任官員而設。凡有「明法」出身的人只考律義六道，無明法出身的人，除考律義外，還要試斷大案二道，中小案一道。〔註48〕對於法官的任用資格，統治者強調一律以歷任清白、通曉法律的士人充任，太宗時詔：「改司寇參軍為司理參軍，以司寇院為司理院，令於選部中選歷任清白，能折獄辨訟者為之」。〔註49〕第二，司法官員出入人罪，瀆職失察須負法律責任。故意出入人罪，危害極大，為北宋法律所嚴懲。失入人罪，當時允許以官品相抵，但失入人死罪者「終身不復進用」。〔註50〕

此外，法律還規定，州縣長吏必須躬親斷獄，重辟疑案皆須核實申報，應報而不報，或報而不實，皆負法律責任。史稱：「諸州所上疑獄，有司詳覆而無可疑之狀，官吏並同違制之坐」。〔註51〕

律學考試與法官責任制的推行，改變了士大夫視法律為不恥的世風，提高了辦案質量，收到了良好的社會效果，史稱「數年之間，刑罰清省矣」。〔註52〕

〔註45〕（元）脫脫等：《宋史》卷三三七《范鎮傳》，第 31 冊，中華書局 1977 年版，第 10796 頁。

〔註46〕（元）脫脫等：《宋史》卷一九九《刑法一》，第 15 冊，中華書局 1977 年版，第 4968 頁。

〔註47〕（元）脫脫等：《宋史》卷一《太祖一》，第 1 冊，中華書局 1977 年版，第 12 頁。

〔註48〕（清）徐松：《宋會要輯稿》選舉一三，第 9 冊，劉琳等校點，上海古籍出版社 2014 年版，第 5521 頁。

〔註49〕（宋）李燾：《續資治通鑒長編》，卷二十，中華書局 2004 年版，第 466 頁。

〔註50〕（宋）魏泰：《東軒筆錄》卷三，中華書局 1983 年版，第 31 頁。

〔註51〕（宋）李燾：《續資治通鑒長編》，卷二十五，中華書局 2004 年版，第 582 頁。

〔註52〕（元）脫脫等：《宋史》卷一九九《刑法一》，第 15 冊，中華書局 1977 年版，第 4972 頁。

四、結語

兩宋王朝內憂外患，何以延續三百餘年？若從法律的角度看，答案只能是：兩宋的法制在維繫王朝的統治中發揮了舉足輕重的作用。嚴格講，中國封建社會並不存在近代意義上的法治概念。但法律作為維護該社會經濟關係的上層建築，在社會生活與統治機能中的重要作用，還是不同程度地被我國古代統治者所認識。兩宋王朝是一個比較重視封建法制建設的朝代，從封建皇帝到一般士大夫都對法律的作用有著足夠的認識。宋太宗反覆告誡臣下說：「法律之書，甚資政理，人臣若不知法，舉動是過，苟能讀之，益人知識。」〔註53〕蘇軾甚至認為：「讀書萬卷不讀律，致君堯、舜知無術」。〔註54〕理解了宋人的法律觀，也許我們就會更加明白有宋一代頻頻編敕修律的底蘊之所在。統治者正是通過大規模的立法活動，把整個封建國家的社會生活全部納入了封建法制的軌道，正所謂「內外上下，一事之小，一罪之微，皆先有法以待之」。〔註55〕

這種嚴密的封建制是否對該社會的生產力發展起到了促進作用？首先，宋代的統治者通過有關的民事法規調整了社會新出現的經濟關係，促進了封建商品經濟的繁榮。其次，有宋一代之君臣，立法以防奸吏，司法以責官廉，把對勞動人民的壓迫限制在法律所能允許的範圍內，客觀上有利於社會生產力的發展。最後，宋統治者以法制手段創建的「內外相制，上下互察」的司法行政機構模式，對元、明、清大一統封建中央王朝政體的建立有著不可忽視的經驗借鑑作用。

當然，兩宋法制作為該社會生產關係的必然產物，它仍然不得不屈服於君主的淫威，一旦遇到皇權的干涉，其本身的各種機能就會失去應有的含義。南宋時，吏治腐敗，司法黑暗，甚至發生了歷史上著名的岳飛冤案，這正是封建法制嚴格受制於皇權的典型表現。儘管如此，重新評價兩宋法制的歷史地位，並認真總結其成敗得失，仍有十分重要的歷史意義。

〔註53〕（宋）李攸：《宋朝事實》卷十六，兵刑，中華書局1955年版，第241頁。

〔註54〕（宋）李燾：《續資治通鑒長編》卷二百九十九，中華書局2004年版，第7266頁。

〔註55〕（清）顧炎武：《日知錄校注》卷八，《法制》，陳垣校注，安徽大學出版社2007年版，第474頁。

兩宋皇帝法律思想論略〔註1〕

　　宋代既是我國封建統治者十分重視法制建設的一個重要歷史時期，也是法律思想十分活躍的時代。著名法律史學者徐道隣先生說：「宋朝的皇帝，懂法律和尊重法律的，比中國任何其他的朝代都多。北宋的太祖（960～975），太宗（976～997）真宗（998～1022），仁宗（1022～1063），神宗（1068～1189），南宋的高宗（1127～1162），孝宗（1163～1189），理宗（1225～1264）。這八位皇帝，在法律制度和司法制度上，都曾經有不少貢獻。有這麼多的皇帝不斷地在上面督促，所以中國的法治，在過去許多朝代中，要推宋朝首屈一指。」〔註2〕

　　有宋一代，懂法和講究法律是自太祖、太宗到南宋高宗、孝宗、理宗的一個悠久傳統。就其法律思想的範圍而言，可分為三大類：一是直接論說如何立法的理論，二是有關治世安邦的法的一般理論，如對法制建設的重視、重懲貪墨等，三是有關調整某些社會關係的部門法思想。這三者之間既有一定的區分，又互相關聯。它們作為一個整體，共同制約著宋王朝的立法活動，並對宋朝的法制建設發揮著重要的指導作用。現擇其要者，申說為六個方面，以補學界研究之不足。

一、「事為之防，曲為之制」，從法律上肯定強化中央集權制的措施

　　所謂「事為之防，曲為之制」，語出李燾《續資治通鑒長編》卷十七。意為制定一些條條框框，把人們的手腳加以束縛，並使之相互強制和制約，以利於中央集權制的強化。這一指導思想的貫徹表現為兩個方面，第一，從理

〔註1〕本文原載於《南京大學法律評論》1998 年第 2 期。
〔註2〕徐道隣：《宋律中的審判制度》，載氏著《徐道隣法政文集》，清華大學出版社 2017 年版，第 207 頁。

論上總結五代十國以來君權旁落的歷史教訓，從思想史上高度重視法制在加強中央集權中的重要作用；第二，把厲行中央集權制的思想一一貫徹到政治、經濟、軍事、文化、司法諸方面的制度之中。

宋朝初建之時，太祖、太宗對五代以來統治者內部的篡奪之風甚為擔憂，為防範其重演，太祖趙匡胤在即位之後，於政治、軍事、經濟諸方面的立法都貫穿著一個總原則：以防弊之政，為立國之法。史稱：「國朝立法，以洗晚唐五季之末習，歷變多而慮患深。」〔註3〕

太宗在他的即位詔書中稱：「先皇帝創業垂二十年，事為之防，曲為之制，紀律已定，物有其常，謹當遵承，不敢逾越。」〔註4〕這幾句話是對太祖在位十七年來所有政治、軍事設施的微妙用意，即精神實質的概括。鄧廣銘先生說：「（太宗）詔書中『謹當遵承，不敢逾越。』兩語，並不表明宋太宗對其令兄要做一個『善繼人之志，善述人之事』的人。而是他也體會到：『事為之防，曲為之制』，實在是鞏固政權最可取得一個法寶。所以他不但繼承了這一法寶，而且還從各個方面加以發展」。〔註5〕

牽制作用的充分利用，表現在行政立法上為中央和地方行政體制的建立和改革，如中央的「二府」、「三司制」，地方上的知州、通判連署制及「儒臣知州」等。現再就宋王朝厲行中央集權制於立法、司法上的表現略加申說。

先就立法而言，宋王朝強化中央集權的典型表現是編敕活動的增加及敕在法律體系中的極高地位。《宋史・刑法志》稱：「宋法制因唐律、令、格、式，而隨時損益則有編敕」。就敕的特點而言，由於它是對特定的人和事臨時發布的詔旨，故其有著鮮明的靈活性，也是體現皇帝意志的極好表現形式，故敕令的廣泛適用，是中央集權制強化在立法上的極好說明。

再就司法而言，宋王朝為強化中央集權制採取的措施有五點：第一，加強對地方上死刑案件的覆查和審理。《宋史・刑法志》稱：「先是，藩鎮跋扈，專殺為威，朝廷姑息，率置不問，刑部按覆之職廢矣。建隆三年，令諸州奏大辟案，須刑部詳覆。尋如舊制，大理寺詳斷，而後復於刑部。凡諸州獄，則錄事參軍與司法掾參斷之。自是，內外折獄蔽罪，皆有官以相覆察。」第二，中

〔註3〕（清）徐松：《宋會要輯稿》帝系十一，第1冊，劉琳等校點，上海古籍出版社2014年版，第244頁。

〔註4〕（宋）李燾：《續資治通鑒長編》卷十七，第1冊，中華書局2004年版，第382頁。

〔註5〕鄧廣銘、漆俠：《兩宋政治經濟問題》，知識出版社1988年版，第16頁。

央和地方均設置專門的機構以控制司法。中央除有刑部詳覆外，太宗時，特於禁中置審刑院，專門負責審覆各類重大案件。史稱：「帝又慮大理、刑部吏舞文巧詆，置審刑院於禁中，以樞密直學士李昌齡知院事，兼置詳議官六員。凡獄上奏，先達審刑院，印訖，付大理寺、刑部斷覆以聞。乃下審刑院詳議申覆，裁決訖，以付中書省。當，即下之；其未允者，宰相覆以聞，始命論決。蓋重慎之至也。」〔註6〕地方上，則於各路置提點刑獄公事，負責監督州縣的司法活動。《宋史・刑法志》說「淳化初，始置諸路提點刑獄司，凡管內州府十日一報囚帳，有疑獄未決，即馳傳往視之。州縣稽留不決，按讞不實，長吏則劾奏，佐史、小吏許便宜按劾從事。」〔註7〕第三，皇帝躬自折獄慮囚。所謂「慮囚」，又稱錄囚，指皇帝或其指派的司法官員對已審未決或審理已決的案件進行梳理，平反冤屈，糾正錯誤的制度。慮囚，始於漢，盛於唐宋。尤其是有宋一代，慮囚之風猶盛。通過慮囚，一是可使最高統治者瞭解獄情，並通過對案件的審理及對冤假錯案的糾正，藉以彰顯皇帝的仁慈和聖明，二是慮囚就其實質來說，乃是皇帝自斷案件。在一定意義上來說，某些冤假錯案確因最高統治者的參與而得以糾正。但就其深意來說，宋之慮囚的盛行更應從屬行中央集權制的方面去理解，因為它向人們昭示這這樣一個事實，皇帝作為作高司法官，其輕重取捨是不受法律限制的。史稱：「律令者，有司之所守也。太祖以來，其所自斷，則輕重取捨，有法外之意焉。」〔註8〕第四，為防止胥吏「旁緣為奸」，宋王朝除皇帝親自決獄外，還嚴令各州長官親審重大案件。《宋史・刑法志》稱：「太宗在御，常躬聽斷，在京獄有疑者，多臨決之，每能燭見隱微。太平興國六年下詔曰：「諸州大獄，長吏不親決，胥吏旁緣為奸，逮捕證佐，滋蔓踰年而獄未具。自今長吏每五日一慮囚，情得者即決之。」〔註9〕「帝嘗謂宰相曰：『御史臺，閣門之前，四方綱準之地。頗聞臺中鞫獄，御史多不躬親，垂簾雍容，以自尊大。鞫按之任，委在胥吏，求無冤濫，豈可得也？』乃詔御史決獄必躬親，毋得專任胥吏。」〔註10〕第五，為防止朝中大臣專權，於監察制度上實行「臺諫合一」原則，許御史臺「風聞言事」，用人上則使具有不同意見的人互相牽制，名之曰「異論相攪」。臺諫

〔註6〕（元）脫脫等：《宋史》，卷一百九十九，中華書局1977年版，第4792頁。
〔註7〕（元）脫脫等：《宋史》，卷一百九十九，中華書局1977年版，第4791頁。
〔註8〕（元）脫脫等：《宋史》，卷二百，中華書局1977年版，第4985頁。
〔註9〕（元）脫脫等：《宋史》，卷一百九十九，中華書局1977年版，第4971頁。
〔註10〕（元）脫脫等：《宋史》，卷一百九十九，中華書局1977年版，第4971頁。

乃是御史臺和諫院的並稱。作為監察官的御史創立於秦，其機構獨立於漢，經三國兩晉南北朝數百年的發展，於唐日臻完善。史稱：御史臺長官為御史大夫，其職責為「掌邦國刑憲、典章之政令，以肅正朝列」，〔註11〕下設御史若幹人，具體工作程序是：「凡中外百僚之事應彈劾者，御史言於大夫，大事則方幅奏彈，小事則署名而已。」〔註12〕其實，無非是代表君主糾察百官。諫院則設自唐，但北宋之前，機構不獨立，其成員左右諫議大夫、左右補闕、左右拾遺等，則為宰相衙門中書省、門下省的屬官，其職責是「規諫諷諭」。〔註13〕唐時，諫官主要是以皇帝為監督對象，故其監察制度的側重點在於防止皇帝犯錯誤，宋則不然，至少到宋仁宗時期，諫院已成獨立機構，諫官亦由皇帝親自挑選和除授，〔註14〕其職責為「凡朝政闕失，大臣至百官任非其人，三省至百司事有違失，皆得諫正。」〔註15〕這說明，宋時諫官的職責，已由唐時的監督皇帝而轉向本朝的監督宰相和百官，其職權大為擴展。

概括說來，宋代諫院的變化有三，一是諫院獨立，其事權與御史臺混同，在宋人的眼光中，「臺諫」兩字幾成同義詞，如真宗時，以同知院遷兵部院外郎，兼侍御史知雜事的呂誨在奏章中說「臺諫者，人主之耳目，期補益聰明，以防壅蔽」。〔註16〕仁宗嘉祐元年（1056）因「進不以道」而「深疾言事官」的宰相劉沆說：「自慶曆後，臺諫用事，朝廷命令之出，事無當否悉論之，必勝而後已」。〔註17〕二是職權擴大，監督對象由皇帝轉為宰相及百官。三是兼有御史傳統的「風聞言事」之特權。臺諫事權混一，在政事堂之外，儼然立一個中心，以至於史有：「考宋之立國，元氣在臺諫」之語。〔註18〕

之所以出現上述現象，根本的原因仍應從宋初的立國大計——以「防弊之政，為立國之法」——中去尋找。宋初，屬行中央集權，側重點在於削減地

〔註11〕（唐）李林甫等：《唐六典》，御史臺卷第十三，中華書局 1992 年版，第 377 頁。

〔註12〕（唐）李林甫等：《唐六典》，御史臺卷第十三，中華書局 1992 年版，第 377 頁。

〔註13〕（唐）李林甫等：《唐六典》，門下省卷第八，中華書局 1992 年版，第 245 頁。

〔註14〕史載：慶曆三年（1043）三月和四月，御筆親自除授歐陽修、余靖、蔡襄為諫官。見《長編》卷一百四十，慶曆三年三月、四月記事；洪邁《容齋隨筆》《容齋三筆》卷十四，《親除諫官條》。

〔註15〕（元）脫脫等：《宋史》，卷一百六十一，中華書局 1977 年版，第 3778 頁。

〔註16〕（元）脫脫等：《宋史》，卷三百二十一，中華書局 1977 年版，第 10428 頁。

〔註17〕（宋）李燾：《續資治通鑒長編》，第一百八十四，中華書局 2004 年版，第 4448 頁。

〔註18〕（元）脫脫等：《宋史》，卷三百九十，中華書局 1977 年版，第 11963 頁。

方藩鎮的割據勢力，這是解決外重的問題。史書上所謂的「稍奪其權」，其實就是悄悄地剝奪地方節度使兵權、財權、政權的意思。待中央和地方的關係理順後，宋廷解決問題的重點必然由外重而轉向內憂。所謂內憂，意指兩點，一是朝中大臣擅權，二是朝中發生政變。對此，太宗憂慮重重，史有明言，他說：「國家若無外憂，必有內患。外憂不過邊事，皆可預防。惟姦邪無狀，若為內患，深可懼也。」〔註19〕

正是為了解決內憂，亦即內重的問題，宋廷才奉行臺諫合一的原則，許諫官風聞言事。對此，蘇軾說的十分明白，他在《上神宗皇帝書》中寫道：「古者建國，使內外相制，輕重相權。如周如唐，則外重而內輕。如秦如魏，則外輕而內重。內重之弊，必有姦臣指鹿之患。外重之弊，必有大國問鼎之憂。聖人方盛而慮衰，常先立法以救弊。我國家租賦籍於計省，重兵聚於京師，以古揆今，則似內重。恭惟祖宗所以深計而預慮，固非小臣所能臆度而周知。然觀其委任臺諫之一端，則是聖人過防之至計。歷觀秦、漢以及五代，諫諍而死，蓋數百人。而自建隆以來，未嘗罪一言者，縱有薄責，旋即超昇，許以風聞，而無官長，風采所繫，不問尊卑，言及乘輿，則天子改容，事關廊廟，則宰相待罪。故仁宗之世，議者譏宰相但奉行臺諫風旨而已。聖人深意，流俗豈知。臺諫固未必皆賢，所言亦未必皆是，然須養其銳氣而借之重權者，豈徒然哉，將以折奸臣之萌，而救內重之弊也。」〔註20〕

有宋一代，可以說最高統治者最為害怕的，是在朝的大臣之間或大臣和一般士大夫之間結合成派系或朋黨，以致成為中央集權的一個分割力量。仁宗曾囑咐輔臣說：「所下詔，宜增朋黨之戒」。〔註21〕故在中央高級官僚的任用中，宋廷一貫奉行互相牽制的原則。如真宗朝既重用丁謂、王欽若，又用其對頭寇準。史載：「真宗用寇準，人或問真宗，真宗曰：『且要異論相攪，即各不敢為非』」。〔註22〕

〔註19〕鄧廣銘主編：《中國歷史大百科全書·歷史卷·遼寧西夏金史》，中國大百科全書出版社1988年版，第23頁。

〔註20〕（宋）蘇軾，（明）茅維編：《蘇軾文集》，第二冊，卷二十五，孔凡禮點校，中華書局1986年版，第739~740頁。

〔註21〕（宋）李燾：《續資治通鑒長編》，卷十七，中華書局2004年版，第2504頁。

〔註22〕（宋）李燾：《續資治通鑒長編》，卷二百十三，中華書局2004年版，第5169頁。這是曾公亮想推動神宗起用司馬光為樞密使以牽制王安石，引真宗朝故事時所追憶的一段話。

　　對於這套趙宋家法（又稱「祖宗家法」，語出《清波雜志》卷一），宋人體會頗深，呂公弼就曾說過：「諫官、御史，為陛下耳目，執政為股肱。股肱耳目，必相為用，然後身安而元首尊。」〔註23〕

二、「王者禁人為非，莫先法令」

　　翻開史書，人們會發現一個有趣的歷史現象，即宋王朝的開國皇帝太祖、太宗兄弟雖以武開國，但卻以重視法律、推崇法律建設而為後人稱道，以致於當代的法律史專家徐道鄰先生說：「中國的傳統法律到了宋朝才發展到最高峰。」〔註24〕

　　宋朝皇帝對法律的重視表現為以下幾個方面：

　　第一，太祖、太宗、仁宗等十分重視和懂得法律，對法制的作用，認識十分清晰。宋太祖說：「王者禁人為非，莫先於法令。」〔註25〕太宗則反覆告誡臣下說：「法律之書，甚資政理，人臣若不知法，舉動是過，苟能讀之，益人知識」。〔註26〕李燾《續資治通鑑長編》卷143慶曆三年九月條記載宋仁宗的話說：「自古帝王理天下，未有不以法制為首務。法制立，然後萬事有經，而治道可必。」宋神宗則說：「法出於道，人能體道，則立法足以盡事」，意即法來源於理，如果人們能體道通理，則立法就可以對付天下所有的事情了。〔註27〕宋神宗所說的「道」，是一個抽象的法理概念，其具體內容何指，史籍並無明文記載，但若結合當時的社會形勢，可大體判斷，神宗的這番話是為他支持王安石變法修律、實行新政服務的。或許，這個「理」就是指的變法圖強之理。結合宋神宗熙寧、元豐年間大規模的立法實踐活動，可以說神宗是十分重視和懂得法律的。

　　第二，於法律修訂之時，多所是正。從《宋史·刑法志》的記載來看，從北宋到南宋，都有皇帝直接參與法律的訂正。史稱：宋神宗「元豐中，始成書二十有六卷，復下二府參定，然後頒行。帝（指神宗）留意法令，每有司進擬，多所是正。……又曰：『禁於已然之謂敕，禁於未然之謂令，設於此以待

〔註23〕（元）脫脫等：《宋史》，卷三百十一，中華書局1977年版，第10213頁。
〔註24〕徐道鄰：《宋律中的審判制度》，載氏著《徐道鄰法政文集》，清華大學出版社2017年版，第206頁。
〔註25〕（宋）佚名：《宋大詔令集》，卷第二百，司義祖編，中華書局1962年版，第739頁。
〔註26〕（宋）李攸：《宋朝事實》，卷十六，中華書局1955年版，第24頁。
〔註27〕（元）脫脫等：《宋史》，卷一百九十九，中華書局1977年版，第4964頁。

彼之謂格，使彼傚之之謂式，修書者要當識此。』」〔註28〕

元豐修法定律，規模宏大，卷帙浩瀚，但由於律文內容散佚，我們已無法詳知神宗是怎樣親自修正和裁定法律的，但從這段僅存的史料看，說神宗重視法律且有法律的專門知識，大概是不為過的。

再看南宋。史稱：「孝宗究心庶獄，每歲臨軒慮囚，率先數日令有司進款案批閱（意謂孝宗盡心於百姓獄訟的事，每年親自複審獄案，總是事先就命令該主管官吏呈上有口供的案件閱覽）」，然後決遣。法司更定律令，必親為訂正之。丞相趙雄上《淳熙條法事類》，帝讀至收騾馬、舟舡、契書稅，曰『恐後世有及舟車之譏』（這段話的意思是說，司法部門更定律令，必定親自為他它訂正。丞相趙雄呈上《淳熙條法事類》，孝帝讀到徵收騾馬、車船以及訂立契約文書等稅時，說：「恐怕後世對我有徵稅擴及車船的譏笑」）。《戶令》：『戶絕之家，許給其家三千貫，及二萬貫者取旨』。帝曰：『其家不幸而絕，及二萬貫迺取之，是有心利其財也。』又《捕亡律》：『公人不獲盜者，罰金。』帝曰：『罰金而不加罪，是使之受財縱盜也。』又『監司、知州無額上供者賞。』帝曰：『上供既無額，是白取於民也，可賞以誘之乎？』並令削去之。其明審如此。」（這段話的意思是說，按照戶令：「絕戶人家，准許留給其家三千貫，其家產到二萬貫的，留給多少，奏請皇帝裁決。」孝宗說：「對不盡職責的官吏只罰款而不治罪，是促使他們受財而故意放走盜賊。」又：「監司和知州等額外上供者受賞。」孝宗說：「上供既無限額，是白取人民的財物，可以用獎賞誘使他們這樣做嗎？」遂詔令一併刪除。孝宗明察如此。）〔註29〕

第三，倡導律學考試，注重司法官員的法律素養。司法審判工作關係到人的生命、財產、名譽和地位，其質量的良窳直接關聯到社會的穩定及封建國家命運的長短，所謂此「生民之司命，天心向背，國祚修短繫焉。」故宋朝最高統治者對司法官員的選拔格外重視。王應麟《玉海》與李燾的《續資治通鑑長編》載有宋真宗的三段話，可以視為天水一朝最高統治者重視司法官員選拔質量及政刑的典型材料。真宗說：

「列辟任人，治民為要，群臣授命，奉法居先。」〔註30〕

〔註28〕（元）脫脫等：《宋史》，卷一百九十九，中華書局1977年版，第4964頁。
〔註29〕（元）脫脫等：《宋史》，卷二百，中華書局1977年版，第4993～4994頁。
〔註30〕（宋）佚名：《宋大詔令集》，卷一百九十一，司義祖編，中華書局1962年版，第701頁。

「法官之任，人命所懸。太宗常降詔書，諸州司理、司法峻其秩、益其俸。」〔註31〕

「邦家之事，政刑而已。政令一出，為安危之基；刑辟一施，有死生之法，人以為小，吾以為大。」〔註32〕

宋代，士大夫從事司法工作的途徑大略有四條：第一，名公巨卿奉旨參加朝中重大疑難案件的討論和定斷，如宋神宗時對「阿雲之獄」的爭論；第二，州、縣長官作為親民之官，直接參與案件的審理；第三，作為中央三大司法機關的專職官員及州縣「法司」、「獄司」的官員專門負責司法工作；第四，臨時被差遣，負責審理或糾察、覆核朝廷指派的案件。由於宋朝十分重視法律教育和法律考試，故士大夫不論從以上哪一種途徑參與司法，都必須具備一定的法律知識和參加宋朝的法律教育及法律考試。

史稱：雍熙三年（986）九月十八日，宋太宗下詔說：「夫刑法者，理國之準繩，御世之銜勒。重輕無失，則四時之風雨弗迷。出入有差，則兆人之手足何措。念食祿居官之士，皆親民決獄之人。苟金科有昧於詳明，則丹筆若為於裁處。用表哀矜之意，宜行激勸之文。應朝臣、京官及幕職、州縣官等，今後並須習讀法書，庶資從政之方，以副恤刑之意。其知州、通判及幕職、州縣官等秩滿至京，當令於法書內試問。如全不知者，量加殿罰。」〔註33〕這就是說，朝官、京官、幕職、州縣官等，秩滿到京，都要經過一番考試。如果一無所知，就要受相當的處分。

徐道隣先生說：「中國的考試制度，從唐朝起，就有『明法』一科，專門用以選拔法律人才。到了宋朝——這是中國過去最講究法律的朝代——法律考試，更進入鼎盛時期。」〔註34〕之所以說宋朝統治者最為重視法律考試，主要是說：第一，就科舉考試來說（入仕的資格考試），進士科最為殊榮，此科雖以詩賦、經義為主，但策論、律義也是其考試內容之一；第二，在進士之外的其他諸科之中，「明法」雖僅為其一，但是，前有宋初太宗時開「明法科」

〔註31〕（宋）李燾：《續資治通鑑長編》，卷四十七，中華書局2004年版，第1021頁。

〔註32〕宋真宗：《勤政論》，載曾棗莊、劉琳主編：《全宋文》第13冊，上海辭書出版社、安徽教育出版社2006年版，第143頁。

〔註33〕（清）徐松：《宋會要輯稿》選舉十三，第9冊，劉琳等校點，上海古籍出版社2014年版，第5520頁。

〔註34〕徐道隣：《宋朝的法律考試》，載氏著《徐道隣法政文集》，清華大學出版社2017年版，第283頁。

為其他諸科公共科之舉（史稱，太宗太平興國四年十一月，詔「以明法科於諸書中所業非廣，遂廢之」，而學究「仍兼習法令」，「進士及諸科引試日，並以律文疏卷問義」），〔註35〕後有宋神宗罷諸科，以「新科明法」為取士標準之措。一時使天下之士爭習法令，史謂「務從朝廷之意而改應新科者，十有七八。」〔註36〕第三，對於那些已經獲取做官資格，但尚未被任用的官員，則進行專門的法律考試，史稱「出官試」。第四，對現任及任滿待遷的官員，若去做專門的司法官員，則要參加刑法的考試。遷轉其他官員，也要檢查其法律知識，史稱「當令於法書內試問」。〔註37〕第五，對於那些由皇帝親自差遣的臨時法官及監司選差的臨時推勘官來說，固然沒有規定專門的法律考試，但由於宋之法律中對覆核案件的官員有著明確的獎懲規定，故這些官員往往也對法律十分嫻熟。第六，對於司法機關的低級辦事人員──法吏，諸如書吏、書令史、手分、貼司、內進、主事等，也規定了法律考試。如宋神宗時，規定三年一次試法。

宋朝皇帝對法律的重視引起了社會價值取向的重大變化，當時的「當日務從朝廷之意，而改應新科者，十有七八。」〔註38〕士大夫的法律觀念由此轉變，爭言法令成為一種時尚。宋神宗時，大臣彭汝礪曾說：「異時士人未曾知法律也，及陛下以法令進之，而無不言法令。」〔註39〕哲宗時，蘇轍也有「天下爭誦律令」之語。〔註40〕

三、「臨下以簡，必務哀矜」

宋朝初建之時，太祖、太宗面臨的社會形勢有兩個顯著的特色，一是社會動盪，天下分裂，地方割據勢力非常嚴重；二是從政刑方面來看，五代以來所造成的苛政酷刑之局面嚴重影響著新建政權的穩定和發展。為了收拾人

〔註35〕（宋）李燾：《續資治通鑑長編》卷二十，中華書局 2004 年版，第 464 頁。
〔註36〕（清）徐松：《宋會要輯稿》選舉十四，第 9 冊，劉琳等校點，上海古籍出版社 2014 年版，第 5532 頁。
〔註37〕（清）徐松：《宋會要輯稿》選舉十三，第 9 冊，劉琳等校點，上海古籍出版社 2014 年版，第 5520 頁。
〔註38〕（清）徐松：《宋會要輯稿》選舉十四，第 9 冊，劉琳等校點，上海古籍出版社 2014 年版，第 5532 頁。
〔註39〕（明）黃淮、楊士奇編：《歷代名臣奏議》卷一六六，《風俗》，第 2 冊，上海古籍出版社 1989 年版，第 1540 頁。
〔註40〕（宋）馬端臨：《文獻通考》卷三十八，選舉考十一，中華書局 2011 年版，第 1113 頁。

心，樹立新政權的威信，太祖、太宗一方面嚴格實行中央集權制，加重對貪墨贓吏、流寇盜賊的處罰，另一方面則十分注意樹立新君仁厚寬恕的形象。對此，《宋史·刑法志》以極其簡明的語言概括道：

「宋興，承五季之亂，太祖、太宗頗用重典，以繩奸慝，歲時躬自折獄慮囚，務底明慎，而以忠厚為本。海內悉平，文教寢盛。士初選官，皆習律令。其君一以寬仁為治，故立法之制嚴，而用法之情恕。」〔註41〕

這裡所說的寬與嚴，實際上是宋朝最高統治者立法思想的一個問題的兩個方面。看似矛盾，實乃一致。所謂寬，是說太祖、太宗為改變五代以來諸侯跋扈、恣意殺人的局面，特別注意恤獄慎刑，臨政以寬，力爭做到賞罰嚴明，獄無冤濫。所謂嚴是就立法、司法兩方面而論的。立法之制嚴，指宋之立法於加強中央集權制、懲治貪墨、鎮壓賊盜三方面，決不姑息。天水一朝「以忠厚為本」的思想反映在立法、司法上，具體表現為以下幾點：

第一，「善立法不貴太重，而貴必行」。這是宋高宗告誡大臣立法時所說的話。〔註42〕這裡的「重」是中國自春秋戰國以來經常使用的一個術語，意指「重刑峻罰」。中國古代統治者常於危亂之時以重刑治國。宋朝固然異於初建之時，「頗用重典以刑奸慝」，但這只不過是政權甫定之時的權宜之計。即便如此，太祖、太宗為為糾刑法過嚴之偏，常以情恕補救於司法活動之中。仁宗時天下安定，文教昌盛，立法崇尚寬平而能得到切實執行，自然成為宋朝皇帝的立法指導思想。

這種思想發展到南宋，孝宗論述的更加明白。他說：「先王立法貴在中制，所以決可行也」。〔註43〕「夫法太重而難必行，則立法貴乎中」。〔註44〕乾道年間，上（孝宗）曰：「甚好，立法不貴太重而貴必行，法必行則人莫敢犯矣。夫欲重則必難行，欲行則不必重。設之太重，而行之不顧，唯商鞅能之。聖人不能也」。〔註45〕

〔註41〕 （元）脫脫等：《宋史》，卷一百九十九，中華書局1977年版，第4961～4962頁。
〔註42〕 （宋）熊克：《皇朝中興紀事本末》，卷六十三，清雍正景鈔本，第1149頁。
〔註43〕 （清）徐松：《宋會要輯稿》帝系十一，第1冊，劉琳等校點，上海古籍出版社2014年版，第244頁。
〔註44〕 （清）徐松：《宋會要輯稿》帝系十一，第1冊，劉琳等校點，上海古籍出版社2014年版，第244頁。
〔註45〕 （清）徐松：《宋會要輯稿》帝系十一，第1冊，劉琳等校點，上海古籍出版社2014年版，第239頁。

　　孝宗對立法的論述，其含義有三：首先，立法重在合乎制度，即必須符合趙宋祖宗家法之精神；其次，立法貴在寬嚴適中；最後，立法貴在能貫徹執行，若不能嚴格執行，嚴法重刑於世無益，所謂「法令奉行不申嚴無益」。〔註46〕

　　以此段史料印證《宋史・刑法志》的有關記載，說南宋孝宗是一個具有法律素養的皇帝，誠不為過。

　　第二，寬緩刑法，以簡待民。宋太祖在位十七年，關心民瘼，為政以簡，多次下詔，要求地方官吏「薄賦輕繇，念農人之疾苦」。〔註47〕史載，太宗在即位赦天下制中說：「先皇帝勤勞啟國。宵旰臨朝。萬幾靡倦於躬親。四海方成於開泰。念農民之疾苦。知戰士之辛勤。」。〔註48〕太祖下詔要求地方「務從省約，無令勞煩，諸道州府。不得以進奉為名。輒有率斂。」〔註49〕這種思想反映在刑罰制度上，表現為刑罰制度上，表現為宋初「折杖法」的制定。史載，太祖「尤注意刑辟，嘗讀《二典》（按：是指《堯曲》和《舜典》）歎曰：『堯舜之罪四凶，止以投竄，何近代法網之密邪！』故定為折杖法，以遞減流徒杖笞之刑。」〔註50〕

　　第三，恤獄慎刑，務存仁恕。太祖以一介武夫，統一天下，他右文崇儒，強幹弱枝，一改五代以來君弱臣強之局面，不僅奠定了兩宋三百多年之基業，也對其後的中國歷史產生了重大影響。太祖在重視法律、法令「禁人為非」的鎮壓作用的同時，還十分注意恤獄慎刑，臨政以寬。宋太祖下詔說：「禁民為非，乃設法令，臨下以簡，必務哀矜。」〔註51〕

　　這種思想反映到司法上，具體措施有二。其一，選用儒臣治州郡之獄。宋朝初建之時，五代以來多用武人主獄訟，官吏嚴酷、恣意用法的現象十分嚴重。自太祖、太宗到真宗三朝都力圖糾正司法活動中弊端，注重改革司法官吏的選拔制度。史謂：「五季衰亂，禁罔煩密。宋興，削除苛峻，累朝有所

〔註46〕（清）徐松：《宋會要輯稿》帝系十一，第1冊，劉琳等校點，上海古籍出版社2014年版，第239頁。

〔註47〕（宋）佚名：《宋大詔令集》，卷第七，司義祖編，中華書局1962年版，第31頁。

〔註48〕（宋）佚名：《宋大詔令集》，卷第一，司義祖編，中華書局1962年版，第1頁。

〔註49〕（宋）佚名：《宋大詔令集》，卷第一百十八，司義祖編，中華書局1962年版，第400頁。

〔註50〕（清）吳乘權等：《綱鑒易知錄》，卷六十四，中華書局1960年版，第1743頁。

〔註51〕（元）脫脫等：《宋史》，卷一百九十九，中華書局1977年版，第4967頁。

更定。法吏寖用儒臣，務存仁恕」。〔註52〕王應麟《玉海》載：「太祖始用士人治州郡之獄」，「開寶六年壬子朔（974）始以士人為司寇參軍，改諸州馬步院為司寇院」，選用官員以律書試判。〔註53〕太宗時改司寇院，設司理參軍，以歷任清白，能夠判斷案件的官員充任，並選用儒士為判官。真宗時，對於審刑院的詳議官、大理寺的詳斷官、刑部的詳覆官和三司得法直官，都試以斷案几十道，須引用法律和判斷詳明，才認為合格，予以任用。

其二，皇上躬自折獄慮囚，以示哀矜。史稱：「開寶二年五月，帝以暑氣方盛。深念縲繫之苦，乃下手詔曰：『兩京諸州，令長吏督獄掾，五日一檢視，灑掃獄戶，洗滌枷械。貧不能自存者給飲食，病者給醫藥，輕繫即是決遣，毋淹滯。』自是，每仲夏申敕官吏，歲以為常。帝每親錄囚徒，專事欽恤。凡御史、大理官屬，尤嚴選擇。嘗謂御史臺知雜馮炳曰：『朕每讀《漢書》，見張釋之、于定國治獄，天下無冤民，此所望於卿也。』」〔註54〕

錄囚，作為一項制度，始於漢代。指皇帝或其指派的司法官員梳理滯獄，平反冤屈的活動。錄囚既較好的體現了皇帝對刑獄的仁恕之心，又使皇帝通過複審案件加強了對司法的控制，故自漢至唐，錄囚之事，不絕史書。宋立法、司法以寬厚、仁慈為本，故錄囚之風於前猶盛。史稱，宋太宗在位時，經常親自審斷案件，京城有疑難的獄案，他常親臨審判處理，總是能洞見隱微之處。太平興國六年（公元981），太宗下詔說：「諸州大獄，長吏不親決，胥吏旁緣為奸，逮捕證佐，滋蔓踰年而獄未具。自今長吏每五日一慮囚，情得者即決之。」〔註55〕太宗曾說：「朕於獄犴之寄，夙夜焦勞，慮有冤滯耳。」〔註56〕「十月，親錄京城繫囚，遂至日旰。近臣或諫勞苦過甚，帝曰：『倘惠及無告，使獄訟平允，不致枉橈，朕意深以為適，何勞之有？』因謂宰相曰：『中外臣僚，若皆留心政務，天下安有不治者。古人宰一邑，守一郡，使飛蝗避境，猛虎渡河。況能惠養黎庶，申理冤滯，豈不感召和氣乎？朕每自勤不怠，此志必無改易。或云有司細故，帝王不當親決，朕意則異乎是。若以尊極自居，則下情不能上達矣。』自是祁寒盛暑或雨雪稍愆，輒親錄繫囚，多所原減。」（從此以後，每逢

〔註52〕（元）脫脫等：《宋史》，卷一百九十九，中華書局1977年版，第4966頁。
〔註53〕（宋）王應麟：《玉海》卷六七，江蘇古籍出版社1987年版，第1275頁。
〔註54〕（元）脫脫等：《宋史》，卷一百九十九，中華書局1977年版，第4968頁。
〔註55〕（元）脫脫等：《宋史》，卷一百九十九，中華書局1977年版，第4968頁。
〔註56〕（元）脫脫等：《宋史》，卷一百九十九，中華書局1977年版，第4970頁。

嚴寒酷暑或雨雪稍有反常,他就親自複審獄囚,大多施以寬恕而減免)。〔註57〕

「仁宗聽斷,尤以忠厚為主。隴安縣民誣平民五人為劫盜,尉悉執之,一人掠死,四人遂引服。其家辨於州,州不為理,悉論死。未幾,秦州捕得真盜,隴州吏當坐法而會赦,帝怒,特貶知州孫濟為雷州參軍,餘皆除名流嶺南。賜錢粟五家,復其役三年。因下詔戒敕州縣。廣州司理參軍陳仲約誤入人死,有司當仲約公罪,應贖。帝謂審刑院張揆曰:『死者不可復生,而獄吏雖廢,復得敘官。』命特治之,會赦勿敘用。尚書比部員外郎師仲說請老,自言恩得任子,帝以仲說嘗失入人死罪,不與。其重人命如此。」〔註58〕

上述是北宋太祖、太宗、仁宗的恤刑思想及慮的活動,下面再來看南宋高宗、孝宗、理宗的司法實踐,以便對有宋一代的皇帝的恤刑思想有一個系統的瞭解。

史稱:「高宗性仁柔,其於用法,每從寬厚」,「每臨軒慮囚,未嘗有送下者,曰:『吾恐有司觀望,鍛鍊以為重輕也。』吏部員外郎劉大中奉使江南回,遷左司諫,帝尋以為祕書少監。謂宰臣朱勝非曰:『大中奉使,頗多興獄,今使為諫官,恐四方觀望耳。』其用心忠厚如此。後詔:『用刑慘酷責降之人,勿堂除及親民,止與遠小監當差遣。』」〔註59〕

南宋高宗在宋代歷史上並非一個有作為的皇帝,尤其是他指令秦檜構陷、謀害岳飛父子,更為後世所詬病,然若不以人廢言,高宗對法律還不失為一個有見解的皇帝。至於南宋皇帝孝宗,可在中國法律史上大樹一筆。史稱,他盡心於老百姓的獄訟之事,特別關心刑獄的輕重,他在乾道二年(公元1166年)的詔書中說:

「獄,重事也。用法一傾(執行法律稍不公正),則民無所措手足。比年(今年)以來,治獄之吏,巧持多端,隨意輕重之,朕甚患焉。其自今革玩習之弊,明審克之公,使奸不容情,罰必當罪,用迪(迪,開導。在懲罰的措施中常有教導的作用)於刑之中,勉之哉,毋忽!」〔註60〕

三年(公元1167年),詔曰:「獄,重事也。稽者有律,當者有比,疑者

〔註57〕 (元)脫脫等:《宋史》,卷一百九十九,中華書局1977年版,第4970頁。
　　　　括號內文字為引者所加,下同。
〔註58〕 (元)脫脫等:《宋史》,卷一百九十九,中華書局1977年版,第4988～4989
　　　　頁。
〔註59〕 (元)脫脫等:《宋史》,卷二百,中華書局1977年版,第4991頁。
〔註60〕 (元)脫脫等:《宋史》,卷二百,中華書局1977年版,第4994頁。

有讞（有律文可以稽查以作根據，有斷例可以參照，有疑難則申請複審），比年顧以獄情白於執政，探取旨意，以為輕重，甚亡謂也。自今其抵乃心，敬於刑，惟當為貴，毋習前非，不如吾詔，吾將大置於罰，罔攸赦。」〔註61〕

這段話的意思是說，獄訟，乃國之大事。辦案，有律文可以核對，有判例可供參考，有疑難獄案則可複審。近年只把獄情上報給執政官員，探求他們的意旨作為用法輕重的標準，是很不應該的。今後你們應該從思想上重視起來，謹慎用刑，以處罰得當為好，不要因襲過去的錯誤。如不遵照我的命令，我將處以重罰，決不赦免。〔註62〕

史有載：「理宗起自民間，具知刑獄之弊。初即位，即詔天下恤刑，又親製《審刑銘》以警有位。每歲大暑，必臨軒慮囚。」〔註63〕這裡是說，宋理宗於民間長大，對刑獄的弊端知之甚詳。即位之初，便詔令天下，謹慎使用刑罰。又親自制定關於謹慎使用刑罰的韻文，以警戒在職官吏。淳佑四年（公元1244）發表《謹刑銘》：「民吾同胞，疾痛猶己，報虐以威，刑非得已。仰惟祖宗，若保赤子，明謹庶獄，惻怛溫旨。金科玉條，毫析銖累。夫何大吏，蔑棄法理，逮於郡邑，濫用笞箠。典聽朕言，式克欽止。」〔註64〕

宋朝最高統治者的恤獄慎刑思想並非都是粉飾政治的虛言，它不僅在一定程度上緩和了社會矛盾，澂清了吏治，還對南宋司法實踐中鄭興裔的《檢驗格目》、宋慈的《洗冤集錄》的問世，起到了極大的推動作用。史稱：「淳熙初，浙西提刑鄭興裔上《檢驗格目》，詔頒之諸路提刑司。」〔註65〕宋寧宗嘉定中，湖廣廣西憲司刊印《正背人形檢驗格目》，嘉定四年（1211年），江西提刑徐似道言於朝，將湖南提刑司色格式「乞徧下提刑司徑行關會樣式，一體施行。」〔註66〕淳佑中，官至湖南提刑的宋慈，便撰集了中國乃至世界歷史上的第一部法醫檢驗專著——《洗冤集錄》。該書一經梓刻問世，立即被頒行全國，成為當時和後世審理案件官員案頭必備之書。

〔註61〕（元）脫脫等：《宋史》，卷二百，中華書局1977年版，第4994頁。

〔註62〕此段寫作參考了上海社會科學院政治法律研究室編《宋史刑法志注釋》及高潮、馬建石主編《歷代刑法志注譯》一文，特此致謝。前書由群眾出版社1979年出版，後書由吉林人民出版社1994年出版。

〔註63〕（元）脫脫等：《宋史》，卷二百，中華書局1977年版，第4996頁。

〔註64〕汪聖鐸點校：《宋史全文》，卷三十三，中華書局2016年版，第2752頁。

〔註65〕（元）脫脫等：《宋史》卷二百，中華書局1977年版，第4995頁。

〔註66〕（清）徐松：《宋會要輯稿》刑法六，第14冊，劉琳等校點，上海古籍出版社2014年版，第5834頁。

四、重懲貪墨

貪墨，古謂苞苴，意指以荷葉包以肉糜饋贈與人也。後引申為官吏貪贓受賄的行為。官吏貪贓枉法既侵害了封建社會所保護的財產所有權關係，又危害了封建統治者的正常法律秩序，從當今的刑法原理出發，此種犯罪侵害的是社會關係的雙重客體，危害性極大，故中國歷代封建王朝為了鞏固其統治，都把此類犯罪作為嚴厲打擊的重點對象之一。宋初也不例外。趙翼在《二十二史劄記》中說：「宋以忠厚開國，凡罪罰悉從輕減，獨於贓吏最嚴。」

之所以如此，原因有三：其一，「吏不廉則政治削。」〔註67〕官吏貪贓嚴重危害著朝廷的統治基礎和效能，統治者要整頓吏治，不能不把防止官吏犯贓問題置於首位。其二，官吏貪贓，使「民怨吏，卒怨官，遂怨及朝廷，朝廷何由而知？臣大懼中外積怨之久，一夫大呼，從之者如歸市。」〔註68〕現實危害如此之重，宋統治者不得不嚴懲貪墨之罪。其三，五代十國以來，官吏貪墨之風盛行，統治者要建立穩固的政權，也必須對這種世風加以糾正。否則，新政權的威信就無從樹立。《宋史·刑法志》說：「時郡縣吏承五季之習，黷貨厲民，故尤嚴貪墨之罪。」〔註69〕太祖曾不止一次地告誡臣下說：「固不吝惜爵賞，若犯吾法，惟有劍耳。」〔註70〕

太宗於即位之時，也下令重申說：「諸職官以贓治罪者，雖會赦不得敘，永為定制。」並親筆寫下了《戒石銘》：「爾奉爾祿，民膏民脂，下民易虐，上天難欺。」〔註71〕

為了懲治官吏貪墨厲民的行為，宋代於政權初建之時，對職官從贓多棄世或杖斃於朝。史載，太祖時，「大名府文薄郭玘坐贓棄市，蔡河綱官王訓等以糠土雜軍糧，磔於市」，「將軍石延祚坐監倉與吏為奸贓棄市。」〔註72〕並規定，對貪贓枉法之官，不得適用「請」、「減」、「贖」、「官當」之法，太宗

〔註67〕（宋）佚名：《宋大詔令集》卷第一七八，《幕職官置簿戶詔》，司義祖編，中華書局1962年版，第639頁。

〔註68〕曾棗莊、劉琳主編：《全宋文》第275冊，上海辭書出版社、安徽教育出版社2006年版，第67頁。

〔註69〕（元）脫脫等：《宋史》卷二百，中華書局1977年版，第4987頁。

〔註70〕（宋）李燾：《續資治通鑑長編》卷十二，中華書局2004年版，第275頁。

〔註71〕（清）吳乘權等：《綱鑑易知錄》，宋紹興二年，中華書局1960年版，第2163～2164頁。

〔註72〕（元）脫脫等：《宋史》，卷二，中華書局1977年版，第33頁。

時，詔諸職官以贓論罪雖遇赦不得敘，永為定制。

當然，歷史的發展是曲折的，宋代懲貪得實踐也出現過周折。從北宋真宗起，「貪贓」或「監守自盜」雖罪至極法，但「率多貸死」。史稱：「真宗時，棄市之法不復見，惟杖流海島。」自徽宗崇寧、大觀以來，贓吏特多。高宗南渡，重建政權，繼續嚴懲貪官污吏。初詔贓罪明白者，不許堂除及親民差遣。建炎二年（公元 1128 年）正月詔：「自今犯枉法自盜贓人，令中書省籍記姓名，罪至徒者，永不敘用。按察官失於舉劾者，並取旨科罪，不以去官原免。」〔註73〕同年二月又詔：「自今犯贓免死者，杖脊流配。是冬，湖口令孫咸坐贓黥隸連州。」〔註74〕

《宋史・刑法志》稱：建炎、紹興年間，「至待貪吏則極嚴：應受贓者，不許堂除及親民；犯枉法自盜者，籍其名中書，罪至徒即不敘，至死者，籍其貲。諸文臣寄祿官並帶『左』、『右』字，贓罪人則去之，是年（紹興元年，公元 1131 年）申嚴真決贓吏法。」〔註75〕

宋代，管制有寄祿官和職事官兩類，寄祿官是一種官階，根據官階品級高低，分別官祿的多少，和實職辦事的職事官不同。如神宗改定管制後，以金紫左右光祿大夫等為寄祿官，以吏部尚書等為職事官。後來，文臣寄祿官又按官員有無出身（原來資格）而分「左」「右」，有出身的帶「左」字，無出身的帶「右」字，「左」字優於「右」。若有犯贓情事，則不許帶左右字。另外，上述引文中所謂「申嚴真決贓吏法」，意思是說，重申前朝嚴格而如實地處置貪官污吏的法令。

根據法律史學界的研究成果，宋朝的真決贓吏，包含著三層意思：

第一，限制適用「議、請、減、贖」之法。議請減贖為中國古代法律規定的特權，是統治者優待官宦先要的一項法定權利。然而，在宋代，若官吏犯贓，這項特權將受到一定程度的限制。如哲宗於紹聖年間詔，重祿人受乞財物雖有官印並不用請、減、當、贖法。

第二，自首原免之原則因官員受贓而限制使用。《慶元條法事類》規定：

<hr>

〔註73〕（宋）李心傳：《建炎以來繫年要錄》卷十二，第 1 冊，辛更儒點校，上海古籍出版社 2018 年版，第 277 頁。

〔註74〕（宋）李心傳：《建炎以來朝野雜記》，甲卷第六，中華書局 2000 年版，第 157 頁。

〔註75〕（元）脫脫等：《宋史》卷二百，中華書局 1977 年版，第 4991 頁。

諸起發上京錢物，管押人侵盜移易入己者，不以自首原免。〔註76〕

第三，不以赦降原減。如太宗曾詔：「犯人已贓，逢恩赦不在放還之限，永為定制。」寶佑四年規定：「訴求百姓者，罪無赦。」〔註77〕

官員貪贓是封建社會的痼疾，懲貪歷來是有作為的開明君主澄清吏治的重要措施。兩宋之際，最高統治者為維護國家的長治久安，緩和社會矛盾，歷來強調對貪墨之罪的嚴厲懲處。儘管社會生活中，懲貪的不平衡性依舊存在，有時甚至貪墨現象仍十分嚴重，如北宋徽宗年間，蔡京當國，「賄賂公行」，「廉吏十一，貪吏十九」，〔註78〕南宋賈似道專權，「賂相濁亂，貪炎爍天」，〔註79〕但是，兩宋皇帝能夠不斷總結歷史經驗，始終把懲貪思想貫徹於司法實踐中，的確是很難能可貴的，就連以變法著稱王安石也說：「今朝廷之法所尤重者，獨貪吏耳。」〔註80〕

五、通商惠工，招徠遠人

宋代既是我國歷史上文化、科學成就十分突出的朝代，也是一個商品經濟十分活躍、海外貿易極為發達的歷史時期。在這個歷史時期內，不僅在士大夫中間形成了一股衝擊秦漢以來傳統的賤商抑末思想的力量，而且就宋代的最高統治者皇帝來說，也從唐末五代以來「掊克斯甚、交易不行」的慘痛教訓中，認識到了「通商惠工」，保護商人利益的重要性。宋太宗說：「而當職之吏恣為煩苛，規餘羨以市恩寵，細碎必取，掊克斯甚，交易不行。異夫通商惠工之旨也。」〔註81〕為此，他允許商人若遇地方官吏刁難，可越級上告。

宋朝，也是我國封建社會中一個十分重視運用法律手段來促進海外貿易不斷發展的朝代。鼓勵外商來華經營並保護他們的合法權益，以期從中獲得

〔註76〕楊一凡、田濤主編，戴建國點校：《中國珍稀法律典籍續編》第一冊，《慶元條法事類》，卷三十，黑龍江人民出版社2002年版，第440頁。

〔註77〕江必新：《宋代「嚴懲貪墨之罪」述論》，載《西南師範大學學報》1986年2期。

〔註78〕曾棗莊、劉琳主編：《全宋文》第133冊，上海辭書出版社、安徽教育出版社2006年版，第342頁。

〔註79〕曾棗莊、劉琳主編：《全宋文》第334冊，上海辭書出版社、安徽教育出版社2006年版，第330頁。

〔註80〕曾棗莊、劉琳主編：《全宋文》第63冊，上海辭書出版社、安徽教育出版社2006年版，第807頁。

〔註81〕（清）徐松：《宋會要輯稿》食貨一七，第11冊，劉琳等校點，上海古籍出版社2014年版，第6351頁。

豐厚的收入，是宋王朝在海外貿方面最為基本的方針。具體說來，其立法思想有二：第一，「招徠遠人，以通貨賄」。北宋時，太宗、仁宗及神宗，頻頻發放敕令，要求地方各級官員用心招誘外商來華貿易，而且還專門制定了管理海外貿易的《元豐條法》。〔註82〕此後，每每受到南宋皇帝的讚美與回顧。宋高宗說：「市舶之利頗助國用，宜循舊法以招徠遠人，阜通貨賄。」〔註83〕孝宗則於隆興二年（公元1164年）七月二十五日發布敕令，要求各州縣「推明神宗皇帝立法之意，使商賈貿遷，以助國用。」第二，創法講求，以獲厚利。宋神宗於熙寧二年（公元1069年）九月在給發運司副使薛向的詔令中說：「東南利國之大，船商亦居其一焉。」〔註84〕因此，他要求臣下載制定法律時應用心體察朝廷鼓勵番商來華貿易之苦心，以便更多地增加財政收入。他說：「卿宜創法講求，不惟歲獲厚利，兼使外蕃輻輳中國，亦壯觀一事也。」〔註85〕

在此種思想指導下，宋王朝以單行敕令及單行法規的形式，制定了大量的管理海外貿易、鼓勵外商來華、獎勵有功官員的法規，史稱「市舶條法」。

六、擴大越訴範圍，注重對民事權利的保護

宋初，統治者承唐律之精神，對越級訴訟嚴加禁止。太祖乾德二年（公元965年）正月詔曰：「若從越訴，是紊舊章。自今應有論訴人等，仰所在曉諭，不得驀越陳狀。違者先科越訴之罪，卻送本屬州縣，據所訴依理區分。」〔註86〕此後，太宗、真宗屢次下詔，禁止越訴。〔註87〕南宋初，金兵南侵，官兵淪為「遊寇」，搶糧掠物，洗劫城池，南宋政權岌岌可危，而州郡官吏卻「歌樂自若，殊無憂國念民之心」。這種情況如果繼續下去，勢必危及南宋統

〔註82〕（清）徐松：《宋會要輯稿》職官四四，第7冊，劉琳等校點，上海古籍出版社2014年版，第4206頁。

〔註83〕（清）徐松：《宋會要輯稿》職官四四，第7冊，劉琳等校點，上海古籍出版社2014年版，第4216頁。

〔註84〕（清）黃以周：《續資治通鑒長編拾補》卷五，中華書局2004年版，第239頁。

〔註85〕（清）黃以周拾補：《續資治通鑒長編拾補》卷五，中華書局2004年版，第240頁。

〔註86〕（宋）佚名：《宋大詔令集》卷第一九八，司義祖編，中華書局1962年版，第729頁。

〔註87〕（清）徐松：《宋會要輯稿》刑法三，第14冊，劉琳等校點，上海古籍出版社2014年版，第8398頁。

治者政權的安全。為了革除弊端，整飭官吏，南宋統治者一方面設立「民事被罪法」，〔註88〕重處官吏額外講求、肆意科配的行為；一方面增置越訴之法，擴大百姓的訴訟權利，以越訴悅百姓之心，從而達到寬恤民力，恢復生產、鞏固政權的目的。

宋代允許人戶及商人越訴的條法甚多，但其核心在於重民事、恤民力、保護商人及下層民戶的私有權及訴訟權利，大體說來，有以下幾類：

第一，官吏擅自科斂百姓，許人戶越訴。南宋高宗時，曾多次下詔，要求諸路監司，廣加詢訪，「凡民間利病，官吏侵漁，無有鉅細，咸得以聞。」〔註89〕在這種思想指導下，南宋法律規定，官吏受納租稅不依法律，許人戶越訴。《宋會輯輯稿·食貨》稱：「民戶合納租稅，不得合零就整，違者，許經尚書省越訴。」這類詔令甚多。此其一。其二，凡州縣官吏擅自科斂財物，無償役使百姓者，亦允許人戶越訴。如《建炎以來繫年要錄》載：若「縣官替罷，率與所部以借夫為名而取其值」，許民戶越訴。〔註90〕

第二，官吏審理案件不依法，許人戶越訴。此包括兩類情況，一是州縣受理民事案件，各有結絕時限度，依法律規定，三日內須給當事人以斷由，「若過限不給，許人戶陳訴。」〔註91〕

第三，下戶為豪強侵奪，州縣不受理者，許人戶越訴。以南宋之「務限法」，凡官府受理民間田宅、婚姻、債務案件時，「以二月一日後」為入務，「三月一日後為務開」，入務後，不得審理。但是，富豪之家往往以此為藉口，拖延時間，侵吞貧民小戶田產。對此，南宋孝宗隆興元年（公元 1164年）大理卿李洪言：「務限之法，大要欲民不違農時，故凡入務而訴婚、田之事者，州縣勿得受理，然慮富強／彊之家乘時恣橫，豪奪貧弱，於是又為之制，使並相侵奪者受理不拘務限。比年以來，州縣之官務為苟且，往往借令文為說。入務以後，一切不問，遂使平民橫被豪奪者無所伸訴。欲望明飭

〔註88〕（宋）李心傳：《建炎以來繫年要錄》卷一五二，第 6 冊，辛更儒點校，上海古籍出版社 2018 年版，第 2592 頁。

〔註89〕（宋）李心傳：《建炎以來繫年要錄》卷一七一，第 7 冊，辛更儒點校，上海古籍出版社 2018 年版，第 2979 頁。

〔註90〕（宋）李心傳：《建炎以來繫年要錄》卷一六二，第 7 冊，辛更儒點校，上海古籍出版社 2018 年版，第 2794 頁。

〔註91〕（清）徐松：《宋會要輯稿》刑法三，第 14 冊，劉琳等校點，上海古籍出版社 2014 年版，第 8412 頁。

州縣，應婚、田之訟；有下戶為豪強／彊侵奪者，不得以務限為拘，如違，許人戶越訴。」〔註92〕有詔從之。

　　第四，凡豪強公吏因戰火寇亂而侵佔百姓物業時，許人戶越訴。南宋初，因金兵入侵，民多棄產逃移，豪強大戶往往趁機侵佔民田，據為己業，待兵火之後，百姓多思複習，而豪強大戶百般阻撓，「專以貪圖人戶田業致富」，對此，南宋法律規定，「凡因兵火逃亡而棄田產，後欲複習者，若豪強之家從中阻撓，則法司應依法重行斷譴，復民之業。若官司占田不還者，許越訴。」〔註93〕

　　第五，禁止權貴及市舶官員利用職權和買番商貨務，若遇非法，外商有權越訴。宋代，官吏及市舶官員利用職權對外商財物進行侵略剋扣，其方式有二：一是在管理海外貿易的活動中直接購買外商貨物。此種情況下，外商往往害怕官吏的權勢而不敢按正常價格出售，只能「擇其精者，援以低價」，〔註94〕甚至分文不敢收取。二是假公濟私，名曰和買，實不給一錢。對此，宋王朝不僅三令五申，嚴加禁絕，而且允許外商越級陳訴。史載：「（南宋寧宗）開禧三年（1207）正月七日，前知南雄州聶周臣言：『泉、廣各置舶司以通蕃商，比年蕃船抵岸，既有抽解，合許從便貨賣。今所隸官司擇其精者售以低價，諸司官屬復相囑託，名曰和買，獲利既薄，怨望愈深。所以比年蕃船頗疏，徵稅暗損。乞申飭泉、廣市舶司，照條抽解和買入官外，其餘貨物不得毫髮拘留，巧作名色違法抑買。如違，許蕃商越訴，犯者計贓坐罪。仍令比近監司專一覺察。』從之。」〔註95〕這段材料是宋王朝重視外商合法權益的極好說明。

　　第六，保障商品流通，嚴禁刁難商人，違者，商旅可越級陳告。為了促進經濟的發展，保障商品經濟的繁榮，有宋一代非常關心商品流通的速度，法律嚴禁各級官員在行政職務時借機侵奪商旅和阻滯商品的流通。宋太祖建

〔註92〕（清）徐松：《宋會要輯稿》刑法三，第 14 冊，劉琳等校點，上海古籍出版社 2014 年版，第 8418 頁。

〔註93〕此處對郭東旭先生《南宋的越訴之法》一文多有參考。參見漆俠主編：《宋史研究論叢》第二輯，河北大學出版社 1993 年版。

〔註94〕（清）徐松：《宋會要輯稿》職官四四，第 7 冊，劉琳等校點，上海古籍出版社 2014 年版，第 4221 頁。

〔註95〕（清）徐松：《宋會要輯稿》職官四四，第 7 冊，劉琳等校點，上海古籍出版社 2014 年版，第 4221 頁。

隆元年（公元 960 年）四月，太宗淳化四年（公元 994 年）九月都下詔，嚴禁非法滯留和搜索商旅。其詔敕稱：「諸州勿得苛留行旅齎裝，除貨幣當輸算外，不得輒發篋搜索。」〔註96〕「禁兩京諸州不得挾持搜索，以求所算之物。」〔註97〕南宋時，《慶元條法事類》嚴禁公人兵級邀阻留難商旅，禁止攔頭用法錐錐插箱籠，以防損壞衣物及布帛。對於非法者，規定了明確的處罰條例，如「諸稅物入門應批引赴務而公人、兵級繳阻留難，過一時及於物數有所增減若故為透漏者，各杖一百。因而乞取，贓輕者準此。留難一日以上致損敗者，鄰州編管，並許人告。」〔註98〕並且允許商人越級告發官員的違法行為，史稱：「如州軍場務奉行不虔，仰將當職官按劾以聞；或本司不覺察，許被擾人徑詣尚書省越訴。」〔註99〕這類法令的出現，不僅是當時經濟關係的反映，也是商品經濟思想發展，私有權觀念深化在法律制度上的必然體現。

兩宋之所以制定越訴法，向百姓洞開越訴之大門，就其實質而言，是為了穩定和鞏固其封建政權，但在客觀上卻擴大了百姓的訴訟權利，促進了社會生產力的發展，有利於社會的進步，是值得肯定和認真研究的。

法律思想是影響與指導立法、司法實踐活動的能動性力量。宋代最高統治者對法律建設的重視，大大促進了宋代立法的發展。兩宋時期，制定和頒布了大量的反映商品經濟發展，適應社會需要的民商法規。著名者如調整海外貿易的《市舶條法》，反映財產關係的財產遺囑條法——《天聖戶絕條貫》。宋代的法制比唐有著長足的進步和發展，這與最高統治者對法律的關注是分不開的。對此，我們應該進行深入的研究。

〔註96〕（清）徐松：《宋會要輯稿》食貨十七，第 11 冊，劉琳等校點，上海古籍出版社 2014 年版，第 6349 頁。

〔註97〕（清）徐松：《宋會要輯稿》食貨十七，第 11 冊，劉琳等校點，上海古籍出版社 2014 年版，第 6351 頁。

〔註98〕楊一凡、田濤主編，戴建國點校：《中國珍稀法律典籍續編》，第一冊，《慶元條法事類》，卷第三十六，黑龍江人民出版社 2002 年版，第 547 頁。

〔註99〕楊一凡、田濤主編，戴建國點校：《中國珍稀法律典籍續編》，第一冊，《慶元條法事類》，卷第三十六，黑龍江人民出版社 2002 年版，第 556 頁。

兩宋海外貿易立法演變論略〔註1〕

　　我國歷史悠久，物產豐富，既有廣闊的陸地大川作為農產作物的基地，又有萬里之長的海岸線可供舟楫之利，以發展海外貿易。兩宋時期，在我國黃海、東海、南海碧波萬頃的海疆上，經常活躍著數支滿載商品及友誼的船隊，他們穿梭於亞非各國之間，乘風破浪於浩瀚的西太平洋及印度洋的海面之上。這就是兩宋王朝的對外貿易船舶，以及其亞非各國來華貿易的船隊。這些商船，既從海外運來了琳琅滿目的珠寶、香藥等豐富的商品，促進了宋朝國內市場的繁榮，又把馳名於世界的中國絲綢品、陶瓷和其他貨物運往東亞、南亞、西亞，乃至非洲海岸的一些國家，架起了一條連接宋與亞非各國人民友誼的橋樑。

　　在這段歷史時期內，宋王朝的統治者為了實現「懋商賈，以助國用」、「通貨賄，以獲厚利」的目的，對發展海外貿易採取了積極鼓勵、大力提倡的態度。在頻繁的貿易活動中，不僅留下了中國人民與亞非諸國友好往來的足跡，也寫下了宋王朝創立新法、發展海外貿易的美好篇章，也在中國法制史的歷史園地中留下了值得稱道的一頁。

一

　　兩宋是我國十分重視運用法律制度促進海外貿易的朝代。無論是在北宋統一大半個中國的強盛時期，還是南宋偏安江左一隅，維持半壁江山的頹局之時，宋政府都一貫採取鼓勵海外貿易的方針，保護商人的合法權益，以希獲得豐厚的財政收入。概括說來，宋朝的立法指導思想有三方面：第一，理

〔註1〕本文原載於《南京社會科學》1992年第5期。

財從政，莫先法令。第二，招徠遠人，以通貨賄。第三，創法講求，以獲厚利。下面分述如下：

1. 理財從政，莫先法令

兩宋時期，從封建皇帝到一般士大夫，都對法律的作用有足夠的認識。宋太祖說：「王者禁人為非，莫先法令」。〔註 2〕太宗反覆告誡臣下：「法律之書，甚資政理，人臣若不知法，奉動是過，苟能讀之，益人知識」。〔註 3〕王安石則說：「理天下之財者莫如法。」〔註 4〕二程認為：「凡為政，須立善法。」〔註 5〕這種思想表現在海外貿易立法上，就是要充分調動外商來華貿易的積極性，保證封建國家的財政收入，也就是統治者所說的「徠遠人，通貨賄」，「助國用，懋商賈」。

2. 招徠遠人，以通貨賄

從北宋太宗以來，宋朝皇帝都對積極發展海外貿易有自覺的認識。北宋熙雍四年（987）五月，宋太宗就曾「遣內侍八人，齎敕書、金帛，分四綱，各往海南諸蕃國勾招進奉，博買香藥、犀牙、真珠、龍腦。每綱遣空名詔書三道，於所至所賜之。」〔註 6〕真宗晚期，廣州海外商人來往不多。仁宗即位不久即令廣州知府與轉運司籌劃招誘安撫商人的辦法。《宋會要輯稿》職官四四之五載：「（仁宗天聖）六年七月十六日詔，廣州今年蕃舶罕至，令本州與轉運司招誘安存之」。宋神宗時，不僅對來華貿易的商人多有獎賞，而且還專門制定了管理海外貿易活動，保護外商合法權益的「元豐條法」。〔註 7〕此後，每每受到南宋皇帝的讚美和回顧。宋高宗說：「市舶之利頗助國用，宜循舊法，以招徠遠人，阜通貨賄」。〔註 8〕孝宗則於隆慶二年七月二十五日發布敕令，

〔註 2〕 （宋）佚名：《宋大詔令集》卷二百，司義祖編，中華書局 1962 年版，第 739 頁。

〔註 3〕 （宋）李攸：《宋朝事實》卷十六，商務印書館 1936 年版，第 241 頁。

〔註 4〕 （宋）王安石：《翰林學士除三司使制》，載曾棗莊、劉琳主編：《全宋文》第 63 冊，上海辭書出版社、安徽教育出版社，第 48 頁。

〔註 5〕 （宋）程顥、程頤：《二程集》上冊，《河南程氏遺書》卷十七，中華書局 2004 年版，第 179 頁。

〔註 6〕 （清）徐松：《宋會要輯稿》職官四四，第 7 冊，劉琳等校點，上海古籍出版社 2014 年版，第 4204 頁。

〔註 7〕 （清）徐松：《宋會要輯稿》職官四四，第 7 冊，劉琳等校點，上海古籍出版社 2014 年版，第 4206 頁。

〔註 8〕 （清）徐松：《宋會要輯稿》職官四四，第 7 冊，劉琳等校點，上海古籍出版社 2014 年版，第 4216 頁。

要求各州縣「推明神宗皇帝立法之意，使商賈懋遷，以助國用」。〔註9〕

3. 創法講求，以獲厚利

宋神宗於熙寧二年九月在給發運司副使薛向的詔令中說：「東南利國之大，舶商也居其一焉。昔錢、劉竊取浙、廣，內足自富，外足抗中國者，亦由籠海商得術也。」〔註10〕因此，他要求臣下在制定法律時應用心體察朝廷鼓勵蕃商來華貿易之苦心，以便增加財政收入。他說：「卿宜創法講求，不惟歲獲厚利，兼使外藩輻輳中國，亦壯觀一事也」。〔註11〕

在上述思想指導下，兩宋王朝立法活動的側重點在於：以各種方式保障外商來華貿易的積極性，以增添封建國家的財政收入。

二

我國的海外貿易活動，歷史悠久。早在西周與秦漢時期，中國人就開闢了與海外貿易的南海通道。至唐，正式成立了管理海外貿易活動的市舶機構，〔註12〕並設官立制來調整對外貿易中新出現的社會關係。但依法系統管理海外貿易，採取多種措施鼓勵外商來華的，當從宋朝始。宋王朝不僅通過基本法典《宋刑統》的有關規定確認外商及其家人、親屬的財產所有權，還不斷的頒布敕令、條例，以保障海外貿易活動的正常進行。兩宋王朝有關海外貿易的編敕著律活動，主要記載於《宋刑統》《宋大詔令集》《慶元條法事類》《宋會要輯稿》職官、食貨、蕃夷、刑法的有關部分，及《續資治通鑒長編》《宋史·食貨志》《文獻通考》《玉海》《古今圖書集成·祥刑典》《歷代名臣奏議》等幾部主要的典籍中。但由於時間的長久及資料的亡佚錯亂，我們已無法再現兩宋王朝有關海外貿易立法的全貌。所幸的是，蘇軾的《東坡七集》《蘇軾文集》及朱彧的《萍洲可談》等還較為詳細的保留了有關編敕的內容，使我們得以根據上述典籍及有關筆記小說的考證，對兩宋王朝的海外貿易立法有一個大概的瞭解。

〔註9〕（清）徐松：《宋會要輯稿》職官四四，第7冊，劉琳等校點，上海古籍出版社2014年版，第4217頁。

〔註10〕（清）黃以周等：《續資治通鑒長編拾補》卷五，神宗熙寧二年，中華書局2004年版，第239頁。

〔註11〕（清）黃以周等：《續資治通鑒長編拾補》卷五，神宗熙寧二年，中華書局2004年版，第240頁。

〔註12〕（宋）馬端臨：《文獻通考》卷六二，職官考十六，第3冊，中華書局2011年版，第1868頁。

1.《宋刑統》的部分規定及北宋前期所頒布的單行法令

兩宋的海外貿易立法就形式而言，主要是兩大類。一是律，二是單行的法令與條規。前一種規定在宋王朝的基本法典《宋刑統》之中；後一種稱之為市舶條法或條例、條貫，散見於朝廷頒布的各類敕令詔書中。

北宋建國之初，東南沿海的廣州、杭州、福州、泉州等地，尚在南漢、吳越封建割據政權陳洪進集團的控制之下，因此宋王朝的海外貿易活動尚未普遍展開。故建隆四年（963年），頒布的《宋刑統》雖增設了「死商錢物（諸蕃人及波斯附）門」，但基本上只是援用了唐代的有關律令。其中，涉及海外貿易活動的條款，主要集中在對蕃商遺產的處理上。《宋刑統》卷十二《死商錢物》（諸蕃人及波斯附）載：「準唐大和五年（831年）二月十三日和大和八年（834年）八月二十三日敕節文」之規定：凡中外客商遺產，由隨行的父母、嫡妻及男、親兄弟、未嫁姊妹、女親姪男繼承。其中，如唯一繼承人為妻或未嫁姊妹，只能繼承財產的一部分，其餘入官。如果沒有隨行家屬的親族，先由官府保管，待其繼承人到達後奉還，如果無人繼承，則入官府。〔註13〕

此外，該卷「死商錢物門」還援用了後周顯德五年（958年）七月七日敕條，在適當照顧外商利益的前提下，強調了對國家主權原則的維護。該條規定：「死商錢物如有父母、祖父母、妻，不問有子無子，及親子孫男女，並同居大功以上親幼小者，亦同成人，不問隨行與不隨行，並可給付。如無以上親，其同居小功親，及出嫁親女，三分財物內取一分，均給之。餘產及別居骨肉不在給付之限。其蕃人、波斯身死財物，如燦然有同居親的骨肉在中國者，並可給付。其在本土者，雖來認識，不在給付。」〔註14〕

自宋太祖開寶四年（971）至宋真宗咸平年間，隨著南漢、吳越陳洪進集團的納土歸順，宋朝的海外貿易活動逐漸增多。宋廷除依法於廣州、杭州、明州設置市舶司機構外，開始頒布單行法令以保障海外貿易活動的正常開展。其內容的側重點有四：第一，進行海外貿易，無論是官營、私營，均須經宋廷批准；第二，鼓勵外商來華；第三，禁止內外官員和親信直接從事海外貿易活動；第四，禁止市舶官員利用職權擅收蕃商貨物。史載：太宗太平興國元

〔註13〕（宋）竇儀等：《宋刑統》卷十二，吳翊如點校，中華書局1984年版，第199～200頁。

〔註14〕（宋）竇儀等：《宋刑統》卷十二，吳翊如點校，中華書局1984年版，第200頁。

年（976）五月，「詔：敢與蕃商貿易，計其值滿一百文以上，量科其罪；過十五千以上，黥面配海島，過此數者押送赴闕。婦人犯者，配充針工。淳化五年（995）二月又申其禁，四貫以上徒一年，遞加至二十貫以上，黥面配本地充役兵。」〔註15〕「端拱二年五月，詔：自今商旅出海外蕃國販易者，須於兩浙市舶司陳牒，請官給券以行，違者沒入其寶貨。」〔註16〕「（至道元年）六月，詔：市舶司監官及知州、通判等，今後不得收買蕃商雜貨及違禁物色。如違，當重置之法。」〔註17〕同年三月詔，「內外文武官僚敢遣親信於化外販鬻者，所在以姓名聞。」〔註18〕

按照宋朝立法的慣例，從單行法令的頒布，到彙集諸如此類的規定，刪去重複，編纂成冊公布於世，尚需一段時間。據《玉海》《宋會要輯稿》《宋史》等典籍的記載，宋自太祖建隆始即有編敕活動，但北宋真宗前是否進行有關海外貿易方面的專門編敕活動，因史載不詳，目前尚難斷定。

2. 宋仁宗至宋神宗前期的慶曆、嘉祐、熙寧編敕

北宋仁宗時，承平百年，商賈大興，宋代的經濟獲得了全面發展。隨著國內市場的擴展及經濟的繁榮，宋統治者也格外重視依法調整海外貿易活動，神宗熙寧年間，王安石新法雖對商人的活動有所限制，但宋廷並沒有因此而改變積極發展海外貿易的總方針。慶曆、嘉祐、熙寧編敕的頒布，便是宋廷依法調整海外貿易活動的極好說明。

據《宋史·刑法志》《宋會要輯稿》及《續資治通鑒長編》的記載，慶曆編敕由宰相賈昌朝主持，於八年（1048）四月上報修訂完成，計二十卷，另有通貫全部提綱挈領性的敕文總例一卷。嘉祐編敕的年月日不詳。熙寧編敕時，宋廷專門就此設立了「詳定敕令所」，史稱「設局修敕」。其工作分兩部分，一部分是準備將來創立敕令格式統編的法典，一部分是繼續獨立編敕，以供當前的需要。《熙寧編敕》共 427 卷，分三次完成。熙寧六年（1073）八月由王

〔註15〕（清）徐松：《宋會要輯稿》職官四四，第 7 冊，劉琳等校點，上海古籍出版社 2014 年版，第 4203 頁。

〔註16〕（清）徐松：《宋會要輯稿》職官四四，第 7 冊，劉琳等校點，上海古籍出版社 2014 年版，第 4204 頁。

〔註17〕（清）徐松：《宋會要輯稿》職官四四，第 7 冊，劉琳等校點，上海古籍出版社 2014 年版，第 4204 頁。

〔註18〕（清）徐松：《宋會要輯稿》職官四四，第 7 冊，劉琳等校點，上海古籍出版社 2014 年版，第 4204 頁。

安石上報完成二十六卷，七年（1074）三月又上報完成《三司敕式》四百卷，十年（1077）十二月詳定敕令所上報完成《熙寧詳定刑部敕》一卷。

這些卷帙浩繁、條數眾多的敕令，究竟有多少是關於海外貿易的，現已無法考證，但有一點可以肯定，仁宗至神宗年間的海外貿易立法比原來又有進一步的發展。據《蘇軾文集》《歷代名臣奏議》及《宋會要輯稿》等文獻的記載，上述編敕的主要內容如下：

第一，為了防止商人因出海與遼國勾結，危害國家的安全，律令嚴禁商販往高麗、新羅及登萊州界。第二，往他州興販者，須先向官府申請，經批准後，發給公憑，方為合法。第三，須在申請書上列明所販貨物的名稱及去往某地。第四，須有本地三名具有財產實力的人聯名具保。第五，不許夾帶違禁（及禁榷範圍內的物品）物品及有關製造軍工器物的生產原料。第六，違反上述規定者，許人告捉，一半支付告人。

據《蘇軾文集》所載，上述編敕的全文如下：

一、《慶曆編敕》：客旅於海路商販者，不得往高麗、新羅及登萊州界。若往余州，並須於發地州、軍，先經官司投狀，開坐所載行貨名件，欲往某州、軍出賣。許召本土有物力居民三名，結罪保明，委不夾帶違禁及堪造軍器物色，不至過越所禁地分。官司即為出給公憑。如有違條約及海船無公憑，許諸色人告捉，船物並沒官，仍估物價錢，支一半與告人充賞，犯人科違制之罪。

一、《嘉祐編敕》：客旅於海道商販者，不得往高麗、新羅及至登萊州界。若往余州，並須於發地州、軍，先經官司投狀，開坐所載行貨名件，欲往某州、軍出賣。許召本土有物力居民三名結罪，保明委不夾帶違禁及堪造軍器物色，不至越過所禁地分。官司即為出給公憑。如有違條約及海船無公憑，許諸色人告捉，船物並沒官，仍估納物價錢，支一半與告人充賞，犯人以違制論。

一、《熙寧編敕》：諸客旅於海道商販，於起發州投狀，開坐所載行貨名件，往某處出賣。召本土有物力戶三人結罪，保明委不夾帶禁物，亦不過越所禁地分。官司即為出給公憑。仍備錄船貨，先牒所往地頭，候到日點檢批鑿公憑訖，卻報元發牒州，即乘船。自海道入界河，及往北界高麗、新羅並登萊界商販者，各徒二年。〔註19〕

〔註19〕（宋）蘇軾撰，（明）茅維編：《蘇軾文集》卷三一，《乞禁商旅過外國狀》，第 3 冊，孔凡禮點校，中華書局 1986 年版，第 888～890 頁。

以上《蘇軾文集》所載，並非此時期宋廷編敕的全部內容。從《宋會要輯稿》職官四四及陳裕菁所譯的《蒲壽庚考》的記載看，宋王朝此時期頒布的還有「偷稅法」與「化外人私相貿易罪賞法」等。儘管如此，嘉祐、慶曆、熙寧年間的編敕在調整海外貿易活動出現的各種社會關係時，仍存在著明顯不足。概言之，有如下三點：一是敕令內容互有舛訛、重複，二是就關稅及抽解的問題，沒有一個統一的規定，三是對廣州、明州、杭州市舶司的管轄範圍，沒有做出明確的劃分。這就為「元豐市舶條法」的修訂提供了契機。

3. 元豐年間「廣州市舶條法」的修訂

據《續資治通鑒長編》及《宋會要輯稿》的記載，宋神宗熙寧九年（1076）「五月二日，中書門下言：給事中、集賢殿修撰程師孟乞罷杭州、明州市舶司，只就廣州一處抽解。」[註20]於是，朝廷下令，「令師孟赴三司，同共其詳議利害以聞。」師孟與三司商議後，提出了「先次刪立抽解條約」的建議，但宋廷唯恐不能總括各州事宜，特命三司與師孟從長計議，詳定施行。[註21]這次修訂，不知何故，拖延了很久，直到元豐三年（1080年）八月，方才完成。史稱「各州市舶條法」或稱「元豐法」。[註22]《續資治通鑒長編》載「（元豐三年八月二十二日）中書言，各州市舶條法以修訂，乞專委官推行，詔廣東以轉運副使孫迴，廣西以轉運使陳倩，兩浙以轉運副使周直儒，福建以轉運判官王子京，迴、直儒兼提奉推行，倩、子京兼覺察拘闌，其廣南東路安撫使更不帶市舶使」。這說明「元豐市舶條法」不僅行於廣州，而且遍行於其他諸路，宋謂之「海行」。

「元豐法」的詳細內容已不可考，從蘇軾的記載及《宋會要輯稿》的有關材料看，與嘉祐、慶曆、熙寧的編敕相比，此次條法主要是明確了廣州、杭州、明州三市舶司的管轄範圍，並加強了市舶司官員的職責。《蘇軾文集》記載奏議稱：「元豐三年八月二十三日中書札子節文：『諸非廣州市船司，輒發過南蕃綱舶船，非明州市舶司，而發過日本、高麗者，以違制論，不以赦降去官原減。諸商賈由海道販諸蕃，惟不得至大遼國及登萊州。即諸蕃願附船入

〔註20〕（清）徐松：《宋會要輯稿》職官四四，第 7 冊，劉琳等校點，上海古籍出版社 2014 年版，第 4206 頁。

〔註21〕（清）徐松：《宋會要輯稿》職官四四，第 7 冊，劉琳等校點，上海古籍出版社 2014 年版，第 4206 頁。

〔註22〕（清）徐松：《宋會要輯稿》職官四四，第 7 冊，劉琳等校點，上海古籍出版社 2014 年版，第 4206 頁。

貢或商販者。聽。』」〔註23〕

　　這表明，宋廷已改變了原來不許商船去日本、高麗經商的規定，只是要求須經明州市舶司的批准。實際上，早在元豐二年（1079），宋廷就已正式頒布法令，允許去高麗通商。《續資治通鑒長編》載：「元豐二年正月戊子詔，舊明州括索自來入高麗商人財本及五千緡以上者，令明州籍其姓名，召保識，歲許出引發船二隻，往交易非違禁物，仍次年即回；其發無引船者，依盜販法。先是，禁私販高麗者，然不能絕。至是復與中國通，故立是法。」〔註24〕

　　「元豐條法」制定後，宋政府仍在不斷的續降指揮、條法，在是否允許去高麗、新羅及登萊州問題上，時開時禁，前後矛盾，給執行造成了不少困難。哲宗元祐年間，蘇軾曾就此指出，自嘉祐以來諸編敕內容互相矛盾重複。特別是對元豐二年以來宋廷頒布的敕令，蘇軾尤持批評態度。他說：「勘會元豐八年九月十七日指揮，最為害事，將祖宗以來禁入往高麗、新羅條貫，一時削去，又許商賈得擅帶諸蕃附船入貢。因此，致前件商人徐戩、王應異、李球之流，得行其奸。今來不可不改。」〔註25〕為此，他請求「三省密院相度裁定，一依慶曆、嘉祐《編敕》施行」。〔註26〕應當說，蘇軾的批評有其合理的一面，法律內容上矛盾必然會在實踐中造成混亂，使人不知所從。但蘇軾要統治者完全禁止商人去高麗經營海外貿易，則是不合時宜的。因為通商既有利於宋廷的財政收入與發展兩國的友好情誼。同時通商自元豐以來，已成大勢，且有利於經濟的發展，故宋廷並未對此作出積極反應。徽宗崇寧五年（1106）因元豐條法，與後來的續降指揮在商船回港時於何處抽解的問題上互相衝突，朝廷特下令說：「元豐三年舊條只得卻赴廣州抽解，後來續降，沿革不同。今則許於非元發舶州往舶抽買。緣此大生奸弊，虧損課額。可將元豐三年八月舊條與後來續降沖改參詳，從長立法，遵守施行。」〔註27〕但

〔註23〕　（宋）蘇軾撰，（明）茅維編：《蘇軾文集》卷三一，《乞禁商旅過外國狀》，第 3 冊，孔凡禮點校，中華書局 1986 年版，第 891 頁。

〔註24〕　（宋）李燾：《續資治通鑒長編》卷二九六，第 12 冊，中華書局 2004 年版，第 7194～7195 頁。

〔註25〕　（宋）蘇軾撰，（明）茅維編：《蘇軾文集》卷三一，《乞禁商旅過外國狀》，第 3 冊，孔凡禮點校，中華書局 1986 年版，第 891 頁。

〔註26〕　（宋）蘇軾撰，（明）茅維編：《蘇軾文集》卷三一，《乞禁商旅過外國狀》，第 3 冊，孔凡禮點校，中華書局 1986 年版，第 891 頁。

〔註27〕　（清）徐松：《宋會要輯稿》職官四四，第 7 冊，劉琳等校點，上海古籍出版社 2014 年版，第 4207 頁。

此次，仍未得出結果。

4. 南宋修法未果局面的出現及其對市舶條法的部分發展

宋室遷江左之後，雖然淮河以北土地淪喪，但南宋政權於立足稍穩，仍繼續奉行積極發展海外貿易的政策。就立法而言，南宋原則上沿用北宋的市舶條法。紹興二十九年（1159）九月二日御史臺檢法官、兼管市舶務張闡上奏說，他在負責管理市舶司的二年中，深感朝廷無統一法制之弊，他要求宋廷制定出統一適用的市舶條法，以防止貪官污吏上下其手，從中舞弊。他說：「比者叨領舶司，僅及二載，竊常求其利害之灼然者，無若法令之未修。何者？福建、廣南各置務於一州，兩浙市舶務乃分建於五所，三路市舶相去各數千里，初無一定之法。或本於一司之申請而他司有不及知，或出於一時之建明而異時有不可用，監官之或專或兼，人吏之或多或寡，待夷夏之商或同而或異，立賞刑之制或重而或輕。以至住舶於非發舶之所，有禁有不禁，買物與非產物之地，有許有不許。若此之類，不可枚舉，故官吏無所遵守，商賈莫知適從，奸吏舞文，遠人被害，其為患深，欲望有司取前後累降指揮及三路節次申請，釐析刪修，著為一司條例。」〔註 28〕對此，宋廷下詔，令諸路報告各自抄錄執行的條法，並「委官詳定」，準備加以統一增刪。但此次修訂仍未取得什麼結果。此後，宋廷雖不時對市舶條法作一些局部修訂與增刪，但直至南宋滅亡前，始終沒有制定出一部完整的市舶條法。

與北宋相比，南宋統治者除了在立法方面繼續奉行祖宗積極發展海外貿易的方針外，主要是通過單行敕令的頒布，補充和嚴密北宋以來的有關規定。其發展主要有三個方面：第一，加強了市舶官員的法律責任，此方面制定的法規有，「推賞條格」、「守臣五事例」、「殿最賞罰條格」等。紹興三年，宋廷發布敕令稱：「若諸州通判不依法躬親入務同監官抽買，亦乞令提刑司按劾施行。」第二，完備了獎勵蕃商來華的措施，如推恩、授官、免除及減輕稅收等。第三，對粗野貨物的分類及押運的程限、責任，分別作了規定。〔註 29〕

綜上，有宋一代的海外貿易立法如同其他方面的立法一樣，主要是以編敕及發布單行法令的方式進行。儘管受客觀條件的限制，如半壁江山的維持，

〔註 28〕 （清）徐松：《宋會要輯稿》職官四四，第 7 冊，劉琳等校點，上海古籍出版社 2014 年版，第 4217 頁。

〔註 29〕 （清）徐松：《宋會要輯稿》職官四四，第 7 冊，劉琳等校點，上海古籍出版社 2014 年版，第 4212 頁。

海外貿易的季節性及複雜性等，終宋之世並沒有制定出一部完整的市舶條法。
但宋王朝在積極發展海外貿易的思想指導下，在長達三百多年的統治中，頒
布了一系列的有關海外貿易的單行法令，並進行了數次編敕活動。這些散見
在各種史籍之中的法規條令，既是兩宋王朝整個立法活動中的重要組成部分，
也是中國法制史上值得研討的領域之一。

宋代吸引外商的法律措施敘論〔註1〕

　　我國自漢唐至宋元，封建國家實行的經濟政策都是鼓勵發展海外貿易的，但在法律上對此詳細規定自宋朝才開始。有宋一代的市舶條法，不僅規定了對發展海外貿易有功官員的獎勵制度，還在吸引外商方面作了較為系統的規定，值得我們總結和借鑒。

一、積極發展海外貿易，鼓勵外商來華

　　1. 加強官吏職責，確保海外貿易的發展。「徠遠人，通貨賄」是北宋開國以來既定的國策和立法指導思想，而負責管理海外貿易的各級官吏則是落實這一立法意圖的直接執行人員，關係到海外貿易的興衰，故為宋廷所重。史稱：紹興二十一年閏四月四日，「上曰：提舉市舶官委寄非輕，若用非其人，則措置失當，海商不至矣。」〔註2〕是故，宋王朝除了頻頻下詔，要求各級官吏推明祖宗立法之意，用心招誘外商外，還依法提拔有功人員。史載宋高宗之言：「廣州市舶司遞年有蕃商，息錢如及額，許補官，此祖宗舊制。」〔註3〕《宋史·食貨下》記有南宋紹興六年（1136年）規定：「諸市舶綱首能招誘舶船，抽解貨物，累價及五萬貫十萬貫者，補官有差」，「閩、廣舶務監官抽買乳香每及一百萬兩，轉一官」。〔註4〕

〔註1〕本文與張中秋合作。原載於《法學研究》1993年第4期。
〔註2〕（清）徐松：《宋會要輯稿》職官四四，第7冊，劉琳等校點，上海古籍出版社2014年版，第4216頁。
〔註3〕（清）徐松：《宋會要輯稿》職官四四，第7冊，劉琳等校點，上海古籍出版社2014年版，第4217頁。
〔註4〕（元）脫脫等：《宋史》卷一百八十五，《食貨下》，第13冊，中華書局1977年版，第4537～4538頁。

可見，宋廷對那些能夠招徠外國商船，增加市舶收入的官吏和綱首〔註5〕，或授以官職，或提前陞轉。其規定從北宋業已開始。對不能履行職責，致使市舶虧損者，宋王朝則依法予以降職處分。宋高宗紹興十六年「九月二十五日宰執進呈廣南市舶司繳進三佛齊國王寄市舶官書，且言近年商販乳香頗有虧損。上曰：『市舶之利頗助國用，宜循舊法以招徠遠人，阜通貨賄。』於是降右朝散大夫、提舉福建路常平茶事袁復一一官，以前任廣南市舶虧損蕃商物價，故有是命」。〔註6〕

2. 以禮優待外商，提高其來華貿易的積極性。宋時，海外諸國來華貿易的商人，史書統稱為蕃商，宋王朝對蕃商採取積極招誘的態度，依法設立專門的管理組織，給外商一定的自主權。兩宋時期，廣州、泉州諸港口城市裏聚集著大量來華貿易的蕃商，他們有的家資百萬，長住不歸。《蒲壽庚考》稱：「蕃坊橋商。冬季多歸其國。其不歸者亦多。謂之住唐。亦有五年十年不歸。長居蕃坊者。」〔註7〕這裡所謂「蕃坊」，就是宋政府在廣州、泉州諸港口依法設立的管理外國商人活動的專門機構。史載：「廣州蕃坊，海外諸國人聚居，置蕃長一人，管勾蕃坊公事，專切招邀蕃商入貢，用蕃官為之。」〔註8〕依照宋代法令，蕃坊的長官為蕃長，其職多由資深望高的外商擔任，但必須經過宋政府的任命。《宋史》載：「熙寧中（1068～1077年），其（大食）使辛押陁羅乞統察蕃長司公事，詔廣州裁度。」〔註9〕

蕃長的職責有二：一是用心體察皇帝立法之意，「專切招邀蕃商」。陳裕青在《蒲壽庚考》注中提到「蕃長之職責」：「《萍州可談》卷二謂蕃長職掌『專切招邀蕃商』」。〔註10〕又《宋史·外國》「大食國」舶主蒲希密上表曰：「昨在本國，曾得廣州蕃長寄書招諭，令入京貢奉，盛稱皇帝盛德，布寬大之澤，詔下廣南，寵綏蕃商，阜通遠物。」〔註11〕二是依其本國法律和習俗處斷蕃人之

〔註5〕「綱首」一般是指船長或船隊的首領，「抽解」則意同現在的海關稅。

〔註6〕（清）徐松：《宋會要輯稿》職官四四，第7冊，劉琳等校點，上海古籍出版社2014年版，第4216頁。

〔註7〕（日）桑原騭藏：《蒲壽庚考》，陳裕菁譯訂，中華書局2009年版，第38頁。

〔註8〕（宋）朱彧：《萍洲可談》卷二，李偉國點校，中華書局2007年版，第134頁。

〔註9〕（元）脫脫等：《宋史》卷四百九十《外國六》，第40冊，中華書局1977年版，第14121頁。

〔註10〕（日）桑原騭藏：《蒲壽庚考》，陳裕菁譯訂，中華書局2009年版，第44頁。

〔註11〕（元）脫脫等：《宋史》卷四百九十，《外國六》，第40冊，中華書局1977年版，第14119頁。

間輕微的案件。朱彧《萍州可談》記載:「蕃人有罪,詣廣州鞫實,送蕃坊行遣,縛之木梯上,以藤杖撻之。自踵至頂。每藤杖三下折大杖一下。蓋蕃人不衣褌綺,喜坐地,以杖臀為苦,反不畏杖脊。徒以上罪則廣州決斷。」〔註12〕

　　從上述史料來看,宋王朝一方面賦予外商一定的自主權,如自選蕃長,蕃長有權依本國習俗處斷輕案等。之所以如此,是為了調動外商來華的積極性,同時又方便了對外商的管理。另一方面,宋王朝在對蕃長的任命及刑案的管轄上充分行使著國家主權。宋之蕃坊不同晚清的租界,其蕃長的權力也不是近代國際法意義上的「治外法權」,更不能等同於晚清時西方列強在中國攫取「領事裁判權」。它只是宋政府奉行以禮懷柔遠人、招徠外商來華貿易政策的具體表現形式。《宋史·王渙之傳》載:「(渙之)知福州,未至,復徙廣州。蕃客殺奴,市舶使據舊比,止送其杖笞,渙之不可,論如法。」〔註13〕另有「(汪大猷知泉州)故事,蕃商與人爭鬥,非折傷罪,皆以牛贖。大猷曰:『安有中國用島夷俗者,苟在吾境,當用吾法。』」〔註14〕這裡的與人爭鬥,究竟是與宋人,抑或蕃人之間,因史載不詳,已無從確知。但從總的來看,宋仍在沿用唐律之精神。當然,由於宋時海外貿易較唐更為昌盛,來華外商比唐朝更加廣泛,許多蕃商長住中國不歸,有的雜居民間,與華人通婚,故在生活中,當其與宋人發生糾紛時,宋王朝往往照顧其風俗習慣,以示優容。樓鑰《攻媿集》卷88《贈特進汪會行狀》記載:「蕃客雜處民間,而舊法與郡人爭鬥,非至折傷,皆用其國俗。」〔註15〕日本學者桑原騭藏說:「宋代獎勵互市,故僑蕃甚蒙優遇,縱有非法行為,每置不問,其同類相犯,唐代多聽以本國法律處置,華官不加干涉。宋代則尤寬蕃漢之間有犯罪事,苟非重大之事件,亦聽以彼等法律處分。」〔註16〕此論未必確當,但宋與唐比,的確在對蕃商案件處理中增添了靈活性。

〔註12〕 (宋)朱彧:《萍洲可談》卷二,李偉國點校,中華書局2007年版,第134頁。

〔註13〕 (元)脫脫等:《宋史》卷三四七,《王之渙》,第31冊,中華書局1977年版,第11001頁。

〔註14〕 (元)脫脫等:《宋史》卷四百,《汪大猷》,第35冊,中華書局1977年版,第12145頁。

〔註15〕 (宋)樓鑰:《敷文閣學士宣奉大夫致仕贈特進汪會行狀》,載曾棗莊、劉琳主編:《全宋文》第265冊,上海辭書出版社、安徽教育出版社2006年版,第181頁。

〔註16〕 (日)桑原騭藏:《蒲壽庚考》,陳裕菁譯訂,中華書局2009年版,第35頁。

3. 設宴犒勞外商及有功人員。兩宋時期，為了鼓勵海外貿易，每當舶商來往之際，市舶司往往依例設宴慰勞，遂為制度。宋謂之「犒設」或「設蕃」。《宋會要輯稿》稱：「高宗紹興二年（1132年）六月二十一日，廣南東路經略安撫提舉市舶司言：『廣州自祖宗以來興置市舶，收課入倍於它州，每欲乞依廣南市舶司體例，每年於遣發帆船之際，宴設諸國蕃商，以示朝廷招徠遠人之意。』從之。」陳先生認為：「犒設又可曰設蕃。廣州設宴處為海山樓。」〔註17〕「每年十月蕃商歸國之際，華官舉行慰勞送別之宴，視為常例，謂之犒設。」〔註18〕宋政府除每年十月以例宴諸外商外，還對招徠外商的有功官員，派使賜宴慰勞。《宋史‧馬亮傳》記：「以右諫議大夫知廣州，⋯⋯海舶久不至，使招徠之。明年，至者倍其初，珍貨大集。朝廷遣中使賜宴以勞之。」〔註19〕

4. 市舶綱首招徠外商多者可授官。宋代發展海外貿易的措施是，對招誘舶商來華貿易達到一定數量的外商及市舶綱首直接授予官職。因為「互市盛則關稅多，多則國庫增矣。故宋室不惜授官蕃商，以資獎勵。」〔註20〕南宋紹興六年（1138）規定：「諸市舶綱首能招誘舶舟、抽解貨物、累價及五萬貫十萬貫者，補官有差。」〔註21〕《宋會要輯稿》載：「（紹興）六年十二月十三日詔：蕃舶綱首蔡景芳特與補承信郎。以福建路提舉市舶司言景芳招誘販到物貨，自建炎元年至紹興四年，收淨利錢九十八萬餘貫，乞推恩故也。」〔註22〕又「紹興六年八月二十三日，提舉福建路市舶司上言：『大食蕃客蒲羅辛造船一支，般載乳香投泉州市舶，計抽解價錢三十萬貫，委是勤勞，理當優異。』詔：『蒲羅辛特補承信郎，仍賜公服、履笏，仍開諭以朝廷存恤遠人、優異推賞之意。俟回本國，令說喻蕃商廣行般販乳香前來。如數目增多，依次推恩。餘人除犒設外，更與支給銀、綵。』」〔註23〕

〔註17〕　（日）桑原騭藏：《蒲壽庚考》，陳裕菁譯訂，中華書局2009年版，第46頁。

〔註18〕　（日）桑原騭藏：《蒲壽庚考》，陳裕菁譯訂，中華書局2009年版，第45頁。

〔註19〕　（元）脫脫等：《宋史》卷二百九十八，《馬亮》，第28冊，中華書局1977年版，第9916頁。

〔註20〕　（日）桑原騭藏：《蒲壽庚考》，陳裕菁譯訂，中華書局2009年版，第45頁。

〔註21〕　（元）脫脫等：《宋史》卷一八五，《食貨下七》，第13冊，中華書局1977年版，第4537頁。

〔註22〕　（清）徐松：《宋會要輯稿》職官四四，第7冊，劉琳等校點，上海古籍出版社2014年版，第4214頁。

〔註23〕　（清）徐松：《宋會要輯稿》蕃夷四，第16冊，劉琳等校點，上海古籍出版社2014年版，第9829頁。

5. 允許蕃商與宋官民之家通婚。《宋會要輯稿》高宗紹興七年（1137）條：「大商蒲亞里者既至廣州，有右武大夫曾納利其財，以妹嫁之，亞里因留不歸。」〔註24〕又《萍州可談》載：「元祐間（1086～1094），廣州蕃坊劉姓人娶宗女，官至左般殿直。劉死，宗女無子，其家爭分財產，遣人撾登聞院鼓。朝廷方悟宗女嫁夷部，因禁止，三代須一代有官，乃得娶宗女。」〔註25〕既然宋王朝允許在一定條件下可與宗室通婚，可推而論之，外商在華與宋官吏及民家通婚，當是法律所允許的。

二、保護外商財產，允許外商越訴

宋一系列保護外商，招誘外商的法律措施，刺激了外商來華貿易的積極性。兩宋之時，不僅來華貿易的蕃商絡繹不絕，而且有的長住中國，達五世之久，家資數百萬。對這些久居中國的蕃商財產，宋代市舶條法及律令是加以保護的。宋徽宗政和四年（1114）五月十八日詔令規定：「諸國蕃客到中國居住已經五世，其財產依海行無合承分人及不經遺囑者，並依戶絕法，仍入市舶司拘管。」〔註26〕對此，陳先生進一步分析說：「宋時處置蕃商遺產，與華人通行戶絕法無殊，規定五世者，本於中國五世親盡之義，然征諸實際，宋代蕃商雖未經五世，死後苟無近親，其遺產亦依戶絕法沒官。」〔註27〕這裡所說的戶絕法，指的是《宋刑統》「戶絕資產」、「死商錢物」等條的規定，其對外商遺產的處理，可分以下三種情況：

第一，「死波斯及諸蕃人資財貨物等，伏請依諸商客例，如有父母、嫡妻、男女、親女、親兄弟元相隨，並請給還。」〔註28〕

第二，「其蕃人、波斯身死財物，如灼然有同居親的骨肉在中國者，並可給付。」〔註29〕

〔註24〕（清）徐松：《宋會要輯稿》職官四四，第 7 冊，劉琳等校點，上海古籍出版社 2014 年版，第 4214 頁。

〔註25〕（宋）朱彧：《萍洲可談》卷二，李偉國點校，中華書局 2007 年版，第 138 頁。

〔註26〕（清）徐松：《宋會要輯稿》職官四四，第 7 冊，劉琳等校點，上海古籍出版社 2014 年版，第 4208 頁。

〔註27〕（日）桑原騭藏：《蒲壽庚考》，陳裕菁譯訂，中華書局 2009 年版，第 175 頁。

〔註28〕（宋）竇儀：《宋刑統》卷十二，戶婚律，吳翊如點校，中華書局 1984 年版，第 199 頁。

〔註29〕（宋）竇儀：《宋刑統》卷十二，戶婚律，吳翊如點校，中華書局 1984 年版，第 200 頁。

第三，根據戶部的奏請，蕃商死後，「在室親姊妹，亦請依前例三分內給一分。如死客有妻無男女者，亦請三分給一分。敕旨宜依。」〔註30〕

在實際生活中，宋王朝除依法處理外商財產外，還根據不同的具體情況以靈活的方式處分，以體現宋廷廣施仁政、體恤外商之意。南宋時，「真理富國大商死於（明州）城下，囊齎鉅萬，吏請沒入，王曰：『遠人不幸至此，忍因以為利乎？』」〔註31〕這件事的處理使真理富國王感動不已，次年，他向宋王朝致謝說：「吾國貴近亡沒，尚籍其家。今見中國仁政，不勝感慕，遂除籍沒之例矣。」〔註32〕

對於海上遭遇風波的船舶，宋王朝特立「防守、盜縱、詐冒斷罪法」給予保護。史記：「蕃舶為風飄著沿海州界，若損敗及舶主不在，官為拯救。錄物貨，許其親屬召保認還，及立防守盜縱詐冒斷罪法。從之。」〔註33〕

我國自唐以來，封建法律一般禁止越訴，但宋王朝卻允許外商在受到損害時可以越訴。史載：「（南宋寧宗）開禧三年（1207）正月七日，前知南雄州聶周臣言：『泉、廣各置舶司以通蕃商，比年蕃船抵岸，既有抽解，合許從便貨賣。今所隸官司擇其精者，以售低價，諸司官屬復相囑託，名曰和買。獲利既薄，怨望愈深，所以比年蕃船頗疏，徵稅暗損。乞申飭泉、廣市舶司，照條抽解和買入官外，其餘物貨不得毫髮拘留，巧作名色，違法抑買。如違，許蕃商越訴，犯者計贓坐罪，仍令比近監司專一覺察。』從之。」〔註34〕這段史料說明，一方面當時封建官員侵奪外商貨物現象的普遍；另一方面也意味著宋王朝對維護外商合法利益的重視。

三、嚴禁官員自營海外貿易，侵犯外商利益

海外貿易，獲利頗大，自古以來，封建社會就有許多朝廷命官利用職權

〔註30〕（宋）竇儀：《宋刑統》卷十二，戶婚律，吳翊如點校，中華書局1984年版，第200頁。

〔註31〕（宋）樓鑰：《皇伯祖太師崇憲靖王行狀》，載曾棗莊、劉琳主編：《全宋文》第265冊，上海辭書出版社、安徽教育出版社2006年版，第150頁。

〔註32〕（宋）樓鑰：《皇伯祖太師崇憲靖王行狀》，載曾棗莊、劉琳主編：《全宋文》第265冊，上海辭書出版社、安徽教育出版社2006年版，第150頁。

〔註33〕（清）徐松：《宋會要輯稿》職官四四，第7冊，劉琳等校點，上海古籍出版社2014年版，第4207頁。

〔註34〕（清）徐松：《宋會要輯稿》職官四四，第7冊，劉琳等校點，上海古籍出版社2014年版，第4221頁。

營私舞弊，牟取暴利。《南齊書・王琨傳》稱：「廣州刺史但經城內一過，便得三千萬也。」〔註35〕唐以來，嶺南之官因掌管市舶而致巨富者，史不絕書。宋朝自然也不例外。南宋張知甫《可書》稱：「燕瑛罷廣漕，還朝，載沉水香數十艦以遺宦寺，遂尹應天府。時人謂之香燕大尹。」〔註36〕官員的貪婪與侵奪行為嚴重損害了封建國家的利益，宋王朝為了保障海外貿易的順利進行，增加國庫的收入，便不斷頒布法令，以打擊官吏的侵奪行為。概括起來，其內容主要有三個方面：

1. 禁止權貴及其親信私自經營海外貿易。北宋太平興國初，朝廷下詔說：「（諸官）私與蕃國人貿易者，計值滿百錢以上論罪。十五貫以上黥面流海島，過此送闕下。淳化五年申具禁，至四貫以上徒一年，稍加至二十貫以上，黥面配本州為役兵。」〔註37〕太宗至道元年（995年）下詔說：「比來食祿之家，不許與民爭利。如官吏罔顧憲章，苟徇貨財，潛通交易。闌出微外，私市掌握之珍；公行道中，靡虞薏苡之謗。永言貪冒，深蠹彝倫。自今依令諸路轉運司指揮部內州縣，專切糾察，內外文武百僚敢遣親信於化外販鬻者，所在以姓名聞。」〔註38〕南宋孝宗乾道七年（1171年）詔「見任官將錢寄附綱首商旅過蕃買物者有罰。」〔註39〕《宋大詔令集》卷199有「禁文武官僚親信於化外販鬻詔」，惜內容已佚。

2. 禁止權貴及市舶官員利用職權和買蕃商貨物。宋代，官吏及市舶官員利用職權對外商財物進行侵奪剋扣，其方式有二：一是在管理海外貿易的活動中直接購買外商貨物。此種情況下，外商往往因害怕官吏的權勢而不敢按正常價格出售，只能「擇其精者，授以低價」〔註40〕，甚至分文不敢收取。二是假公濟私，名曰和買，實不給一錢。對此，宋王朝不得不三令五申，嚴加

〔註35〕（梁）蕭子顯：《南齊書》卷三十二，列傳第十三，《王琨》，中華書局1972年版，第578頁。

〔註36〕（宋）張知甫：《可書》，中華書局2002年版，第397頁。

〔註37〕（元）脫脫等：《宋史》卷一八六《食貨下八》，第13冊，中華書局1977年版，第4559頁。

〔註38〕（清）徐松：《宋會要輯稿》職官四四，第7冊，劉琳等校點，上海古籍出版社2014年版，第4204頁。

〔註39〕（宋）馬端臨：《文獻通考》卷二十，市糴考一，上海師範大學古籍研究所、華東師範大學古籍研究所點校，中華書局2011年版，第592頁。

〔註40〕（清）徐松：《宋會要輯稿》職官四四，第7冊，劉琳等校點，上海古籍出版社2014年版，第4221頁。

禁絕。至道元年（995 年）六月詔：「市舶司監官及知州、通判等，今後不得收買蕃商雜貨及違禁物色，如違，當重置之法。先是，南海官員及經過使臣，復請託市舶官，如傳語蕃長所賣香藥，多虧價值。至是，左正言馮拯奏其事。故有是詔。」又政和「三年七月十二日，兩浙提舉市舶司奏：『至道元年六月二十六日敕，應知州、通判、諸色官員並市舶司官、使臣等，今後並不得收買蕃商香藥、禁物，如有收買，其知、通、諸色官員並市舶司官並除名，使臣決配。』」〔註41〕這道法令於大觀三年推行到其他各路，應該說是一條非常嚴厲的法令。

3. 禁止官員貪污受賄。在管理海外貿易活動中，市舶司官員貪贓受賄的方式種類很多。綦宗禮《北海集》卷 35《季陵墓誌銘》稱：「郡當海貨所聚，稅入不貲，監者積習為奸，貪縱自如，至有八仙之目。」張守在《毗陵集》卷 13《魯詹墓誌銘》中說：「提舉福建市舶，舶司遠朝廷而多奇貨，吏鮮自清，商人也困於侵牟，公私兩弊！」對此，宋廷嚴令禁止。據《宋會要輯稿》職官四四、《宋史・刑法志》《慶元條法事類》等史料的記載，宋代有關市舶條法的詔令不僅嚴懲市舶司官吏私取舶商貨物的貪婪行為，而且也不准許官吏與舶船綱首勾結，過蕃買物，更不許將舶貨寄存官吏家中。史載：「諸寄物於品官或蕃客及押伴通事人以匿稅者，杖九十，受寄者，加一等，受財又加三等（蕃客並不坐）。」〔註42〕

應該指出，官吏貪贓本是封建社會的痼疾，僅憑几條法令不可能完全杜絕，況且真宗之後，宋統治者自亂其法，多以恩赦而矜貸贓吏。然而，兩宋王朝能在發展海外貿易的總方針下，通過法令獎勵有功的官員及市舶綱首，處罰貪官污吏，吸引外商，增加財政收入，確具有一定積極的意義，於今也有借鑒的價值。

〔註41〕（清）徐松：《宋會要輯稿》職官四四，第 7 冊，劉琳等校點，上海古籍出版社 2014 年版，第 4207～4208 頁。

〔註42〕楊一凡、田濤主編，戴建國點校：《中國珍稀法律典籍續編第 1 冊：慶元條法事類》卷三六，商稅，黑龍江人民出版社 2002 年版，第 548 頁。

宋代司法中的法理問題〔註1〕

　　所謂法理，就是法的基本原理。在人類文明史上，不同人文類型的法系，有著不同的法理。在中國古代，法的原理源自於中國文化的共通性。中國文化的共通性在於「道」，這個道，不單是道家「自然」之道，而是融宇宙、人生、社會於一體的本源之道，它雖無形無體，卻有著亙古不變之理。道由陰陽之兩元構成，二者互相依存，而在相互依存中，陽起著決定性的支配作用。宇宙萬物包括人生社會都必須遵循這個「道」。中國古人認為，萬物的原理是道，道之屬性為德，德之節目即德之內容為仁義禮智信。法之原理的內涵是指法之正當性的依據，在中國古代社會，法與禮共同構成了法的基本結構，這個結構的正當性源自於道德原理，其價值的最高範疇是追求社會之和諧，並導人向善。

　　因此，傳統中國法的基本原理集中指向一個「善」字。表現在司法與社會實踐中，就是倡導以博愛的胸懷和儒家的仁義精神為基礎，融「天理」、「國法」、「人情」於一爐，折獄斷案，平反冤屈，維護司法的公正與效率，實現物阜民豐、人倫大洽的美好道德理想。

　　由此而言，宋代司法中的法理問題，必須要結合宋代社會的歷史、政治、經濟及文化特點，因為法源於道，道又與人事、社會、司法相關聯。宋朝皇帝神宗曾言：「法出於道，人能體道，則立法足以盡事」。〔註2〕神宗所說的「道」，是一個抽象的概念，是北宋仁宗以來，士大夫們所反覆討論的治國之理，或治世之道。著名士大夫歐陽修認為：道是能夠指導人類行為的東西，不能到

〔註1〕本文原載於《公民與法（法學版）》2009 年第 3 期。

〔註2〕（元）脫脫等：《宋史》卷一九九，刑法一，第 15 冊，中華書局 1977 年版，第 4964 頁。

天地、神靈以及人的本性中去尋求，它就存在於人事與社會中。他說：「君子之於學也務為道，為道必求知古，知古明道，而後履之以身，施之於事，而又見於文章而發之，以信後世……孔子之言道曰：『道不遠於人』。言中庸者曰：『率性之謂道』，又曰『可離非道也』……凡此所謂道者，乃聖人之道也。此履之於身，施之於事，而可得者也……凡此所謂古者，其事乃君臣、上下、禮樂、刑法之事」。〔註 3〕

要考查兩宋三百二十年間，統治者是怎樣思考司法的合理性與正當性的，必然要訴諸於「道」。因為司法中的法理不僅僅是論述司法的原則與制度，而且還要進一步追問這些原則和制度建立背後的正當性從何而來，統治者的司法理念是什麼，這些理念是如何落實到司法中的，其具體表現有哪些，等等。諸如此類的問題都是司法中的法理問題，也是與「道」密切相關的司法實踐問題。

為了不使問題的抽象性思考脫離具體的歷史實踐與宋代的司法環境，我們把問題集中概括為以下五個層面：第一，宋代是在什麼樣的歷史背景與理念指導下尋求司法的正當性與合理性的？第二，什麼樣的群體有資格進入司法途徑，如何進入司法途徑？第三，司法者建立了怎樣的司法機制與原則？第四，宋代的司法群體是怎樣斷案的？第五，司法主體——士大夫是怎樣處理司法活動中不同參與者之間的關係的？它們的共存互動構成了宋代怎樣的司法傳統？

本課題分總論與分論兩部分，總論解決三個問題：（1）誰可以成為司法的主體性力量——尋求歷史語境中的司法正當性之一；（2）怎樣看待百姓——尋求歷史語境中司法的正當性之二；（3）建立公平有效的司法運作機制，實現司法合理性的預期。分論與此相呼應，是對總論上述問題的展開。鑒於文章篇幅的考慮，本文只述及課題的總論部分。

一、誰可以成為司法的主體性力量——尋求歷史語境中的司法正當性之一

依照馬克斯·韋伯的理論，一個「國家」或「王朝」建構自身權力之合法性的途徑大約有三：一是獲得天或神的超異力量的護佑；二是依靠官僚管理

〔註 3〕（宋）歐陽修：《居士外集》卷十七，載《歐陽修全集》卷六七，中華書局 2001
　　　　年版，第 978 頁。

系統的有效統治；三是依靠統治者個人的力量。〔註4〕具體到宋代司法的正當性與合理性而言，正當性針對的是：誰可以成為司法的主體，主體又以怎樣的態度看待司法對象；合理性則是指司法中建立怎樣的機制才能實現司法的公平與有效。正當性主要指向主體，合理性則指向機制，二者是一個硬幣的兩面，其目的都是為了使司法公平而又富有效率。

我們先來看第一個問題：誰可以成為司法主體，也即是司法秩序的承擔者、維繫者應該由誰來承當？在宋代，能成為的司法主體，當然是政權的建立者皇帝及讀儒家之書的知識分子——史稱之為「士大夫」的這個群體。在論述這個問題前，首先還要回顧一下中國古代經典理論是怎樣看待這個問題的。古人認為，人間聖王須效法天地自然之準則，立法定制，並推仁愛於司法之中。「《易》曰：『天垂象，聖人則之』。觀雷電而制威刑，睹秋霜而有肅殺，懲其未犯而防其未然，平其徽纆而存乎博愛，蓋聖王不獲已用之。」〔註5〕就中國的歷史實踐而言，無論是由部落聯盟首領的遠古進入夏商周三代的早期社會，或者是宋代統治者代北周而自立，文明的演進與朝代的更替過程中，起實際作用的往往都是武力而不是「仁愛」、「聖政」，但這並不妨礙統治者以「仁愛」、「仁義」之理論來論說其政權取得的合法性與正當性，這是因為中西文明史上，無論哪一個政權——既便是現代社會也如此——如果僅僅把執政、司法的合理性與正當性訴諸於武力，都必將喪失人心，而使政權不能長久。

宋朝初建之前，五代以來多用武人主獄訟，官吏嚴酷恣意用法的現象十分嚴重。自太祖、太宗到真宗三朝都力圖糾正司法活動中的弊端，注重改革司法官吏的選拔制度。史稱：「五季衰亂，禁罔繁密。宋興，削除苛峻，累朝有所更定。法吏浸用儒臣，務存仁恕。」〔註6〕王應麟《玉海》載：「太祖始用士人治州郡之獄」，「開寶六年壬子朔（974）始以士人為司寇參軍，改諸州馬步院為司寇院」，選用官員以律書試判。〔註7〕太宗時，改司寇院為司

〔註4〕葛兆光：《中國思想史》第2卷，復旦大學出版社2014年版，第156頁。

〔註5〕（唐）長孫無忌等：《唐律疏議》卷一，名例，劉俊文點校，中華書局1983年版，第1頁。

〔註6〕（元）脫脫等：《宋史》卷一九九，刑法一，第15冊，中華書局1977年版，第4966頁。

〔註7〕（宋）王應麟：《玉海》卷六七，第2冊，江蘇古籍出版社1987年版，第1275頁。

理院，改司寇參軍為司理參軍，以歷任清白、能夠審斷案件的官員充任。〔註8〕真宗時，對於審刑院的詳議官，大理寺的詳斷官，刑部的詳覆官和三司的法直官，都試以斷案几十道，須引用法律得當和判案詳明，才認為合格，予以任用。〔註9〕

其實，宋初自太祖、太宗至真宗三朝，朝廷選用司法官員主要是為了糾正五代武臣牙將恣意用法、施刑嚴酷的弊端，開始注意選用儒家知識分子充實司法隊伍，並通過不定期的司法考試來提高他們的法律素養。除此之外，宋初還有一種特別值得注意的現象，那就是本來用以監察的御史經常被朝廷差遣到各地去直接審理或平復案件，因為這些御史也多是讀書人。儘管如此，宋代司法隊伍知識結構的轉型仍未完成。要完成這個轉型，必須滿足兩個條件：一是讀儒家之書的士人須具備複合型的知識，即通經典、曉吏事、懂法律；二是大規模複合型人才的造就，須通過完善的科舉考試與法律考試兩類常規制度的完善才能完成（見分論「宋代法官的選拔——法律考試與科舉制的改革」）。就宋代的歷史而言，宋仁宗到宋神宗時期才實現了司法理念的定型。因此，宋代社會，具有複合型知識的群體——士大夫成為宋代司法隊伍的主力軍，是宋代司法理念的第一個層次。它針對的歷史實際是五代十國以來武臣牙將專擅司法、殘酷虐民的種種弊端，司法的正當性離不開具體的歷史條件與時代環境。

宋初統治者於建國之初遇到的最大難題，便是由司法不公所帶來的種種社會問題，而要解決這個問題又並非短時期內可以完成，因為人才的培養需要假以時日，但宋初採取的政策與價值取向始終是朝著儒家複合型知識人才之培養這個方向的。司法的正當性首先要訴諸於司法群體的倫理道德及其人格品位，而這一點在中國古代社會非儒家知識分子莫屬，因為只有精通儒家經典的人才能在司法實踐中把儒家的仁政、仁愛思想落實下去，從而去改變司法嚴酷、不公的歷史局面。但是這只是問題的一個方面，問題的另一個方面是，司法的正當性來自於司法的公平與效率。沒有公平與效率，不僅穩定的社會秩序不能建立，百姓的人身、生命、財產安全也不能預期。而司法的

〔註8〕（宋）李燾：《續資治通鑒長編》卷二十，第 1 冊，中華書局 2004 年版，第 466 頁。

〔註9〕（清）徐松：《宋會要輯稿》職官十五，第 6 冊，劉琳等校點，上海古籍出版社 2014 年版，第 3425～3428 頁。

公平與效率單靠司法者的人格與倫理道德是不夠的，善良的司法官，還需具備實際才幹，這種實際才幹，首先是按法律知識的要求折獄斷案，這既須高尚的品德，又需專門的法律知識，還需要司法者對社會的深刻洞察力。宋代的士大夫是一個特殊的歷史群體，這個群體就其出身而言，其中的大多數來自於社會下層與中小地主——即庶族知識分子，出身的清貧使他們從小砥礪著為百姓伸張冤屈的氣節。其次，這個群體通過科舉制度的完善而具有了職業的公平意識與衛道精神，又通過法律考試而具備了法律專業的知識，由這樣的群體去處理司法實踐中的刑民訴訟，其司法公平的價值預期自然是武臣牙將不可同日而語的，司法的正當性當然必訴諸於這樣的群體。宋代自 11 世紀中葉後，士大夫作為一個群體，不僅在政治舞臺上具有舉足輕重的作用，以至於有「（君主）與士大夫（共）治天下」之語〔註10〕，而且在各級司法機關中，士大夫也成為宋代司法的主體性力量。

二、怎樣看待百姓在司法中的地位——尋求宋代司法正當性的 理論探討之二

宋代司法的正當性訴求離不開對社會芸芸眾生——老百姓生命價值的尊重，人身財產權利的保護及民眾之間訴訟糾紛的公正判決或者及時合理的調處上。眾所周知，中國古代文化中，民本思想的確立，使百姓的生命價值與人生意義在宇宙萬物之中居於崇高的地位，聖賢君王應以博大的仁愛胸懷看待百姓，視民如傷，傾聽百姓的呼聲，做百姓所要做的事，宋代處在儒家文化語境的大背景下，統治者自然也要把民本思想奉為圭臬。宋太宗曾告誡官吏說：「爾俸爾祿，民脂民膏，百姓易虐，上天難欺。」〔註11〕問題是：如果說古代的司法正當性訴求首先來自於儒家人文精神中的「民本」思想的話，那麼到宋代，除了這個傳統的價值訴求外，還有哪些富有時代特徵的新因素？換句話說，傳統的民本思想在宋代司法的實踐還有哪些新的價值理念呢？回答這個問題須先從獄訟說起，其次還要在宋代的司法實踐中，看看身為儒家知識分子的法官們，在面對由商品經濟發展帶來的多元利益矛盾交織時，如

〔註10〕 （宋）李燾：《續資治通鑑長編》卷二二一，第 9 冊，中華書局 2004 年版，第 5370 頁。
〔註11〕 （宋）洪邁：《容齋隨筆》，容齋續筆卷一，《戒石銘》，上冊，孔凡禮點校，中華書局 2005 年版，第 220 頁。

何以仁愛的思想為指導，如何保護弱者及貧民之利益的。

在中國古代，沒有現代意義上的部門法理論，也就無所謂刑事、民事訴訟之嚴格區分。只不過司法制度關涉到百姓的生命、身體及財產利益，因此宋代的司法實踐中，把與人命、盜竊相關的大案視為獄訟中的大事，統治者自然不敢輕忽，宋代的皇帝與著名的司法官員都把獄訟視為處理庶政之首要任務。宋太宗說：「朕以庶政之中獄訟為切。欽恤之意，何嘗暫忘。」〔註12〕太宗之言，堪為宋代君臣的共識，對此宋慈也有類似的看法。不僅如此，宋代還要州縣長官作為親民官，必須親自審理案件，否則要負法律責任。這既是制度，也是司法的理念，司法的公平與效率與州縣長官是否親審案件密切相關，這是一種獨具時代特色的新理念。此其一。

其二，宋代司法正當性的訴求反映在宋代士大夫（司法主體）的司法理念上，體現為一種「關注百姓財產利益，尊重人的生命價值」的人文精神，而這種精神正是宋代獨有的時代風貌。

宋代司法正當性的訴求與宋代士大夫「關注生命，以人為本」的時代精神有著內在而不可分割的關聯。士大夫作為一個社會群體，既是宋代司法活動的主體，又是宋代司法正當性訴求的承擔者，也是儒家仁政仁愛思想於司法上的實踐者，他們身上所體現的關注生命、注重保護百姓私人財產利益的人文精神是宋代司法傳統的靈魂。

一般而言，人類生命的意義和生存的價值，首先必須體現在社會生活中，司法制度作為與百姓生命、尊嚴及財產利益密切相關的社會支撐性因素，它必須從價值的層面回答，百姓在司法中處於什麼樣的位置？士大夫這個群體作司法的主體性力量，應該不應該重視百姓的生命及私有財產權利？宋代的回答是肯定的。《宋史·刑法志》說：「宋興，承五季之亂，太祖太宗頗用重典，以繩奸慝，歲時躬自折獄慮囚，務底明慎，而以忠厚為本。」〔註13〕以忠厚為本，就是以人為本，以人為本也必然於司法中關注庶民眾生的財產利益。以記載南宋司法真實案例的《名公書判清明集》為例，胡穎（字石壁）是南宋時期一個頗受理學思想影響的著名法官，他在判決富戶趙端借「務限法」

〔註12〕（清）徐松：《宋會要輯稿》刑法三，第 14 冊，劉琳等校點，上海古籍出版社 2014 年版，第 8511 頁。

〔註13〕（元）脫脫等：《宋史》卷一九九，刑法一，第 15 冊，中華書局 1977 年版，第 4961 頁。

之名，行無端吞謀阿龍田產一案的判詞中寫道：「當職觀所在豪民圖謀小民田業，設心措慮，皆是如此。當務開之時，則遷延月日，百端推託，或謂尋擇契書未得，或謂家長出外未歸，乃至民戶有詞，則又計囑案司，申展文引，逐限推託，更不出官，展轉歲月，以入務限矣，逐使典田之家終無贖回之日。且貧民下戶，尺地寸土皆是血汗之所致，一旦典賣與人，其一家長幼痛心疾首，不言可知。」〔註14〕故他後來判決富戶趙端必須依契約歸還貧民阿龍田產。在南宋，這種判詞並非個別的案例，南宋的著名法官們在司法審判時，把百姓的財產利益納入到法律的保護之中，已是一個普遍的共識，也是一個重要的司法理念。

概言之，任何一個社會，欲建立文明有效的秩序，都須尊重百姓的生命價值、生存尊嚴，司法中也必須把百姓的財產利益納入到法官的視野之下，這是統治合法性、司法正當性的必然訴求。只不過古今不同的是：古代社會的中國是以「民本」思想為基礎，而現代社會是以「民主」為宗旨的。當然，司法正當性的訴求還須依靠公平有效的司法運作機制，才能實現司法合理的預期，這就是我們下面要講的第三點。

三、建立公平有效的司法動作機制，實現宋代司法合理性的預期

機制就是機理或原理，司法機制落實到宋代，就是指的宋王朝司法審判活動中是怎樣設置司法機關，如何制定職權，依據什麼原則審判，怎樣受理訴訟案件的？「公平有效」本是現代概念，也是現代司法的核心價值，宋代司法的合理性訴求雖然不能像現代一樣訴諸民主與憲政，但在儒家以「仁政」、「仁愛」思想為核心的民本思想指導下，審判實踐中追求公平與效率仍然是司法合理性的價值訴求。只不過宋代的公平因素未必像現代一樣建立在保護公民個人權利的基礎上，而是在儒家「德性」原則的基礎上，注重天理、國法、人情的圓融與雙方當事人利益的平衡上，能夠讓當事人滿意，社會輿論贊成，有利於興人倫、敦教化，睦風淳俗便是最高的司法公平與效率。儒家的「德主刑輔，明刑弼教」思想作為一個文化傳統和知識語境，是宋代司法追求合理性，實現公平、提高效率的首要支撐點，離開這個支撐或制衡點，法官就無法斷案，也談不到實現司法的公平與效率，司法的合理性也就會失

〔註14〕中國社會科學院歷史研究所宋遼金元史研究室點校：《名公書判清明集》卷九《典主遷延入務》，中華書局1987年版，第317頁。

去道德支撐的理論基礎，這是必須首先說明的。

但司法合理性的追求與司法公平價值理念的追求如果僅僅建立在儒家的道德倫理上，而不顧司法公平的理性機制與客觀公正審判原則乃至法律程序的技術合理性要求，當事人的合法利益就無法在司法中獲得切實的保護，司法公平與司法合理性就成了單純的倫理說教，這既不能服現代人，也無法使生活在發達的商品經濟社會中的宋代人誠心悅服去服從司法，尊重法律秩序。也就是說，在蓬勃興起的商品經濟大潮中，私有制深入發展帶來的利益欲望，已經深入到宋代人們的骨髓，物質欲望的浪潮時時拍打著倫理道德的防線，既便不能衝破這個防線，宋代司法也必須建立一個客觀理性的動作機制，去滿足時代的新需求。「客觀理性，公平有效」，是時代條件下對宋代司法合理性的迫切要求，宋代司法動作的機制正是在這種時代背景下建立起來的，究其特色，大約有三：

其一，從中央到地方建立了一套組織嚴密的司法機構，並對其職權作出了合理的劃分。宋代，就中央而言，除了三大司法機關外，又在禁中設置「審刑院」，以便於皇帝直接控制司法。開封府是北宋的京師，職權重，人口多，除府尹外，還分別置判官、推官四人，分日輪流審判案件，有司錄參軍一人，處理戶口婚姻等糾紛，有左右軍巡使判官各二人，分掌京師地方一切案件的審訊，有左右廂公事幹當官四人，分掌檢查偵訊和處理某些輕微案件。〔註15〕這樣的分工是何等細密。再說州一級司法，更是宋代的特色。宋代社會，地方司法審判事務，由各級地方長官負全責，如知州、知縣等。但縣一級司法權責較輕，只能斷決杖刑以下案件，徒刑以上則必須搜集證據，審問明白，連卷宗與案犯一同送州，稱為結解。〔註16〕州有權判決執行徒刑以上的案件，職權極重。為了防止州司法專橫，宋代法律從分權制衡的角度，規定州的審判程序分為三個階段：即推鞫、檢斷、勘結。所謂推鞫，即巡檢捕獲犯人或縣衙於解送人犯到州後，先由司理參軍審訊，傳集人證，調查一切犯罪事實。所謂檢斷，是檢法議罪的簡稱，由司法參軍根據已經審得的犯罪事實，檢出應當適用的法規，評定應處的罪刑。所謂勘結，即由朝庭選派的幕職官（判

〔註15〕參見上海社會科學院政治法律所編：《宋史刑法志注釋》，群眾出版社 1979 年版，第 13 頁。

〔註16〕參見上海社會科學院政治法律研究所編：《宋史刑法志注釋》，群眾出版社 1979 年版，第 14 頁。

官或推官）根據審清案件的事實和檢出來的法規，進一步研究案情，或者重新直接審訊犯人，定罪量刑，作成判決文書。最後由知州決定，對外發布。判決雖用知州名義，但參與審理的判官、推官，以及司理、司法參軍都共同負連帶責任。對判決有不同意見，可申請知州更正，或另具反對意見的文書送提刑司，提刑司設在路，是中央派出專門監督州司法的監察機構。具有反對意見的法律文書稱為「議狀」。若以後發現判決錯誤，有議狀在先的，可免處連帶責任。〔註17〕在宋代的史料中，經常有州一級的幕職官員堅持原則，直面州長官的過錯，從而避免冤案發生的事例。

其二，重大案件，實行鞫讞分司制，防止司法專橫現象的發生。鞫讞分司制就是審與判的分離制度，也就是預審與判決由不同的官員擔任，從而互相制衡、監督的制度。

其三，民事案件審理結案後，實行發放給當事人「斷由」的制度。所謂斷由，就是民事審判中法官斷決訴訟的法律憑證。作為一項法律文書，斷由記載著案件的事由、雙方爭執的標的、法官斷案的憑據、判決的結果等。〔註18〕這是一項宋代頗有特色的民事審判制度，該制度的推行，既提高了辦案的效率，又防止了錯案的發生，取得了良好的社會效果，是宋代司法追求合理化的重要指標。

進言之，宋朝的司法，就刑事審判而言，其制衡機制可分四層。第一，在疑犯招供之前，調查案情之始，有「鞫讞分司制」，就是把初審（相當於現在的預審）——即訊問案情的人與定罪名的人（檢法議刑之官員）分開，此所謂「特致詳於聽斷之初」，以「免偏聽獨任之失」。〔註19〕以州為例，宋代諸州置州院、司理院兩個法庭。州院的錄事參軍，審理民事案件，後來也審理刑事案件；司理院的司理參軍，掌獄訟勘鞫之事；另設司法參軍掌「議法斷刑」。〔註20〕重要的州升為府，錄事參軍改稱司錄參軍。其中，推首官、左

〔註17〕 參見上海社會科學院政治法律研究所編：《宋史刑法志注釋》，群眾出版社1979年版，第15頁。

〔註18〕 參見（宋）李心傳：《建炎以來繫年要錄》卷一六三，第7冊，上海古籍出版社2018年版，第2817頁。

〔註19〕 （明）黃淮、楊士奇編：《歷代名臣奏議》卷二一七，慎刑，第3冊，上海古籍出版社1989年版，第2852～2853頁。

〔註20〕 （宋）馬端臨：《文獻通考》卷六三，職官考一七，第3冊，上海師範大學古籍研究所、華東師範大學古籍研究所點校，中華書局2011年版，第1906～1907頁。

右推、推勘官、錄事參軍、司理參軍，均屬鞫司，亦稱「推司」、「獄司」；檢法官、檢法案、司法參軍屬於讞司，亦稱「法司」。其審判程序是：鞫司審明案情，再由另外的法官核實（宋代稱為錄問），轉檢法官檢出施用法律條文，另由其他法官擬判，經同級官員集體審核後，由長官判決。第二，在犯人招供之後，執行之前，有所謂翻異別勘制。這主要適用於死刑犯人。只要犯人或其家屬在臨刑前稱冤，不需任何特別手續，即可差派另外的官員重新審理。第三，在審判過程中，禁止鞫獄官、檢法官、錄問官會面，以防其聯手作弊。這實際上是要審問的法官、檢法議刑的司法官員及負責審核的人員，三者獨立行使職權，不得互相干撓。《慶元條法事類》卷九《斷獄敕》載：「諸被差鞫獄、錄問、檢法官吏，事未畢與監司及置司所在官吏相見，或錄問、檢法與鞫獄官吏相見者，各杖八十。」〔註21〕另外，檢法議刑之法官，只能檢出法條，議定罪名，做出擬判，但不得干預長官的決定權。《慶元條法事類》卷七十三《刑獄門三》《檢斷條》稱：「諸事應檢法者，其檢法之司唯得檢出事狀不得輒言與奪」。第四，在審判進程中或判決之後，還有所謂「駁正」、「推正」等制度，簡稱「推駁」。〔註22〕所謂駁正，主要適用於輔佐長官判決的低級官員（如判、簿、司、尉）與吏員。這些人是案件的具體承辦人員，他們是否盡職，對案件的公平與否具有決定性作用，故宋代法律規定，凡能在審問核實時發現錯誤冤屈，依法糾正之者，給予獎賞；不能盡職，置案不公平者，給予處罰。這就是所謂的「駁正」。《慶元條法事類》卷七十三《推駁》稱：「諸置司鞫獄不當，案有當駁之情而錄問官司不能駁正，致罪有出入者，減推司罪一等。即審問〔註23〕（非署司同）或本州錄問者，減推司罪三等。（當職官簽書獄案者，與出入罪從一重）。」

推正，是指在案犯翻異（即喊冤）的情況下，由另派的司法官員發現錯誤，紀正冤屈的制度。此種情況下，推正同駁正一樣能得到獎賞，《慶元條法事類》卷七十三《推駁》條載有守代的獎賞法令稱為「賞令」。

宋朝的司法，在實踐中自然也存在著這樣那樣的弊端，此在宋人的章奏、筆記及其《宋史·刑法志》《長編》《會要》中已多有記載，自不必諱言。但我

〔註21〕楊一凡、田濤主編，戴建國點校：《中國珍稀法律典籍續編第1冊：慶元條法事類》卷九，黑龍江人民出版社2002年版，第168頁。

〔註22〕楊一凡、田濤主編，戴建國點校：《中國珍稀法律典籍續編第1冊：慶元條法事類》卷七十三，推駁，黑龍江人民出版社2002年版，第756頁。

〔註23〕即審問，指錄問之後，在行刑前，再將犯人提到州府衙門過堂審問。

們決不應由此而否認宋朝司法傳統中「分官設職，各有司存」機制中蘊含著具有現代意義的「分權制衡理念」，更不能忽視宋代司法在當時歷史條件下所達到的成就，恰如臺灣法史名家徐道隣先生所言：「整個說來，宋朝——尤其是北宋的司法制度，可以說是已經達到了十分成熟的階段。」〔註 24〕

四、結論

蘇軾說：「風俗之變，法制隨之。」〔註 25〕唐宋之際，中國古代的社會結構發生了深刻變化，司法傳統也隨之轉型。宋代司法傳統正向知識理性過渡，其涵義有三：第一，就訴訟理念而言，宋代執法主體——士大夫不再視民訟為「民間細故」，而是精心審理，倍加關注。第二，訴訟機制中適應社會發展的技術性知識增多。第三，司法活動中，尤其是在審理發生在親屬人倫關係範圍內的民事案件時，法律的判決經常會衝破人倫道德的界限，蒼白的說教往往被法律的理性判決所代替。宋代的法律甚至規定：（1）親屬之間的民事糾紛可以相互論告，不再受「卑幼不得告尊長」之倫理教條的束縛。《清明集》卷一說：「如卑幼訴分產不平，固當以法斷。」（2）尊長盜賣卑幼產業時，若卑幼論訴，不受官方已有時效的限制，史稱：「卑幼產業為尊長盜賣，許其不以年限陳乞（即告狀）。」〔註 26〕

宋代司法傳統的轉型與訟學、訟師、士大夫之間有著密切的關連及影響，它反映著宋代官方及士大夫努力調整其法令及心態，去適應社會生活需要的時代特徵。在這層意義上，宋代對訟師，尤其是對訟師中的代筆人之業務、資格等，也並非概不承認，而是積極加以規範。因為訟師助訟的動因正在於其身後經濟發展的力量，這種力量代表著社會前進的方向，也是統治者樂於用法律加以調整的。此其一；其二，轉型時期的司法傳統對訴訟制度不斷進行凋整，以適應社會發展的需要。如要官府給出斷由，限期結絕，允許越訴等，這些措施雖不是直接支持訟學與訟師的，但其機制運轉中蘊涵著對法律知識的訴求，這在客觀上有利於訟學、訟師的發展；其三，訟師助訟，民間興

〔註 24〕 徐道隣：《宋律中的審判制度》，載氏著《徐道隣法政文集》，清華大學出版社2017 年版，第 225 頁。

〔註 25〕 （宋）蘇軾撰，（明）茅維編：《蘇軾文集》卷二十五，第 2 冊，孔凡禮點校，中華書局 1986 年版，第 723 頁。

〔註 26〕 中國社會科學院歷史研究所宋遼金元史研究室點校：《名公書判清明集》卷九《卑幼為所生父賣業》，中華書局 1987 年版，第 299 頁。

訟，固然難免嗜利之徒從中漁利，但私有制發展下經濟利益所引起的衝突，遠非傳統的道德說教所能解決，老百姓生活於現實之中，他們對那些與自己生活密切攸關的田宅、財產、牛馬之類的生產與生活資料，不能不視為頭等大事，更不可能隨便讓與，如此一來，各個階層在經濟生活的交往中，難免陷於訴訟紛爭之中，這就是士大夫及官府屢歎人心不古、訴訟盛行的真正原因。

綜上所述，宋代司法傳統在轉型中孕育著多種轉向知識理件和近代的新因素，訟學、訟師也是其中之一，若能健康發展，必衝破儒家傳統司法倫理的結構框架而走向近代。可惜的是，宋代司法傳統的轉型與士大夫訴訟觀念的矛盾裂變依然在儒家語境內部進行，這就不能不表現為各種矛盾的衝突與交融。「好訟」與「興訟」意味著宋代社會各階層個體意識與私有財產觀念的覺醒，「息訟」乃是儒家義利觀在司法上的必然反映。二者既對立衝突，又互相融合。就對立而言，儘管士大夫中的功利學派與務實的名公們在一定程度上承認民間的私有財產觀念，乃至保護他們的正當權益，甚或不諱言「訟」與「利」，但從根本上說，士大夫義利觀的裂變並沒有突破儒家的倫理框架，他們還很難視私有觀念與財利為人們生活的正當來源，更難以從根本上承認訟師的訴訟主體地位。因為「爭財言利」的「好訟之風」從本質上會動搖君主專制的統治基礎，也是與儒家的人倫觀念鑿枘不投，乃至互為水火的，因此，二者的衝突也就難以避免。但二者又不是絕對不能融合，他們在一定條件下，又是可以交融的。因為，被胡適稱為「現代階段」或「中古的革新世紀」〔註27〕的宋代，其政治結構、社會思潮、文化心理諸方面都在發生著劇烈的變化，以至於被海外漢學家稱為「中國的近代曙光」。〔註28〕司法傳統轉型中的宋代士大夫作為一個司法群體，生活在這樣一個充滿朝氣和革新的年代裏，其迎面撲來的是一股生機無限的「興訟」之風，鮮活的氣息下跳動著社會發展的脈搏，士大夫們幾乎隨處可以觸摸到社會各階層充滿活力的、形色各異的物質欲望，故他們中的不少人接受了商品經濟的功利主義思想，即便是與理學密切相關的南宋「名公」們也並非一味恪守儒家人倫道德的教條，而是於司

〔註27〕胡適口述：《胡適口述自傳》，唐德剛譯注，安徽教育出版社 1990 年版，第303～304 頁。

〔註28〕（法）謝和耐：《蒙元入侵前夜的中國日常生活》，劉東譯，江蘇人民出版社1995 年版，第 37 頁。

法中有所突破。至於在時代的潮流下，承認訟師中代筆人及抄狀書鋪戶的地位並規範其行為、繫以名籍，則是宋代獨具的時代特色，也是宋代司法傳統於轉型之中所彰現出來的鮮活基因，對此，我們應該給予足夠的關注。

宋代司法傳統的現代解讀〔註1〕

　　學界普遍認為：宋代對現代中國的影響是巨大的。著名史家黃仁宇先生
說：「中國歷史上的每個朝代不同，而尤以趙宋為顯著。」〔註2〕史家葛兆光
也認為：「所謂中國的傳統文化，我們現在記憶中的或是生活所遇到的，其實
不是真正的古代傳統，而是宋代的傳統。家庭、倫理、道德等歷史和常識，往
往都是宋代給我們留下來的。宋代對現代中國的影響非常大。」〔註3〕

　　說現代中國受宋代影響最大，實際也應包括司法傳統。宋代司法傳統在
中國歷史上具有獨特性。所謂獨特性，即是個性，或典型性。這個獨特性即
是與西方相對比而言，也是指與漢唐、明清相較，宋代所獨有的司法傳統之
個性，包括了三個方面：一是宋人的司法理念；二是宋代司法運作的機制；
三是宋代士大夫作為司法主體所具有的鮮活的時代風貌。

　　與學界以往的研究不同，本文不是注重於宋代司法的機關設置、制度運
作，即靜態的描述，因為這些內容，學界已有豐碩的成果問世；〔註4〕而是從

〔註 1〕本文原載於《中國法學》2006 年第 3 期。
〔註 2〕黃仁宇：《赫遜河畔談中國歷史》，生活·讀書·新知三聯書店 1995 年版，第
　　　　147 頁。
〔註 3〕葛兆光：《思想史研究課堂講錄》，生活·讀書·新知三聯書店 2005 年版，第
　　　　212 頁。
〔註 4〕學界代表性的成果，參見〈1〉郭東旭：《宋代法制研究》，河北大學出版社 2000
　　　　年版；〈2〉戴建國：《宋代法制初探》，黑龍江人民出版社 2000 年版；〈3〉張
　　　　晉藩主編：《中國法制通史》十卷本，第 5 卷《宋代法制史》，法律出版社 1998
　　　　年版；〈4〉王雲海：《宋代司法制度》，河南大學出版社 1992 年版；〈5〉徐道
　　　　鄰：《中國法制史論集》，志文出版社 1979 年版；〈6〉朱瑞熙：《中國政治制
　　　　度通史·宋卷》，人民出版社 1999 年版；〈7〉（日）宮崎市定：《宋元時代的
　　　　法制和審判機構》，載劉俊文主編：《日本學者研究中國史論著選譯》第 8 卷，
　　　　中華書局 1993 年版。

傳統與現代的關係入手，以士大夫這一群體的時代風貌為切入問題的角度——
——這其中當然也不可避免地會考察兩宋皇帝的司法理念，從而彰顯宋代司法
的獨特性，並以此來論證傳統與現代的關連性。以作為司法主體的士大夫群
體為視角，解讀宋代司法傳統與現代之間的傳承關係，這是學界以往所疏忽
的，也是本文的重點所在。

本文將從梳理概念入手，進而分梳宋代司法傳統的獨特個性，並以解釋
學的理論解讀宋代司法傳統與現代的關係，試圖為現代的司法改革找到一個
歷史的維度，為宋代的司法傳統找到一個與現實結合的契入點。

本文由五個部分組成。

（一）概念的疏理：傳統、宋代司法傳統、現代性、解讀。

（二）宋代司法理念的三個層次及其獨特性：「庶政之中，獄訟為切」；
「法官之任，人命所懸」；「鞫讞分司，各司其局。」

（三）分權制衡的司法運作機制：「獄司推鞫，法司檢斷」，「各有司存，
所以防奸。」

（四）關注生命，以人為本——宋代士大夫的時代風貌。

（五）結論：現代的視角，傳統的維度。

一、概念的梳理：傳統、現代、解讀、宋代司法傳統

傳統、現代、解讀、司法傳統、宋代司法傳統，這些名詞本是粗放性的
概念，當學者們以現代的問題意識去敘述它們時，往往並不會去認真梳理這
些概念的內涵及其使用的邊界，因為探尋這些概念的精確含義並非那麼容易，
這些大詞的背後有著太多牽纏繁蕪的理論糾葛與時代變遷的背景。本文也並
非能對這些概念下一確當含義，但在論述宋代司法傳統與現代的關係時，適
當梳理，略作界定，也還是必要的。

先說傳統。其一，傳統是指一個民族世代相傳、具有特點的社會因素及
其行為方式。如風俗、習慣、道德、法律、文化、思維方式等。傳統是歷史發
展繼承性的表現，它對人們的社會行為有無形的影響及其控制作用。〔註5〕

其二，傳統與現代是一組對應概念，講現代往往離不開傳統。現代又稱
「現時代」，或稱「現代性」、「現代化」、「現代生活」，這些詞並無嚴格的邊界
與確切所指，在英國、法國不同的民族語言裏，含義也各不相同。美國學者

〔註5〕《辭海》，第 1 冊，上海辭書出版社 1999 年版，第 587 頁。

卡利內斯庫曾經論述了「現代性」這一術語的語源學出處。依據他的研究，英語國家至少自十七世紀起就已經使用了，1672 年出版的《牛津英語辭典》首次收選了「modernity」這個詞，意謂「現時代」，在英國學者托拉斯·華爾普爾的信裏，「現代性」的實際含義是聲音和節奏，他告訴我們，可以從音樂的節奏來理解現代性。在法語裏，「現代性」指日常的「現代生活」的庸俗與低劣。〔註6〕

其三，吉登斯在社會學意義上將現代性看做是「後傳統的秩序」。它首先是指後封建的歐洲建立的而在 20 世紀日益成為具有世界歷史性影響的行為制度與模式，或者說，指社會生活或組織模式。在這個意義上，現代性大致等同於「工業化的世界」；其次，是指資本主義，包括其競爭性的產品市場和勞動力的商品化過程中的商品生產體系。〔註7〕

其四，「傳統」與「現代」作為兩大範疇，首先由馬克斯·韋伯在他的歷史社會學中提出。儘管韋伯並不簡單認為傳統必然是現代的障礙，但其後的一段時期內，無論是西方的社會科學家，或是中國的學者都一般傾向於把「傳統」看作是「現代化」的反面。「理性」、「進步」、「自由」等價值是「現代」的標幟，而「傳統」則阻礙著這些價值的實現。〔註8〕

其五，本文從法學的角度使用「現代」與「傳統」的概念，雖然其理論參照系仍為西方的民主法治理論，但本人並不主張「現代」與「傳統」截然兩分，依此論證宋代司法傳統與現代的關係，更是關注於二者的融合，而不是二者的對立，讀者諸君於此不可不察。

次論解讀。解讀本是哲學解釋學中的一個基本概念，或稱「詮釋」。這個概念義近中國古代的「疏議」及現代我們一般所使用的「解釋」，但又有其不同之處，這個不同之處就在於它除了具有我們所使用的「解釋」的含義之外，還另有所指。這裡所謂「解讀」或「詮釋」，首先是建立在歷史的「文本」基礎之上。所謂「文本」，又稱「本文」，是解釋學中的一個基礎性概念，它是指書寫固定下來的話語，構成了詮解的對象和基礎。〔註9〕

〔註6〕（美）卡林內斯庫：《現代性的五副面孔》，商務印書館 2002 年版，49～50 頁。
〔註7〕（英）安東尼·吉登斯：《現代性與自我認同》，生活·讀書·新知三聯書店 1998 年版，第3～6 頁。
〔註8〕參見余英時：《文史傳統與文化重建》，生活·讀書·新知三聯書店 2004 年版，總序，7 頁。
〔註9〕董洪利：《古籍的闡釋》，遼寧教育出版社 1993 年版，第 80 頁。

　　本文用解釋學的方法解讀宋代司法傳統，其特殊的意義有二。一是解釋學理論視歷史為一個有「意義」的文本，這裡所說的意義即指歷史所具有的客觀性，即解釋學中所說的「本義」，也包括了研究者通過自己的見解所彰顯的歷史的現實意義。解釋學中稱「引申義」。故解釋學中的「詮釋」，意在通過「理解」去尋求「本義」與「引申義」的視角融合，也就是傳統與現代的契合點；二是運用解釋學理論去解讀「宋代司法傳統」的獨特性，注重的是從內在的視角出發，去發現傳統的現代意義。所謂「內在視角」有其所指：意謂通過對宋代典籍的梳理，從宋代社會內部出發——即宋代士大夫的時代風尚出發，於其固有的司法理念與司法運作機制中尋求現代社會司法理論的歷史基因，譬如宋人怎樣看待司法權力，如何對待「獄訟」，怎樣通過司法機制去尋求「司法公平」等。這裡強調的是，當我們講中國古代司法傳統與現代的關係時，不是簡單地以西方理論為座標，說西方社會有什麼，中國古代沒有什麼，如說西方有律師有司法職業者，有正義觀念，而中國古代沒有等，而是通過淹沒已久的歷史語境補上宋人自己的固有視覺。這正是本文使用「解讀」這一概念的意義所在。

　　最後，再來解說「宋代司法傳統」。請先言「司法」。一般而論，司法有狹義、廣義之說。狹義上的司法僅指近代社會以來，以民主、自由、法治理論為基礎，以憲政下的「三權分立」為背景的，國家司法機關裁判訴訟糾紛、審理案件的活動，此種意義上的司法，追求「司法獨立」的理念，並視此理念為法治的標誌。廣義上的司法泛指不同人文類型文化形態下，各種國家機關及其相關人員處理訴訟糾紛的活動。〔註10〕本文對宋代司法傳統的解讀是在廣義上使用的，故「宋代司法傳統」這個概念是指兩宋時代（公元 960～1279）所具有的且世代相傳的國家司法機關處理訴訟糾紛、審理案件的活動及其社會因素，主要包括司法理念、司法機制、士大夫的時代風尚三個方面的內容，下面分層論述之。

〔註10〕中國古代社會，宗法勢力較強。鄉土社會中，祠堂林立，禮俗在規範人們的社會行為時起著重要作用。一個家庭的族長依據鄉規、民約對族人之間的糾紛進行處理，這種活動通常會受到國家的認可，具有準司法的性質，是封建國家司法權的延伸與補充。但這仍然是法學意義上的「司法」。至於社會學家所理解的「司法」，可能會包括黑社會的懲罰活動，但這一溢出了本文所討論的邊界，故不置論。

二、宋代司法理念的三個層次及其獨特性

理念就是認知，本是心理學的一個概念，指人對其認識對象所持的一種情感、態度及其認同方式。狹義的司法是現代社會的概念，宋代已使用「司法」這個詞，用來指司法機構與司法官員。朱熹在《朱文公政訓》中說：「今所在常平倉，都教司法管，此最不是。少間太守要侵支，司法如何敢拗？通判雖管常平，而其職實管於司法」。〔註11〕

就司法指審判活動而言，宋代常用的詞彙是「獄訟」，或「推鞫」、「檢斷」、「聽訟」、「治獄」等。〔註12〕因此宋代的司法理念是圍繞著「獄訟」而展開的，怎樣看待「獄訟」，是重視還是輕忽？怎樣看待司法的主體——「法官」？「法官」一詞在宋代的司法實踐活動中是個常用詞，並非如現代的學者或司法官員所說，是近代以後才使用的概念。（法官一詞之引文，請容後詳述）如何選任法官，他們該具備怎樣的知識，通過建立什麼樣的機制，才能做到司法公正，等等，諸如此類問題宋代都進行了思考。大體說來，宋代的司法理念主要包括三個層次；第一，如何看待獄訟？第二，怎樣選拔法官？第三，怎樣才能實現司法公平——即宋人怎樣思考司法權力？現分述如次。

（一）「庶政之中，獄訟為切」——即司法審判為治國的頭等大事

視「獄訟」為政務之首，切不可以「細故」即小事視之，是宋代皇帝與士大夫的共識。尤其是宋朝的開國皇帝——太祖、太宗，他們親眼目睹了五代十國動亂中，悍兵驕卒恣意司法，濫殺無辜的血腥事實，一掃前人輕忽獄訟之弊，特別重視對「獄訟」的審理。臺灣地區著名法史學者徐道隣先生曾言：「宋代多明法之君」，「開國的太祖趙匡胤（960～975 在位），最知道注意刑

〔註11〕《朱文公政訓》，載《政訓實錄》三卷，中國戲劇出版社 2003 年版，第 752 頁。《名公書判清明集》載有胡石壁寫的《送司法旅襯還里》一判，文中說「司法到官，未及逾年，遽至於斯」。該判詞中所說的「司法」，即指司法參軍。（參見中國社會科學院歷史研究所宋遼金元史研究室點校：《名公書判清明集》卷二《送司法旅襯還里》，中華書局 1987 年版，第 43 頁。）

〔註12〕南宋司法官員周林《推司與法司議事》箚子中說：「獄司推鞫，法司檢斷，各有司存，所以防奸也。」（參見（明）黃淮、楊士奇編：《歷代名臣奏議》卷二一七，第 3 冊，上海古籍出版社 1989 年版，第 2850 頁。）「獄訟」一詞之出處，見下所引。
　　另，南宋胡太初著《晝簾緒論》內有「聽訟」與「治獄」二篇，此書為司法審判之專著。參見（宋）胡太初：《晝簾緒論》，載《宋代官箴書五種》，中華書局 2019 年版，第 173 頁，第 176 頁。

辟，而哀矜無辜，他常常親錄囚徒，專事欽恤。每年申敕官吏，檢視囚狀，對於御史、大理的官屬，選擇的尤十分謹慎。太宗匡義（976～997）在這一方面，絲毫不讓他的老兄。他也是喜歡自己平斷獄訟，凡是祁寒盛暑，或雨雪稍愆，他都親錄繫囚，多所原減。他嘗說過『朕恨不能親決四方冤獄』；又說『朕於獄犴之寄，夙夜焦勞，慮有滯冤』；說『或云有司細故，帝王不當親決，朕意則異乎是。若以尊極自居，則下情不能上達矣。』〔註13〕

在太祖、太宗看來，司法審判事關國家命運興衰，與百姓生活苦樂密切相關，故須格外關注，並須推仁愛於獄訟之中，太宗說：「朕以庶政之中獄訟為切。欽恤之意，何嘗暫忘。」〔註14〕太宗對獄訟的看法在宋朝諸君中具有代表性，這不僅在於他視司法審判為政務之首，而且他還於下列司法制度，首開風氣之先：

第一，州縣長吏須親決囚徒，即知州知縣必須親自審理案件，這在古代中國是第一次。第二，為了疏理滯獄，首次規定了審理期限，其後諸君雖有損益，但其影響深遠，不可低估。〔註15〕第三，宋太宗於淳化初（公元990年）還首次於路置提點刑獄司，要求所轄州府十日一報囚賬，即每十天彙報一次案情與監獄管理狀況。遇有疑案不能及時審結的，則派專人乘快馬親往督察。州縣審斷案件不力不實的，對其長官則由監察官員上報朝廷，領旨處

〔註13〕徐道隣：《中國法制史論略》，載氏著《徐道隣法政文集》，清華大學出版社2017年版，第47頁。

〔註14〕（清）徐松：《宋會要輯稿》刑法五，第14冊，上海古籍出版社2014年版，第8511頁。

〔註15〕《宋史·刑法志》記載：太宗於太平興國六年（公元981年）下詔：「諸州大獄，長吏不親決，胥吏旁緣為奸，捬捕佐證，滋蔓逾年而獄未具。自今長吏每十日一慮囚，情得者，即決之。」聽獄之限，大事四十日，中事二十日，不他捬捕而易決者，毋過三日，「決獄違限，準『官書稽程律』論，逾四十日奏裁」。這裡所謂「大事、中事、小事」究竟以何標準劃分，現在我們並不能得出明確答案，據《宋史·刑法志》稱，「哲宗元祐二年（公元1087年）刑部大理寺定制，凡斷讞奏獄，每二十緡以上為大事，十緡以上為中事，不滿十緡為小事。大事以十二日，中事九日，小事四日為限。」這頗似現代的民事案件，以訴訟標的為準。宋制，千錢為一緡。（參見（元）脫脫等：《宋史》卷一九九，刑法一，第15冊，中華書局1977年版，第4968～4969頁，第4980頁。）據宋人羅大經《鶴林玉露》之《儉約》記載，蘇軾與李若谷日用錢不過一百餘錢。（參見（宋）羅大經：《鶴林玉露》乙編，卷五，中華書局1983年版，第208頁。）二十緡相當於銅錢二萬，約折合蘇軾生活費四個餘月，這已是一筆不菲的錢數了。

置，對其佐史小吏——即案件的直接承辦人員，則由提刑司官員便宜處分。

兩宋王朝，不僅皇帝重視司法，不以「細故」即小事視之，士大夫作為司法主體，也一改漢唐以來，文人儒士不諳吏事，輕忽獄訟之世風，於司法審判心有戚戚焉。北宋初期，便有和凝、和㠓父子關注獄訟，遂將前代明敏斷獄、平反冤屈的案例彙編成書之舉，繼有南宋初年鄭克著《折獄龜鑑》一書，再後則有桂萬榮的《棠陰比事》。宋慈作為路的司法長官——提點刑獄，更是關注獄訟，傾畢生心血於司法審判之中，他關心民間疾苦，體恤獄情，親臨現場勘驗。《洗冤集錄》一書的問世，既是他一生從事勘驗和審判的心血所鑄，也是世界上第一部法醫學著作，其成績與影響震古鑠今，譽滿世界。

朱熹作為一個思想家、教育家，且做過地方官員。他對司法審判的看法代表了兩宋士大夫中一批有識之士的認知態度，他說「看文字如須法官深刻，方窮究得盡」，「獄訟，面前分曉事易看。其情行難通或旁無佐證，各執兩說，係人性命處，須吃緊思量，或疑有誤也。」〔註16〕明代文人凌濛初在《二刻拍案驚奇》之《許察院感夢擒僧，王氏子因風獲盜》一文中，追憶宋代世風對獄訟的審慎態度時說：「世間經目未為真，疑似由來易枉人。寄語刑官須仔細，路上皆有負冤魂。」〔註17〕

（二）「法官之任，人命所懸」

在現代的司法理念中，法官的地位與素養向為法治國家所重。一般說來，法治程度越高的社會，其國家中法官的地位與素養也就越高。宋朝是一個封建王朝，不可能是現代意義上的法治國家，故法官的地位與素養也就不可能與現代同日而語。但十分有趣的是，宋王朝作為一個較為重視法制的國家，也在一定程度上認識到了法官的地位及素養與司法的公正、國家的命運緊密相連。宋代編撰審判案例的桂萬榮甚至說：「凡典獄之官，實生民司命，人心向背，國祚修短繫焉」。〔註18〕這是說，司法官員掌管著百姓的生命，斷案清明與否，關係到民心向背與國家興衰，這真是一個了不起的洞見。

其實，早在北宋建立之初，統治者鑒於五代以來州郡多以武人主獄訟，

〔註16〕參見余英時：《中國史學思想反思》，載陳啟能等主編：《歷史與當下》第二集，上海三聯書店、華東師範大學出版社2005年版，第42頁。

〔註17〕（明）凌濛初：《初刻、二刻拍案驚奇》，《二刻拍案驚奇》卷二十一，嶽麓書社1988年版，第673頁。

〔註18〕（宋）桂萬榮：《棠陰比事》，棠陰比事序，鳳凰出版社2021年版，第3頁。

官吏嚴酷，司法黑暗，最後導致社會不公，政權崩潰的慘痛教訓，自太祖、太宗到真宗、仁宗、直至宋神宗，統治者在這一百二十多年的歷史長河中，都十分注重司法官員的選拔，並通過司法考試來提高他們的法律素養，試圖重塑他們的職業威信，來解決司法不公的問題，太祖、太宗於建國之初，即開始注意糾正司法活動的弊端，改革司法官吏的選拔制度。太祖曾對侍臣講：「今之武臣欲盡令讀書，貴知為治之道。」〔註19〕這是宋王朝改革司法官員選任制度的前奏曲。由武人到文人為第一步。與此同時，宋太祖於建隆三年（公元 962 年）八月下詔說：「注諸道司法參軍皆以律書試判。」〔註20〕即是說，自今日起，各州選任專門負責審判的司法官員時，必須通過法律考試。其後，宋代不斷的進行律學考試，宋神宗時，規模尤其宏大，「明法科」、「試刑法」、「出官試」皆是選任法官必經的考試項目。宋代，士大夫從事司法工作的道路大略有四條：第一，名公巨卿奉旨參加朝中重大疑難案件的討論和定斷，如宋神宗時對「阿雲之獄」的爭論；第二，州縣長官作為親民之官，直接參與案件的審理；第三，作為中央三大司法機關的專職法官及協助州縣長官司法的「法司」、「獄司」官員專門處理各類民刑案件；第四，臨時被差遣、負責審理或糾察、覆核朝廷指派的案件。

由於宋朝十分重視法律教育和法律考試，故士大夫不論從以上哪一種途徑參與司法，都必須具備一定的法律知識和參加宋朝的法律教育及法律考試。徐道隣先生說：「中國的考試制度，從唐朝起，就有『明法』一科，專門用以選拔法律人才。到了宋朝——這是中國過去最講究法律的一個朝代——法律考試，更進入頂鼎時期。」〔註21〕史稱，雍熙三年（986 年），九月十八日，宋太宗下詔說：「夫刑法者，理國之準繩，御世之銜勒，輕重無失，則四時之風雨弗迷，出入有差，則兆人之手足何措？念食祿居官之士皆親民決獄之人，苟金科有昧於詳明，則丹筆若為於裁處。用表哀矜之意，宜行激勸之文。應朝臣京官及幕職州縣官等，今後並須習讀法書，庶資從政之方，以副恤刑之意。其知州通判及幕職州縣官等，秩滿至京，當令於法書內試問，如全不知

〔註19〕（宋）李燾：《續資治通鑒長編》卷三，第 1 冊，中華書局 2004 年版，第 62 頁。

〔註20〕（元）脫脫等：《宋史》卷一，本紀一，第 1 冊，中華書局 1977 年版，第 12 頁。

〔註21〕徐道隣：《宋朝的法律考試》，載氏著《徐道隣法政文集》，清華大學出版社 2017 年版，第 283 頁。

者，量加殿罰。」〔註22〕

這就是說，朝官、京官、幕職州縣官〔註23〕等，都要學習法律，瞭解法律知識，通過法律考試，才能有資格斷案。詔令中的「法書」就是法律之書，宋太宗曾說：「法律之書，甚資政理。人臣若不知法，舉動是過，苟能讀之，益人知識。」〔註24〕在宋代，法律考試的種類多、規模大、範圍廣，是其他朝代所不能比擬的。

欲對法律考試有所瞭解，則須對宋代科舉制度作一介紹。具體說來，在宋代，除了部分人——即貴冑子弟可因祖父或父蔭而入官外，絕大多數人慾獲得做官的資格，則必須參加科舉考試。宋之科舉和唐一樣，有常科、制科、武舉三種。常科的科目，在宋之初年有進士、九經、五經、開元禮、三史、三禮、三傳、學究、明經、明法等。進士科之外，其他科目總稱「諸科」。制科，又稱「賢良」、「賢科。」貢舉科目之一。宋承唐制，由皇帝詔試才識優異之士人，稱制科。乾德二年（946年）設賢良方正、能直言極諫，經學優深可為師法，詳嫻吏理達於教化等三科。景德二年（公元1005年）定為六科，要求嚴格，中試後待遇優厚，宋代名士如蘇軾、蘇轍、富弼等均由此科入仕，故士大夫以此為榮，稱之為「大科」。

之所以說宋代最為重視法律考試，主要是說：第一，就科舉考試來說，進士科最為榮耀，此科雖以詩賦，經義為主，但策論、律義也是其考試內容之一。

第二，「設置新科明法」，改變士人輕視法律的舊習。在進士之外的其他諸

〔註22〕（宋）佚名：《宋大詔令集》卷二百，司義祖編，中華書局1962年版，第742頁。

〔註23〕朝官、京官。唐自宰相以下在朝廷做官者皆稱京官，其中凡常參者稱常參官，未常參者稱未參官。宋稱常參官為朝官，未常參者為京官。宋初，文臣自太子中允、贊善大夫、太子中舍、洗馬以上，武臣自內殿崇班以上為朝官；元豐改制後，相應文臣通直朗、武臣修武朗以上為朝官。幕職州縣官，有兩種：其一，低級文臣階官，通常稱選人，分兩使職官、初等職官、令錄、判司簿尉，共七階。其二，地方官名。幕職官與州縣官的合稱。幕職官，簡稱「幕官」或「職官」，有簽書判官廳公事、節度掌書記、觀察支使，各州府判官、推官，軍監判官等，掌輔佐府、州、軍、監長官處理政務，公案治事，分掌簿書、案牘、文移、付受、催督等事。州縣官有州錄事參軍以下曹官、縣令、丞、主簿、尉、城寨馬監主簿等，分掌州縣事務。參見鄧廣銘、程應鏐主編：《中國歷史大辭典·宋史卷》，上海辭書出版社1984年版，第302、450、482頁。

〔註24〕（宋）李攸：《宋朝事實》卷十六，兵刑，中華書局1955年版，第241頁。

科之中，「明法科」為其他諸科的共同考試項目。史稱，太宗太平興國四年（979）十一月丙戌「詔進士及諸多科引試日，並以律文疏卷問義」。〔註25〕歷史發展到宋神宗熙寧年間，王安石以其矯世變俗之志，在神宗的支持下，對科舉制度大加改革，遂有熙寧四年（1071）罷「明經」諸科，置「新科明法」之舉。《宋會要輯稿·選舉》一四之一稱：「罷明經諸科。詔：許曾於熙寧五年以前明經及諸科舉人，依法官例試法，為新科明法科」。新科明法與舊明法科的主要區別有三：其一是，參加考試的主體不同。新科明法為熙寧五年以前的諸科舉人，範圍較廣，而舊明法科則為各州縣的鄉貢舉人，數量極其有限；二是在考試內容上，舊明法科以經義、經注為主，新明法科則取消經疏內容，改試《刑統》大義與斷案；三是政治地位不同。舊科明法為進士之下科，而新科明法及第後，吏部授官——即注各州司法參軍，敘名在及第進之上，最為榮耀。〔註26〕此一措施，遂使世風大變。《歷代名臣奏議·風俗》載彭汝礪的話說：「異時士人未嘗知法律也，及陛下以法令進之，而無不言法令」。〔註27〕

第三，對於那些已經獲得做官資格，但尚未被任用的官員，則進行專門的法律考試。史稱「出官試」。所謂「出官試」，是說對那些已經獲得做官資格的人員，所進行的一種法律考試，其目的是提高士人的法律素養。進言之，「出官試」又可分兩類，一是對有出身的人考試律義、斷案，然後注官；二是對低級文官「選人」進行大規模的法律考試。又稱「銓試」。

「出官試」主要是解決宋初以來注授法官，只重資歷而不問法律素養的弊端而設立的。宋初，科舉考試及第之人，不論是進士，或者是其他諸科出身，一般皆可以直接授官，往往被任命為司理參軍、司法參軍等幕職官，這是開國伊始，法律人才緊缺的應急措施。隨著國家的統一，社會的發展、經濟文化的繁榮，宋王朝對司法官員的法律知識要求越來越高，法官的任用越來越受到最高統治者的重視。真宗大中祥符三年（1010年）對宰相說，主管司法的法官，猶其須要慎重選擇，若用非其人，必致司法黑暗。但真宗一朝，由於明法出身的人數量少，故其法官的選任，仍不盡如人意。此種情況至宋神宗時大為改觀。進士及諸科同出身之人必須通過「出官試」，考取司法資格，

〔註25〕（宋）李燾：《續資治通鑒長編》卷二十，第 1 冊，中華書局 2004 年版，第 464 頁。

〔註26〕參見王雲海主編：《宋代司法制度》，河南大學出版社 1992 年版，第 84 頁。

〔註27〕（明）黃淮、楊士奇編：《歷代名臣奏議》卷一一六，第 2 冊，上海古籍出版社 1989 年版，第 1540 頁。

才能授官。史稱：「自今進士、諸科同出身及授試監簿人，並令試律令、大義或斷案，與注官。若累試不中或不能就試，侯二年注官。曾應明法舉人，遇科場，願試斷案，大義者聽，如中格，排於本科本等人之上。」〔註28〕

出官試的第二種情況是吏部銓試。「銓試」是指，凡選人——包括官員所蔭親屬、同進士出身與特奏名者及宗室子第須赴吏部流內銓應試合格，或赴吏部長官廳簾試合格，方能注授文職差遣，稱「銓試」。銓試的內容，神宗以前，以詩賦經義為主，附帶兼試律令。神宗時，改革銓法，以法律為主要內容。史稱，宋神宗「熙寧四年，遂定銓試制：凡守選者，歲以二月、八月試斷案二、或律令大義五、或議三道，後增設經義。法官同銓曹撰試考試，第為三等。」〔註29〕南宋播遷臨安後，高宗於紹興三年（1132）覆文臣銓試，以經義、詩賦、時議、斷案、律義為五場。銓試作為一項選拔官吏的法律考試，到南宋後，自高宗經孝宗直至光宗朝，不斷得到加強與完善，被士大夫譽之為「近世之良法」，極大的提高了他們的法律素養。

第四，對現任及任滿遷轉，也要檢查其法律知識，若是遷轉到司法機構、專門負責司法工作，則要參加「試刑法」的考試，這是宋代士大夫升遷為高級法官的必經途經。「試刑法」，又稱「試法官」、「試刑法官」、「試刑名」、「試斷案」以及「乞試法律」、「乞試法官」等，因其考試內容以刑名法律大義、斷案為其主要內容，故得以上各名。〔註30〕

據南宋李心傳《建炎以來朝野雜記·試刑法》條記載，「試刑法」始於宋神宗熙寧年間，但實際上早在宋太宗時期，便有了試刑法的詔令。太宗端拱二年（989）九月戊子下詔說：「京朝官有明於律令格式者，許上書自陳，當加試問，以補刑部、大理寺官屬，三歲遷其秩」。〔註31〕神宗之前，應試刑法的多以自陳的形式進行，史稱「乞試」。真宗咸平六年（公元1003）十

〔註28〕（宋）李燾：《續資治通鑒長編》卷二四三，第10冊，中華書局2004年版，第5922頁。

〔註29〕（元）脫脫等：《宋史》卷一五八，選舉四，第11冊，中華書局1977年版，3705頁。

〔註30〕參見（宋）李心傳：《建炎以來朝野雜記》，甲集卷十三，試刑法，上冊，徐規點校，中華書局2000年版，第268～269頁；（清）徐松：《宋會要輯稿》選舉十三、十四，第9冊，劉琳等校點，上海古籍出版社2014年版，第5520～5534頁。

〔註31〕（宋）李燾：《續資治通鑒長編》卷三十，第2冊，中華書局2004年版，第687頁。

二月，朝廷下詔說：「自今有乞試法律者，依元敕問律義十道外，更試斷徒已上公案十道。並與大理寺選斷過舊條律稍繁、重輕難等者，折去元斷刑名、法狀、罪由，令本人自新別斷。若與元斷並同，即得為通。如十道全通者，具狀聞奏訖，於刑獄要重處任使。六通已上者，亦奏加獎擢，五通已下，更不以聞。」〔註32〕宋神宗時，不再侷限於本人乞求，而是由其他長官推舉，不少地方長官也前來應試，考試的標準也更加細密。史稱：「差試官二員，專撰刑法問題，號為假案。其合格分數，例以五十五通，作十分為率。五分以上入第二等下（係二十七通七釐半），四分半以上入第三等上（係二十四通七釐半），四分以上入第三等中（係二十二通以上），凡試入二等者，選人改京秩。」〔註33〕

第五，對於那些由皇帝親自差遣的臨時司法官員及監司選差的臨時推勘官來說，固然沒有規定專門的法律考試，但由於宋代法律中對於覆核案件的官員有著明確的獎懲規定，故這些官員的法律素養是其辦案的必備條件。

第六，對於司法機關的低級辦事人員，如法吏、書吏、書令史、帖司，押司等，也規定了法律考試的制度。宋神宗時規定：三年一次「試法」。「試法」就是法律考試。史載，宋神宗熙寧八年（公元1075）五月乙亥：「詔發運、轉運、提點刑獄，提舉司、州縣吏及衙前不犯徒若贓罪，能通法律，聽三歲一試斷案。轉運司以八月差官如試舉人法，每路取毋過三人。本司具名並試卷以聞，委中書詳覆。次年二月，並在京諸司吏願試者，同差官比試，取毋過十人，補御史臺主推書吏，以次補審刑院糾察、司書、令史。」〔註34〕

總之，規模宏大，組織嚴密的法律考試，涵泳了有宋一代士大夫的法律意識及法律素養，孕育了宋代許多著名的法官及法律專家。北宋政壇上的風雲人物，大都具有較高的法律素養，如王安石、蘇軾、韓維、歐陽修，更有鄭克、李元弼撰著法學之書《折獄龜鑑》《作邑自箴》。南宋時期留下來的《名公書判清明集》一書，使我們有看到了一大批法官明敏斷案的卓越事蹟，其中的大法醫學家宋慈及其《洗冤集錄》更是譽滿世界，彪炳於史冊。對於法

〔註32〕（清）徐松：《宋會要輯稿》職官一五，第6冊，劉琳等校點，上海古籍出版社2014年版，第3425～3426頁。

〔註33〕（宋）李心傳：《建炎以來朝野雜記》，甲集卷十三，試刑法，上冊，徐規點校，中華書局2000年版，第268～269頁。

〔註34〕（宋）李燾：《續資治通鑑長編》卷二六四，第11冊，中華書局2004年版，第6466頁。

官的職責，更有大臣多次上書論述其重要性。

真宗咸平三年（公元 1000 年）、四年（公元 1001 年），皆有大臣向皇帝上章論說法官職責的重要，甚至認為法官之任關涉到百姓的生命，故其任用之時，不能單憑資歷，更不能不察其職業要求，用非所當。真宗咸平三年（公元 1000 年）六月乙亥，戶部判官、右司諫、直史館孫何上奏說：「法官之任，人命所懸。太宗嘗降詔書，諸州司理、司法，峻其秩，益其俸。今吏部擬授之際但問資歷相當，精律令者或令捕盜，憒章程者或使詳刑，動至紛拏，即議停替，小則民黎負屈，大則旱嘆延災。欲望自今司理、司法，並擇明法出身者授之，不足，即於現任司戶、簿、尉內選充，又不足則選嫻書判、練格法者考滿無私過，越資擬授。庶臻至古之化，用闡太平之基。」〔註 35〕孫何為真宗朝的重要官員，從州級判官到知制誥，幾經遷轉，多言朝政得失。他的這段話極有深意，在孫何看來，法官的職責極為重要，他關係到百姓的生死，決不可馬虎授人。為此，他反對單純按資歷任用司法官員，並回顧歷史說，太宗朝曾下詔書，對各州司法官員的選拔極其嚴肅，且俸祿優厚，而現在吏部任用司法官員，僅看其資歷，且所用非其人。精通法令的，卻讓其捕盜，不懂法令的，卻讓其審案，弊端甚多，百姓含冤。為此，他主張對法官的選任——即對諸州司理、司法參軍的任用，必須從通過法律考試、獲得任職資格的人中選拔，所謂「擇明法出身者授之」，即是此意。

使人頗感有趣的是，北宋名臣陳彭年也說過類似的話。真宗咸平四年（公元 1001 年）正月壬戌，擔任知州的陳彭年（時知金州）上言朝政，向真宗提出五點建議：一曰置諫官，二曰擇法吏，三曰簡格令，四曰省官員，五曰行公舉。其中的「擇法吏」就是選任法官。他認為：「人命所繫，在於法官，官或非才，人必無告。」〔註 36〕陳彭年的這句話與孫何上年所論如出一轍，只是

〔註 35〕（宋）李燾：《續資治通鑒長編》卷四七，第 2 冊，中華書局 2004 年版，第
1020 頁。孫何（961～1004），蔡州汝陽（今河南駐馬店）人，字漢公。淳化
三年進士，真宗朝歷任權戶部判官，京東轉運副使，兩浙轉運使，判太常禮
院，遷知制誥，掌三班院。何為人性急而不容物，為使者，專任峻刻，對胥
吏日有捶楚，官屬多懼譴罰，人不稱賢。

〔註 36〕（宋）李燾：《續資治通鑒長編》卷四八，中華書局 2004 年版，第 2 冊，第
1046 頁。這裡需要特別指明的是，「法官」這個詞在宋代的典籍中經常出現，
從宋人史料筆記，到《宋史》《會要》《長編》《歷代名臣奏議》等各種體裁的
文獻，都有記載。略舉數例如下：①宋人陳師道《後山談叢》之《榆條準此》
條載：「魯直為禮部試官，或以柳枝來，有法官曰『漏泄春光有柳條』。魯直

他進一步認為，法官一職若任用不當，就會使告狀的人無路可走。與孫何略有不同的是，陳主張在法官的選任時，除注意法律知識外，還應注重法官的人文素養，即司法官員對儒家經義及仁愛思想的理解與把握。

　　大臣們對法官素質及職責的重視，同樣得到了最高統治者──皇帝的認可。《宋史·刑法志》載：「真宗性寬慈，尤慎刑辟。嘗謂宰相曰：『執法之吏，不可輕授。有不稱職者，當責舉主，以懲其濫。』」〔註37〕南宋著名史家李燾所著《長編》中記有這樣一件事：真宗大中祥符二年（公元1009），某縣一胥吏醉酒，與驛站兵卒相毆。夜歸，胥吏受傷倒於路邊。有人對驛卒說，夜晚天冷，胥吏可能會凍死。卒急忙去救，無奈胥吏已踣斃於路。司法機關逮捕驛卒，且以毆殺人罪訴之。卒之母親訴於州，州不能察，杖其母。卒之婦人對其母親說：「您老人家能看著自己的兒子冤死嗎？」卒母遂又至朝廷搥鼓喊冤，朝廷下詔覆查此案，但又不能原其情。且以母卒上言失實，杖脊放歸，卒之婦人其後也變賣家產改嫁他人。真宗於第二年才得知此案真相，他認為這是司法官員所用非當，素質不高，才導致驛卒一家孤弱之人受其弊害。故此，他對宰相意味深長的說：「刑獄之官猶須遴擇。朕常念四方獄訟，若官非其人，寧無枉濫！」〔註38〕南宋學者王應麟在《玉海》一書中也載有真宗這樣的話：「邦家之事，刑政而已，政令一出，為安危之基；刑辟一施，有死生之法，人

日『榆條準此』。蓋律云有『餘條準此也』。一座大哄，而文吏共深恨之。」宋）陳師道：《後山談叢·萍洲可談》，《後山談叢》卷五，李偉國點校，中華書局2007年版，第70頁）②《宋史·刑法志》：「或出中使，或命法官，具禮監科，以重明刑謹法之意。」「凡集斷急按，法官與議者並書姓名，議刑有失，則皆坐之。」（參見（元）脫脫等：《宋史》卷一九九，刑法一，第15冊，中華書局1977年版，第4971、4976頁。）③《宋會要輯稿》刑法三之一六：「既而法官摘靖奏中有必是不經聖覽之語，以為指斥乘輿，抵靖私罪。」清）徐松：《宋會要輯稿》刑法三，第14冊，劉琳等校點，上海古籍出版社2014年版，第8400頁。）此處『靖』，指陳靖，時任兵部郎中。④《長編》一書，「法官」一詞甚多，見文中所引。⑤《名公書判清明集》判詞中多次出現「法官」一詞，如：「合從法官書擬，徒一年半，決脊杖十三，仍加送五百里外軍州編管。」（參見中國社會科學院歷史研究所宋遼金元史研究室點校：《名公書判清明集》卷十三《嘩徒反覆變詐縱橫捍閣》，中華書局1987年版，第484～485頁。）

〔註37〕（元）脫脫等：《宋史》卷一九九，刑法一，第15冊，中華書局1977年版，第4972頁。

〔註38〕參見（宋）李燾：《續資治通鑒長編》卷七三，第3冊，中華書局2004年版，第1659～1660頁。

以為小，吾以為大。」〔註39〕

如果說視「獄訟」為政務之首，對司法審判不敢掉以輕心，是宋王朝初期統治者，鑒於五代之亂所作的教訓總結的話，那麼高度重視法官的選任及其人文素養，並且通過司法考試來改變文人的知識結構，以適應社會法律職業化的需求，則是兩宋王朝三百餘年來一直沿續不斷的傳統。宋王朝試圖通過對法官職責的重視，來重塑司法官員的職業威信，從而去建立良好的社會秩序，實現人們對司法公正的秩序期待，這的確是漢唐所未有，明清所不及的獨特理念。然而，法官審案從事的是一項司法權力，它關涉到百姓的生命、財產、人身、榮譽等，應該怎樣對待司法官員的職責，通過什麼樣的機制去分配法官手中的權力，這也是宋人反覆思考的問題。這就進入了宋人司法理念的第三個層面了，即宋人對司法權力的思考，宋代在司法上怎樣設官分職呢？那就是調查犯罪事實與判決相互分離。

（三）「鞫讞分司，各司其局」

「鞫讞分司，各司其局」這句話出自南宋時期大理寺官員汪應辰之口，載於《歷代名臣奏議》卷二百一十七。用現代的話來說，就是「審」與「判」分離，即案情調查——類似於現代的公安局預審，或稱審訊案情，與司法判決要互相分開，各有其職責，不能混淆。汪應辰是南宋時期紹興年間的進士，初授鎮東軍簽判，詔為秘書省正字，通判建州、袁州、靜江、廣州、知平江府，後入為吏部尚書，兼翰林學士並侍讀。汪講此番話時，任大理寺右司郎中。據汪的履歷可知，他任地方官多年，對地方司法有許多瞭解。固此，汪的議論大可注意，是宋代司法理念的典型表達。他在上高宗的《論刑部理寺讞決當分職》奏摺中，總結了宋代的司法理念，運作機制及其司法傳統，是一段難得見到的有關論述宋代司法傳統的歷史資料。他說：「國家累聖相授，民之犯於有司者，常恐不得其情。故特致詳於聽斷之初；罰之施於有罪者，常恐未當於理，故復加察於赦宥之際。是以參酌古義，並建官師，上下相維，內外相制。所以防閑考核者，纖悉委曲無所不至也。蓋在京之獄，曰開封、曰御史，又置糾察司以紀其失；斷其刑者，曰大理、曰刑部，又置審刑院以決其平。鞫之與讞者各司其局，初不相關，是非可否，有以相濟，無偏聽獨任之

〔註39〕（宋）王應麟：《玉海》卷三二，第 2 冊，江蘇古籍出版社 1987 年版，第 612
頁。

失，此臣所謂特致詳於聽斷之初也；至於赦令之行，其有罪者或敘覆，或內徙，或縱釋之。其非辜者則為之澗洗，內則命侍從館閣之臣，置司詳定。而昔之鞫與讞者皆無預焉；外之益、梓、夔、利，去朝廷遠，則付之轉運鈐轄司，而提點刑獄之官也無預焉。蓋以獄訟之初，既更其手，苟非以持平強恕為心，則於有罪者或疾惡之太甚，於非辜者，或遂非而不改。故分命他官以盡至公，此臣所謂復加察於赦宥之際也。迨元豐中更定官制，始以大理兼治獄事，而刑部如故。然而大理少卿二人，一以治獄，一以斷刑。刑部郎中四人，分為左右。左以詳覈，右以敘雪。雖同僚而異事，猶不失祖宗所以分職之意。本朝比之前世，刑獄號為平者，蓋其並建官師所以防閒考核者有此具也。」〔註40〕

汪應辰的這段議論，須認真辨析，他對宋代司法傳統的總結極具深意，其間至少有五層意思。第一，本朝的司法已形成了傳統，即汪所說的「國家累聖相授」，也就是世代相傳的司法理念與司法運作機制；第二，朝廷對於百姓犯罪，最為擔心的是不能審清案情。因此，在審案的開始階段就建立了一套詳密的制度——所謂「特致詳於聽斷之初」；對犯罪者施加懲罰時，又擔心罪與罰不能適當，或者輕罪重判，重罪輕判，乃至判案不公，冤枉無辜，因此建立了一套平反冤屈的司法訴理機制；第三，總結古人義理，設官分職，司法機構互相制約，以防止弊端發生。就監獄〔註41〕與審訊來說，在京城有開封府、御史臺，另置糾察司監督其是否公平；審理案件的專門機構，在中央則有大理寺與刑部。另外，皇帝內廷還專設「審刑院」平衡二者的關係；第四，審與判互不相屬，實即現代司法理論中的「權力分治」，相互監督，以防司法專橫之弊，而達公平司法之效，即汪文所謂「鞫與讞者，各司其局（審訊案情與司法判決者，各有其職責），初不相關（即審案之始，便不能混淆），是非各否，有以相濟」，（即二者互相糾正其得失，極其類似我們現代司法理論中的所謂「分工負責，互相制約與配合」）。這樣才能做到「無偏聽獨任之失」，即司法公平；第五，為了防止冤案的發生，或者給犯罪人一次改惡從善的機會，故宋朝還在皇帝發布赦令時，也建立了一套分權制衡的洗冤機制，所謂

〔註40〕（明）黃淮、楊士奇編：《歷代名臣奏議》卷二一七，慎刑，第 3 冊，上海古籍出版社 1989 年版，第 2852～2853 頁。

〔註41〕宋代，「獄」即指監獄，也指案件的審訊。古代中國，未有警察制度，偵、檢、審三階段雖有一定之分工，但確不可能如現代一樣階段分明，故未決犯、已決犯常都羈押在監獄之中。

「復加察於赦宥之際」；第六，宋朝的司法審判與前朝相比，（實與漢唐以來的前朝相比較）之所以公平，就是因為形成了獨特的司法傳統，這個傳統就是司法理念上的「分權制衡」，用宋人的原話則是「各有職業，互不相侵」〔註42〕，或「雖同僚而異事，猶不失祖宗分職之意。」〔註43〕

三、分權制衡的司法運作機制：「獄司推鞫，法司檢斷，各有司存，所以防奸」

　　「分權制衡」是一個現代概念，它是西方憲政理論中的一個重要範疇。一般而言，狹義的「分權制衡」是指在民主政治基礎上的「三權分立」。「三權分立」包括兩方面的內容，一是權力之間互不統屬，即行政、立法、司法三權獨自行使；二是三權又互相制約而達致平衡。「分權」是指的行政、立法、司法三權分立；制衡是三者不僅僅分立，而且還互相依賴與制約。廣義上的「分權制衡」是指各種文明形態中對權力的反思與控制。〔註44〕宋代司法運作機制中的「分權制衡」自然與現代的「三權分立」有著質的不同。但就權力需要制約而言，宋代的士人確實進行了不同以往的深入思考。這種對權力的思考既指皇權，也指司法權。古代中國皇權往往是所有權力合法性、正當性的來源，故對皇權而言，它既是行政權，也是立法權、司法權。宋代的皇權仍具有上述特性。所不同的是，隨著宋代社會生活的變化、經濟的繁榮，私有制的深入發展，遂在宋代形成了一種獨特的士風，即士大夫與皇帝共商「國是」。「國是」即國策，共商國是就是共同制定大政方針，用宋代名臣文彥博的話

〔註42〕（宋）朱熹：《晦庵先生朱文公文集》卷一四，《經筵留身箚子》，載《朱子全書》第 20 冊，上海古籍出版社、安徽教育出版社 2002 年版，第 680～681 頁。

〔註43〕（明）黃淮、楊士奇編：《歷代名臣奏議》卷二一七，慎刑，第 3 冊，上海古籍出版社 1989 年版，第 2852～2853 頁。

〔註44〕參見（美）斯科特·戈登：《控制國家——西方憲政的歷史》，應奇等譯，江蘇人民出版社 2001 年版。該書的內容提要指出：憲政是西方政治傳統的精髓，是西方政治理論的主流。作者把「憲政」定義為通過政治權力的多元分配從而控制國家的強制力量的政治制度，探討了憲政思想和實踐的主要歷史階段：古代雅典、工和時期的羅馬、中世紀對抗的理論、文藝復興的威尼斯、荷蘭共和國、十七世紀的英格蘭……其中對傳統範式中較為忽視的威尼斯共和國和荷蘭共和國的探討尤為引人入勝。分權學說，可參見（英）M·J·C維爾：《憲政與分權》，蘇力譯，生活·讀書·新知三聯書店 1997 年版。該書的前七章集中研討了「分權學說」。

就是「（皇帝）與士大夫（共）治天下」。〔註45〕皇權需要制約，不能濫用，不能無界限，不能恣意侵削大臣之權，這即是宋代的實踐，也是宋代皇帝與大臣的共同意識。北宋楊時《龜山集》記載：宋仁宗年間，有人曾建議仁宗「收攬權柄，勿令人臣弄威福」。仁宗問他如何收攬權柄，這個人說：「凡事須當中出，則福威歸陛下矣」。仁宗答道：「此固是，然措置天下事，正不欲自朕出。若自朕出，皆是則可；若有不是，則難以更改。」〔註46〕

南宋孝宗時，屯田員外郎、皇子恭王府直講林栗針對皇權，公開叫板，他認為皇帝、大臣、言諫官三者之間，各有職權，皇帝雖擁有決定權，但不能獨持之。合理的界限是：皇帝發布命令，大臣執行，言諫與其得失。史稱：孝宗懲創紹興權臣之弊，躬攬權綱，不以責任臣下，栗言「人主澄權，大臣審權，爭臣議權，王侯、貴戚善撓權者也，左右近習善竊權者也。權在大臣，則大臣重；權在邇臣，則邇臣重，權在爭臣，則爭臣重。是故人主常患權在臣下，必欲收攬而獨持之，然未有能獨持之也。不使大臣持之，則王侯、貴戚得而持之矣；不使邇臣審之，爭臣議之，則左右近習得而議之矣。人主顧謂得其權而自執之，豈不誤哉。是故明主使人持權而不以權與之，收攬其權而不肯獨持之。」〔註47〕

在儒家的語境內，朱熹更是用其「制度語言」，對皇權進行了極其尖銳的拷問，他認為，如果凡事皆由皇權獨斷，即便是處置的皆合乎情理，也不符合「治體」。〔註48〕朱熹論說道：「至於朝廷綱紀，尤所當嚴，上自人主以下，至於百執事，各有職業，不可相侵。蓋君雖以制命為職，然必謀之大臣，參之給捨，使之熟議，以求公議之所在，然後揚於王庭，明出命令，而公行之。是以朝廷尊嚴，命令詳審，雖有不當，天下亦皆曉然，知其謬之出於某人，而人主不至獨任其責。臣下欲議之者，亦得以極意盡言而無所憚。此古今之常理，

〔註45〕《長編》載：「彥博又言『祖宗法制具在，不須更張以失人心』。上曰：『更張法制，於士大夫誠多不悅，然於百姓何所不便？』彥博曰『為與士大夫治天下，非與百姓治天下也』」。（參見（宋）李燾：《續資治通鑑長編》卷二二一，第9冊，中華書局2004年版，第5370頁。）另可參見余英時：《朱熹的歷史世界》上冊，第三章「同治天下」，生活·讀書·新知三聯書店2004年版。

〔註46〕（宋）楊時：《楊時集》卷十二，中華書局2018年版，第324頁。

〔註47〕（元）脫脫等：《宋史》卷三九四，林栗傳，第34冊，中華書局1977年版，第12027頁。

〔註48〕參見余英時：《朱熹的歷史世界》上冊，生活·讀書·新知三聯書店2004年版，第233頁。

亦祖宗之家法也。今者陛下即位未能旬月，而進退宰執，移易臺諫，甚者方驟進而忽退之，皆出於陛下之獨斷，而大臣不與謀，給舍不及議。正使實出於陛下之獨斷，而其事悉當於理，亦非為治之體，以啟將來之弊。況中外傳聞，無不疑惑，皆謂左右或竊其柄，而其所行又未能盡允於公議乎！」〔註49〕

　　宋人對皇權獨斷的質疑，當然還不可與現代的「權力分立」理論同日而語，但這種拷問已是傳統體制內部對皇權最激烈的批判了，說它帶有「分權制衡」的現代因素應不為過。對皇權的思考必然會帶來對司法權的考量，因為皇權也好，司法權也罷，都是管理國家的公共權力，都是「國是」，而共商「國是」恰恰是宋代的世風。當然本文無意使宋代的司法傳統現代化，更不是說宋代已有了西方近代以來的「三權分立」理念與實踐，而是說宋人對皇權與司法權的思考確有「分權制衡」的現代因素，只不過它是在傳統體制下，以宋代士人獨有的氣質，用儒家語言的特徵而做的表述罷了。用南宋司法官員周林的話來說就是「獄司推鞫，法司檢斷，各有司存，所以防奸。」（周林：《推司不得與法司議事》）〔註50〕

　　實際上，宋代的司法運作機制從地方到中央都帶有「分權制衡」即如宋人所言的「各有職權」「各司其局」的時代特徵。本文於此處所使用的「司法運作機制」，其內涵特指宋代社會所具有的以「設官分職、各司其局」為特點的、具有現代制衡因素的、以實現司法公平為其價值的人文主義司法模式。這個模式既包含司法理念，也包含法官的素養及其制度設計。

　　我們先來看地方上的司法機制。宋代的地方包括路、州、縣三級。其中的路一級原本是中央用來設置地方監察機構的，後來，路級機構逐漸與一級職能政府無異。宋人習慣上把路的各種機構稱為監司。路置提刑司專管司法，負責審理州縣的疑難及其死刑案件，審理就是覆查。路級提刑官員有權監督所轄州縣的司法審判活動，也可直接審理。與州同級的是府、軍、監。州有權判決徒刑以上案件，但死刑案件須上報路提刑司與中央。州設有專門的法官，協助知州審理案件。地方上的長官號稱親民之官，司法任務十分繁重，宋代

〔註49〕（宋）朱熹：《晦庵先生朱文公文集》卷一四，《經筵留身箚子》，載《朱子全書》第 20 冊，上海古籍出版社、安徽教育出版社 2002 年版，第 680～681頁。

〔註50〕參見（明）黃淮、楊士奇編：《歷代名臣奏議》卷二一七，第 3 冊，上海古籍出版社 1989 年版，第 2850 頁。

－85－

於州級司法有一套完善的制度，對此學界論述較詳。〔註51〕體現制衡理念的機制主要是「鞫讞分司」制，亦即審與判互不隸屬，各司其職。進言之，宋地方的審判活動，實行的是巡捕、推鞫、檢斷、判決四者各負其責，獨立運作的機制。〔註52〕所謂巡捕，又稱偵捕、捕盜。指偵查與逮捕嫌疑犯，類似現代公安局的職能，宋代由巡檢與縣尉負責，簡稱為巡尉。推鞫，又稱勘鞫，即調查事實，訊問案情。此項工作由獄司負責，史稱「獄司推鞫」，在州由司理參軍、或被稱為「獄官」的錄事參軍負責。檢斷，又稱檢法斷刑，由專門的法官即司法參軍檢出適用的法律條文，草擬判決意見，供長官最後判決時參考。〔註53〕宋制，州一級司法特受重視，故其制度甚為完備。掌管「推鞫」與「檢斷」的官員都是專職，均有較高的法律素養，史籍中稱他們為「錄事參軍」、「司理參軍」、「司法參軍」，也統稱他們為「法官」。他們既是州司法長官的助手，同時也對知州最後做出的判決負有共同責任。實際上，宋代正是通過此種運作機制，而於分職制衡中去實現司法公平的。他們之間既合作，長官的判決即以「檢法書擬」為基礎；又有制衡，即錄事參軍、司理參軍、司法參軍如對長官的判決有異議，可在判決書上附上自己的不同意見提呈上司，史稱「議狀」，或呈請知州再行審理。此後，若長官的判決有誤，附入議狀者可免除處罰。在有宋一代的司法實踐中，既有州級司法官員間互相制衡而使冤獄得免的真實案例，

〔註51〕 參見（1）戴建國：《宋代法制初探》，黑龍江人民出版社2000年版；（2）上海社會科學院政治法律研究所編：《宋史刑法志注釋》，群眾出版社 1979 年版。（3）郭東旭：《宋代法制研究》，河北人民出版社2000年版；（4）王雲海主編：《宋代司法制度》，河南大學出版社1992年版；（5）徐道隣：《中國法制史論集》，志文出版社1976年版。

〔註52〕 日本著名學者、京都學派的宮崎市定對中國古代的司法多有建樹，他的名作《宋元時代的法制和審判機構》，對宋代的司法進行了深刻的研究。參見劉俊文主編：《日本學者研究中國史論著選譯》第八卷，中華書局1993年出版。我國臺灣地區法史學家徐道隣也對宋代的「鞫讞分司制」、「翻異別勘制」進行了較為詳密的考訂。徐先生的研究，對重新認識宋代司法的成就有開創之功，應特別予以關注。參見上注。

〔註53〕 《名公書判清明集》載有多篇「檢法書擬」，是對此問題的最好印證。例如，宋自牧(宋慈)《結託州縣蓄養罷吏配軍奪人之產罪惡貫盈》一判之後附有《檢法書擬》一道。所謂「檢法書擬」，即是提刑司檢法官檢出所適用的法條，草擬判決。（參見中國社會科學院歷史研究所宋遼金元史研究室點校：《名公書判清明集》卷十二，中華書局1987年版，第465～467頁。）這段判詞真實地再現了宋代司法運作機制中檢法書擬與最終判決之間的關係，展現了路級司法中長官與輔佐司法官員之間分工合作的過程。

也有州長官、司理司法參軍等官員在審理案件中不履行職責，甚至共同舞弊而受處罰的事例。這說明在宋代的司法實踐中，固然不可能完全避免冤屈，但司法中的分權制衡機制確實在發揮著作用。現舉兩例，以為說明：

先說錢若水為同州推官時制衡錄事參軍案。史稱：

「錢若水為同州推官，有富民女奴逃亡，父母訟於州。州錄事嘗貸於富民不獲，乃劾富民父子共殺女奴，富民不勝榜楚，自誣服。具獄上州，皆覆實無反異。若水獨疑之，留其獄，數目，錄事詣若水，之後之曰：『若愛富民，欲出其死。』若水笑謝曰：『今數人當死，豈可不少留熟觀其獄詞耶？』留之且旬日，若水詣知州，屏人曰：『若水所以留其獄者，密使人訪求女奴，今得之矣。』因密送於知州所，知州引女奴父母從簾內，推女奴示之，父母持之而泣，乃引富民父子破械縱之，其人號泣不肯去，曰：『微使君，族滅矣』。知州言此推官之賜，其人趨詣若水廳事，若水閉門拒之，曰：『知州自求得這，我何與焉？』其人不得入，繞牆而哭，傾家貲販僧為若水祈福。知州欲論奏其功，若水固辭曰：『水求人不冤死耳，論功非本心也，且置錄事於何地？』知州歎服。」〔註54〕

這個案子的結果多少有點傳奇之色彩，但其中尚可注意的是，依據宋代法律規定，凡徒刑以上案件，審理完結，於判決之前，要由其他官員再行對犯人核實口供，謂之「錄問」。〔註55〕死刑犯人，再執行前，還要差派其他官員共同核實，謂之「聚錄」。〔註56〕若犯人屆時喊冤，則另派其他司法人員重新審理，謂之「翻異別勘」〔註57〕。此案中，富民因與錄事參軍有隙，被誣告殺奴，不勝拷訊而誣服。案子審結後，呈報知州，覆核後竟然無異。獨錢若水疑之，尚且能留獄——即讓犯人暫緩執行，又暗中查訪女奴，最後平反冤屈。這說明錢若水作為州級推官確實發揮了制衡作用。

再說，發生在宋仁宗景佑三年（公元 1036）八月的一個案例，地點在蘄州（今屬湖北黃岡）。據《宋會要輯稿·刑法》四之七三至七四的記載及徐道

〔註54〕 丁傳靖輯：《宋人軼事彙編》卷 4，中華書局 2003 年版，第 156～159 頁。錢若水（公元 960～1003），字濟成，一字長卿。雍熙進士，授同州觀察推官。可見，此案例發生在太宗雍熙年間。同州今屬陝西，所轄大荔、合陽、韓城、澄城、白水等。

〔註55〕 朱瑞熙：《中國政治制度通史·宋卷》，人民出版社 1999 年版，第 475 頁。

〔註56〕 （宋）馬端臨：《文獻通考》卷一六七，刑考六，第 8 冊，上海師範大學古籍研究所、華東師範大學古籍研究所點校，中華書局 2011 年版，第 5017 頁。

〔註57〕 參見（清）徐松：《宋會要輯稿》刑法三，第 14 冊，劉琳等校點，上海古籍出版社 2014 年版，第 8438～8439 頁。

隣先生的研究，這個案子的大意是「犯人林宗言和一個崔克明，同是蘄州管倉庫的小官。兩個人一個私占官麻，一個私盜官酒，不幸事發。恰巧知州王蒙正和林宗言有舊怨，就起心借機把二人陷入死罪。知州王蒙正向殿直皇甫振借貸銀兩，收買黨羽。派水主簿鄭照搜求林宗言的劣跡。且吩咐手下的法官，一定要把林宗言問成死罪。司理參軍劉渙雖未反對，但曾對案子表示疑問，而判官尹奉天卻投王蒙正之所好，逼林宗言就範。錄問時，林一度翻供，然而兩個錄問官，一個是黃州通判潘衢，一個是蘄春知縣蘇洭，並沒依法重審。結果司法參軍胡揆，就依供判理，走個過場而已。錄事參軍尹化南照例簽署。結案後由王蒙正畫行，通判張士守附署，申報至提刑司與轉運司，而這兩個監司部門照樣沒有發現林宗言的冤枉。最後由中央刑部、大理的合疏駁而得以改正。」〔註58〕

就此案而言，林、崔二人固然有罪，但罪不致死。最後得中央司法機構的督察而糾正，已是不幸中的萬幸。但本文要關注的重點是朝廷對此案不履行職責，乃至共同舞弊之官員的懲處，因為它說明了宋代司法中制衡機制的實際效用須由官員忠於職守才能完成。而官員玩忽職守，乃至因己私而挾嫌報復，更為法紀所不容，必受法律追究。史稱，宋仁宗景佑三年（1036）八月十五皇帝下詔：「知蘄州虞部員外郎王蒙正責洪州別駕，坐故入林宗言死罪，合追三官，勒停，〔註59〕特有是命。判官尹奉天、司理參軍劉渙並坐，隨順奉天追兩任官，渙曾有議狀免追官。監酒借職崔克明將酸黃酒入已，特免除名，追官勒停。通判張士宗隨順蒙正虛妄申奏，追現任官。黃州通判潘衢不依指揮再勘林宗言翻訴事，罰銅三十斤，特勒停。權蘄州水主簿鄭照搜求宗言事，罰銅九斤。蘄春知縣蘇洭，錄問不當，罰銅十斤，並特衝替。〔註60〕宗言將官麻入已，罰銅八

〔註58〕徐道隣：《宋朝刑事審判中的覆核制》，載氏著《徐道隣法政文集》，清華大學出版社 2017 年版，第 322～324 頁。但這裡需指出的是，徐先生認為林宗言案乃由大理寺、刑部糾正的，恐有誤。因為《長編》明確記載，此案得因殿中待御史蕭定基按察而糾正。（參見（宋）李燾：《續資治通鑑長編》卷一九九，第 5 冊，中華書局 2004 年版，第 2800 頁。）

〔註59〕勒停，宋代對官員的一種處罰，頗似現代的行政處分。勒停又稱停任，即勒令停職。參見鄧廣銘、程應鏐主編：《中國歷史大辭典·宋史卷》，上海辭書出版社 1984 年版，第 411 頁。

〔註60〕宋代黜出官員的一種措施，即詔令一下，官員必須馬上離任，類似現代的就地免職。參見苗書梅：《宋代官員選任和管理制度》，河南人民出版社 1996 年版，第 477～479 頁。

斤,特勒停。殿值皇甫振借銀與蒙正合罰銅七斤。錄事參軍尹化南、司法參軍胡揆不駁公案,各罰銅五斤」。〔註61〕這段史料即真實的記載了對此案中各類司法官員的處罰,也明確的再現了宋代司法中分權制衡機制的存在。

進言之,宋朝的司法,就刑事審判而言,其制衡機制可分四層:第一,在疑犯招供之前,調查案情之始,有「鞫讞分司制」,就是把初審(相當於現在的預審)——即訊問案情的人與定罪名的人(檢法議刑之官員)分開,此所謂「特致詳於聽斷之初」,以「免偏聽獨任之失」。〔註62〕以州為例,宋代諸州置州院、司理院兩個法庭。州院的錄事參軍,審理民事案件,後來也審理刑事案件;司理院的司理參軍,掌獄訟勘鞫之事;另設司法參軍掌「議法斷刑」。〔註63〕重要的州升為府,錄事參軍改稱司錄參軍。其中,推首官、左右推、推勘官、錄事參軍、司理參軍,均屬鞫司,亦稱「推司」、「獄司」;檢法官、檢法案、司法參軍屬於讞司,亦稱「法司」。其審判程序是:鞫司審明案情,再由另外的法官核實(宋代稱為錄問),轉檢法官檢出施用法律條文,另由其他法官擬判,經同級官員集體審核後,由長官判決。第二,在犯人招供之後,執行之前,有所謂翻異別勘制。這主要適用於死刑犯人。只要犯人或其家屬在臨刑前稱冤,不需任何特別手續,即可差派另外的官員重新審理。第三,在審判過程中,禁止鞫獄官、檢法官、錄問官會面,以防其連手作弊。這實際上是要審問的法官、檢法議刑的司法官員及負責審核的人員,三者獨立行使職權,不得互相干撓。《慶元條法事類》卷九《斷獄敕》載:「諸被差鞫獄、錄問、檢法官吏,事未畢與監司及置司所在官吏相見,或錄問、檢法與鞫獄官吏相見者,各杖八十。」〔註64〕另外,檢法議刑之法官,只能檢出法條,

---

〔註61〕 參見(清)徐松:《宋會要輯稿》刑法三,第 14 冊,劉琳等校點,上海古籍出版社 2014 年版,第 8485 頁。另《長編》載:「初,知蘄州、虞部員外郎王蒙正故入知蘄水縣、太常博士林宗言死罪,詔殿中待御史蕭定基往按之。定基論所隨吏蔡顯等曰:『蒙正必賂汝,汝第受之,亟告我。』蒙正果賂顯等直三百萬。定基因以正其獄。庚申,貶蒙正為洪州別駕。」(參見(宋)李燾:《續資治通鑑長編》卷一九九,第 5 冊,中華書局 2004 年版,第 2800 頁。)

〔註62〕 (明)黃淮、楊士奇編:《歷代名臣奏議》卷二一七,慎刑,第 3 冊,上海古籍出版社 1989 年版,第 2852～2853 頁。

〔註63〕 (宋)馬端臨:《文獻通考》卷六三,職官考一七,第 3 冊,上海師範大學古籍研究所、華東師範大學古籍研究所點校,中華書局 2011 年版,第 1906～1907 頁。

〔註64〕 楊一凡、田濤主編,戴建國點校:《中國珍稀法律典籍續編第 1 冊:慶元條法事類》卷九,黑龍江人民出版社 2002 年版,第 168 頁。

議定罪名，做出擬判，但不得干預長官的決定權。《慶元條法事類》卷七十三《刑獄門三·檢斷條》稱：「諸事應檢法者，其檢法之司唯得檢出事狀不得輒言與奪」。第四，在審判進程中或判決之後，還有所謂「駁正」、「推正」等制度，簡稱「推駁」。〔註65〕所謂駁正，主要適用於輔佐長官判決的低級官員（如判、簿、司、尉）與吏員。這些人是案件的具體承辦人員，他們是否盡職，對案件的公平與否具有決定性作用，故宋代法律規定，凡能在審問核實時發現錯誤冤屈，依法糾正之者，給予獎賞；不能盡職，置案不公平者，給予處罰。這就是所謂的「駁正」。《慶元條法事類》卷七十三《推駁》稱：「諸置司〔註66〕鞫獄不當，案有當駁之情而錄問官司不能駁正，致罪有出入者，減推司罪一等。即審問〔註67〕（非署司同）或本州錄問者，減推司罪三等。（當職官簽書獄案者，與出入罪從一重）。」

推正，是指在案犯翻異（即喊冤）的情況下，由另派的司法官員發現錯誤，紀正冤屈的制度。此種情況下，推正同駁正一樣能得到獎賞，《慶元條法事類》卷七十三《推駁》條載有守代的獎賞法令稱為「賞令」。

宋朝的司法，在實踐中自然也存在著這樣那樣的弊端，此在宋人的章奏、筆記及其《宋史·刑法志》《長編》《會要》中已多有記載，自不必諱言。但我們決不應由此而否認宋朝司法傳統中「分官設職，各有司存」機制中蘊含著具有現代意義的「分權制衡理念」，更不能忽視宋代司法在當時歷史條件下所達到的成就，恰如徐道隣先生所言：「整個說來，宋朝——尤其是北宋的司法制度，可以說是已經達到了十分成熟的階段。」〔註68〕

四、關注生命，以人為本——宋代士大夫的時代風貌

宋代的司法傳統與士大夫的時代風貌，即關注生命、以人為本的人文精神有著內在而不可分割的關聯。士大夫作為一個社會群體，既是宋代司法傳

〔註65〕楊一凡、田濤主編，戴建國點校：《中國珍稀法律典籍續編第1冊：慶元條法事類》卷七十三，推駁，黑龍江人民出版社2002年版，第756頁。

〔註66〕徐道隣先生認為，這裡的「置司」，指州府衙門的當置司，即州府的判官和推官而言，但其他州級審判機構，如州院、司理院，當然同樣處理。（參見徐道隣：《宋朝刑事審判中的覆核制》，載氏著《徐道隣法政文集》，清華大學出版社2017年版，第319頁。）

〔註67〕即審問，指錄問之後，在行刑前，再將犯人提到州府衙門過堂審問。

〔註68〕徐道隣：《宋律中的審判制度》，載氏著《徐道隣法政文集》，清華大學出版社2017年版，第225頁。

統的傳承者，又是宋代司法活動的主體，他們身上所體現的憂患意識及強烈的人文主義批判精神是宋代司法傳統的靈魂，故此不得不從宋代士大夫說起。

在現代社會，法律家的職業威信是國家規範效力的可靠保證；法律家的職業自治則是現代社會公正的基本前提。古代中國，沒有現代意義上的職業法學家，士大夫作為禮法文化的維繫者和承傳者，在國家的政治生活中發揮著重要作用，尤其是到了宋代，私有制深化，商品經濟繁榮，社會關係的變革為眾多庶族地主知識分子廣泛參與政權提供了廣闊的前景；科舉制度的改革，則為儒家知識分子登上政治舞臺，而發揮其才華，實現其政治抱負提供了公平競爭的機制，宋代自十一世紀中葉以後，士大夫作為一支群體的力量，在政治舞臺上具有舉足輕重的作用，以致於有君主與「士大夫共天下」之語。

「士大夫」本是一個極富時代內涵的概念，對它的產生，史家閻步克曾有過專門的研討。〔註69〕本文意在論述宋代士大夫的人文精神與司法傳統的關聯，故於其歷史考察，便可略而不論。不過學界以為，「士大夫」一詞，語義繁多，易生歧義，雖不能對它下一確當定義，但在論述時，略為界說，乃為必須。為了研討的方便，本文所指的宋代士代夫，是指那些經過科舉考試，有了出身，被政府機關錄用的士人，這些士人在《宋史》或《宋史翼》中多有傳。

宋之士大夫既不同於現代社會之職業法學家，也與漢唐之儒生略有差異。漢之儒生長於經義，疏於吏事。即便是入唐之後，這種現象也依然未有改觀。史稱：「明經讀書，勤苦已甚，其口問義，又誦疏文，徒竭其精華，習不急之業。而當代禮法，無不面牆，及臨人決事，取辦胥吏之口而已。所謂所習非所用，所用非所習者也，故當官少稱職之吏。」〔註70〕到了宋代，隨著社會生活的變化，國家官僚的體制進一步發展，政治、經濟、文化、司法諸社會生活的變化，固然不能像現代社會一樣，涇渭分明。但隨著社會關係的複雜化，統治階級更加重視從政的實際經驗，司法制度也愈加縝密。斷獄聽訟，對於宋之士大夫來說，興教化厚人倫固屬應有之義，但懂法曉律，嫻熟司法技巧也為世人所重。文吏、儒生合為一體，經術、吏事冶為一爐，宋之士大夫完全成為一種複合型之才。這種複合型人才既於法律知識十分嫻熟，又在其胸中

〔註69〕參見閻步克：《士大夫政治演生史稿》，北京大學出版社1996年版。
〔註70〕（唐）杜佑：《通典》卷十七《選舉五》，第2冊，王文錦等點校，中華書局2016年版，第423頁。

還流淌著「以人為本，關注人之生命」的人文主義精神。此種人文精神就是士大夫以「天下為己任，憂國憂民」的自覺意識，他是宋代士人的時代風貌。由於宋代士大夫作為一個群體是宋代司法活動的主角，故其人文精神是宋代司法理念與司法運作機制的內在價值訴求，它對宋代司法傳統的獨特性有著不可忽視的作用。概言之，我們可以從三個層面考察二者之間的關聯。

一是從價值觀念層面而言，宋代人文精神蘊含的「以人為本」，重視生命的意義及生存價值的觀念及勇於批判、銳意進取的革新精神，作為宋代士風的時代特徵和君子人格的共同追求，具有普適性的功能，由此而形成的對社會改革的推動力，不單純表現在司法制度上，也同樣適用於政治、經濟及文化的變革。只不過司法制度關涉到實際生活中糾紛的解決、精神生活中人們對秩序的希求和對公平的期待，故在此兩個角度都與人文精神相關。進言之，人生命的意義和生存的價值，首先必須體現在現實生活中，司法制度作為統治者控制社會的主要防線和解決糾紛的主要機制，它必須從價值的層面去回答：人在司法中處於什麼位置？應該不應該重視人的生命及私有財產權利？宋代的回答是肯定的。

史稱，宋太宗「每仲夏申敕官吏，歲以為常，帝每親錄囚徒，專事欽恤。凡御史、大理官屬，尤嚴選擇。常謂侍御史知雜馮炳曰『聯每讀漢書，見張釋之，于定國治獄，天下無冤民，此所望於卿也』。賜金紫以勉之。」〔註71〕使天下無冤民，自然是一種理想，宋代是不可能實現的。但宋朝司法，重視人的命價值，以謹重制衡為宗旨確為獨具的時代特色。南宋汪應辰說：「國家謹重用刑，是以參酌古誼，並建官師。」〔註72〕宋慈在《洗冤集錄序》中說：「獄事莫重於大辟，大辟莫重於初情，初情莫重於檢驗。」〔註73〕《宋史·刑法志》也說：「宋興，承五季之亂，太祖大宗頗用重典，以繩奸慝，歲時躬自折獄慮囚，務底明慎，而以忠厚為本。」〔註74〕

以忠厚為本，就是以人為本，以人為本也必然於司法中關注眾民百姓的

〔註71〕（元）脫脫等：《宋史》卷一九九，刑法一，第 15 冊，中華書局 1977 年版，第 4968 頁。

〔註72〕（宋）李心傳：《建炎以來繫年要錄》卷一七五，第 7 冊，辛更儒點校，上海古籍出版社 2018 年版，第 3065 頁。

〔註73〕（宋）宋慈：《洗冤集錄譯注》，洗冤集錄序，高隨捷、祝林森譯注，上海古籍出版社 2008 年版，第 1 頁。

〔註74〕（元）脫脫等：《宋史》卷一九九，刑法一，第 15 冊，中華書局 1977 年版，第 4961 頁。

財產權利。學界以往認為：中國古代不重視私有財產的權利，司法實踐中法官也無保護百姓私有財產權的意識。其實，這種認識是極其偏頗的，翻檢宋代史料，這種看法可以休矣。以記載宋代真實案例的《名公書判清明集》為例，胡穎（字石壁）是南宋時期一個著名的法官，他在判決富戶趙端借「務限法」之名行無端吞謀阿龍田產一案的判決書中寫道：「當職觀所在豪民圖謀小民田業，設心措慮，皆是如此。當務開之時，則遷延月日，百端推託，或謂尋擇契書未得，或謂家長出外未歸，乃至民戶有詞，則又計囑案司，申展文引，逐限推託，更不出官，展轉數月，已入務限矣，遂使典田之家終無贖回之日。且貧民下戶，尺地寸土皆是汗血之所致，一旦典賣與人，其家長幼痛心疾首，不言可知。」〔註75〕故他後來判決趙端必須依契約歸還阿龍田產。在宋代，這種判詞並非個別的事例，司法官員在審判中，把庶民百姓之財利納入法律的保護之中已非個別事例，而是士大夫聽訟折獄的共識。

二是就司法主體而言，宋之士大夫在那個時代是司法運作機制中的唯一主體，其他的訴訟參與人，如訟師、當事人、證人等，其身份地位皆無法與其比肩，故其持何種理念於司法之中，決非可有可無之事。士大夫的人文素養直接關乎到司法審判的質量與公平。從北宋到南宋，由於社會結構的深刻變化及經濟利益的多元化，宋之世風較之秦漢，已有所不同。士大夫人文精神的突出表現是：得君行道、共定國是。即以范仲淹、王安石、朱熹輩為代表的宋代士人，「先天下之憂而憂」，「以天下為己任」，與皇帝共定治國方略，胸中湧動著關愛天下，關注生命的濟世洪流。如果說秦漢的士雖有道的自覺，但「仁以為己任」尚屬精神寄託的話；那麼宋則不然，宋之士大夫已獲得了參與國家事務處理的資格，從事司法審判，乃是他們的天職。這種自覺精神相當於一種「公民意識」，這是人的主體性極顯光輝的時代。〔註76〕

這種人文關懷精神反映在司法上，就是兩宋士大夫中的一大批有識之士，一改漢唐以來士大夫輕忽司法的時弊，把目光集中於與吏事密切相關的「獄訟」之上。在這方面，北宋著名士大夫歐陽修的議論具有典型意義。據《容齋隨筆》載，張舜民遊京師，「求謁先達之門，每聽歐陽文忠公、司馬溫公、王

〔註75〕中國社會科學院歷史研究所宋遼金元史研究室點校：《名公書判清明集》卷九《典主遷延入務》，中華書局1987年版，第317頁。
〔註76〕參見胡曉明為余英時《朱熹的歷史世界》一書所寫的書評，載《南方周末》2004年12月30日。

荊公之論，於行義文史為多，唯歐陽公多談吏事。既久之，不免有請：『大凡學者之見先生，莫不以道德文章為欲聞者，今先生多教人以吏事，所未諭也。』公曰：『不然，吾子皆時才，異日臨事當自知之。大抵文學止於潤身，政事可以及物。吾昔貶官夷陵，方壯年，未厭學，欲求《史》《漢》一觀，公私無有也。無以遣日，因取架閣陳年公案，反覆觀之，見其枉直乖錯，不可勝數，以無為有，以枉為直，違法徇情，滅親害義，無所不有。且夷陵荒遠、褊小，尚如此，天下固可知也。』當時仰天誓心，曰：『自爾遇事，不敢忽也。』」〔註77〕歐陽修此處「遇爾事不敢忽也」，就是指的司法審判不可掉以輕心。

此認識後由南宋時期江東路提刑劉後村——即劉克莊所進一步闡明。作為南宋時的著名法官，劉在為自己的書判集所寫的跋語中說：「兩陳桌事（即司法審判），每念歐公夷陵閱舊牘之言，於聽訟折獄之際，必字字對越乃敢下筆，未嘗以喜私怒參其間。」〔註78〕這段話明確的告訴我們，劉彙編訴訟判詞時，多受歐陽修之啟發，他已深刻地認識到，審理案件需認真小心，不可有絲毫疏忽，且不能挾雜私人情感，必須以公心處斷。以公心處斷，是士大夫人文精神及時代風貌在司法上的典型體現，它對實現統治者於司法上的秩序期待，把糾紛解決到一個合適的程度具有不可忽視的影響。

三是就制度設計而言，宋代司法傳統中出現的「鞫讞分司制」、「翻異別勘制」、「駁推制」等等，都從根本上體現「以人為本」，重視生命及價值的人文精神。

五、結論：現代的視角，傳統的維度

傳統與現代之間具有傳承關係。傳統是現代的前身，現代是傳統的延續。就中國法律史學的研究來說，如何以現代的意識重新解讀歷史，從而於司法傳統的敘事中挖掘出具有可資借鑒的歷史資源，從而彰顯法律史學的活力，仍是一個值得深入研討的大課題。我的基本看法是：傳統與現代密不可分，現代的司法改革既要學習西方，也離不開中國的歷史維度。否則，極易流變為「無源之水」、「無本之木」。尊重傳統而不沉湎於過去，學習西方而保持適度的警醒，是我們處理傳統與現代關係時應有的一個基本立場。申言之，本文的看法有二：

〔註77〕（宋）洪邁：《容齋隨筆》卷四，張浮休書，上冊，孔凡禮點校，中華書局2005年版，第45頁。
〔註78〕（宋）劉克莊：《劉克莊集箋校》卷一九三，第16冊，辛更儒箋校，中華書局2011年版，第7546頁。

其一，尊重傳統、闡釋傳統、激活傳統比簡單地批判傳統更富有時代新意。近一個半世紀以來，中國的歷史無論從政治上，或者文化上，學界的主流主要是批判傳統，學習西方，尤其是中國大陸的學界，更是對自家的歷史缺乏信心。在當今的學界，不同的學者根據不同的歷史文本，用著自己喜愛的話語，對中國古代司法傳統有著不同的解讀方式，也有著觀點迥異的敘事方式。在有的學者眼裏，中國古代司法除了專制、殘酷、黑暗外，似乎別無新意，更無可資傳承的歷史資源。其實，這是對中國古代司法傳統的嚴重誤讀更是對自家歷史缺乏真實記憶的一葉障目之見。

其二，宋代司法傳統中蘊含著某些現代司法理念的要素，我們對此應該發揚、廣大。法國比較法學家達維德曾說：「在法的問題上，並無真理可言，每個國家依據各自的傳統自定制度規範是適當的。但傳統並非老一套的同義語。很多改進可以在別人已有的經驗中汲取源泉。」〔註79〕這裡達維德所說的「改進」，其實就是對傳統的重新解說與闡釋。意大利史學家克羅齊也曾說過：「一切真歷史都是當代史」，這是克氏對時代的感受。不同的時代感受改變著人們對歷史文本的理解，不同的時代也有著不同的話語。過去的已經死了，宋代的歷史及司法傳統也早已化作歷史的陳跡，問題在於我們現代的人該怎樣用自己的心智點燃靈感的火花，去激活那些理在歷史塵封下的記憶呢！

著名法學家、美國大法官霍姆斯說：「理性地研究法律，很大程度上就是研究歷史。」學界通常以為，這裡所說的歷史僅僅是指西方而言，與中國歷史無關，中國司法傳統對於現代法學無可借鑒，這實在是對歷史的誤解。僅就宋代而言，「鞫讞分司」與現代的「三權分立」固不可同日而語，「各有司存」，也不是現代的「司法獨立」，「法司檢斷」也與今日的「獨立審判」略分畛域。但是當我們用心靈的世界去感受那段古老的歷史，用今人的眼光去打量宋代司法，我們似乎驚奇地發現：宋代司法傳統中不僅有著「重視獄訟」、注重法官選拔的現代理念，而且還有著「各有職權、互不相侵」的平衡機制與希冀司法公平的價值訴求。在宋代那段歷史的文本後面，湧動的分明是宋代士人「尊重生命，重視刑獄、關愛司法」的人文精神，這不正是我們現代人的司法理念嗎？傳統與現代不正是在權力的制衡與司法公平這兩點上，找到了視界的融合嗎！

〔註79〕（法）勒內・達維德：《當代主要法律體系》，《為中譯本序》，漆竹生譯，上海譯文出版社1986年版，第2頁。

試論宋代士大夫司法活動中的 人文主義批判之精神[註1]

　　「士志於道」本是儒學的一個悠久傳統。孔子有言：「士不可以不弘毅，任重而道遠。仁以為己任，不亦重乎？死而後已，不亦遠乎？」[註2]宋之士大夫生活於憂患之際，奮起於漢唐之後，紹先聖之道統，承陳、范之素志。[註3]「言必中當世之過」，[註4]行有補於天下之事，表現出強烈的參與意識和批判精神。歐陽修《居士集》卷五《述懷》詩云：「顧我實孤生，飢寒談孔孟。壯年猶勇為，刺口論時政。」其實，這不單單是歐陽文忠公一人之述懷，實乃有宋一朝士大夫風采之寫照。例如，北宋理學家程頤「以天下自任，議論褒貶，無所顧避」。[註5]這種精神，反映在學術上，為有宋一朝「疑經非聖」之學風的形成。[註6]

[註1] 本文原載於《法商研究》1997年第5期。

[註2] 《論語·泰伯》。

[註3] 陳蕃、范滂皆為東漢名士，高風亮節，為史所頌。陳蕃稱：「大丈夫處世，當埽除天下。」史稱范滂「登車攬轡，慨然有澄清天下之志。」事見（南朝宋）范曄：《後漢書》，陳蕃傳，中華書局1965年版，第2159頁；（南朝宋）范曄：《後漢書》，范滂傳，中華書局1965年版，第2203頁。

[註4] （宋）蘇軾撰，（明）茅維編：《蘇軾文集》，孔凡禮點校，中華書局1986年版，第9頁。

[註5] （清）黃宗羲、全祖望：《宋元學案》卷一五，第1冊，中華書局1986年版，第590頁。

[註6] 疑古疑經乃宋代之士風，司馬光說：「新進後生，未知臧否，口聞耳剽，翕然成風。至有讀《易》未識卦、爻，已謂《十翼》非孔子之言，讀《禮》未知篇數，已謂《周官》為戰國之書。」見（宋）司馬光：《司馬溫公集編年箋注》卷四十五，《論風俗箚子》，李之亮箋注，巴蜀書社2009年版，第122頁。歐陽修詩云：「吾生本寒儒，老尚把書倦，眼力雖已疲，心意殊未倦。正經首唐虞，偽說起秦漢。篇章異句讀，解詁及箋傳。是非自相攻，去取在勇斷。」見（宋）歐陽修：《歐陽修全集》，卷九，《讀書》，中華書局2001年版，第139頁。

一、「言必中當世之過」的批判精神

本文使用的「人文」二字，非指西方的「人文主義」，而是有其特殊的內涵，即指對於人性、人倫、人道、人格、人之文化及其歷史之存在及其價值的肯定。通觀中國傳統文化，人文思想極其濃厚，其特徵可以概括為：重人倫、尚德性。這種傳統體現到司法實踐中，表現為有宋一代士大夫對現實所持的強烈批判之立場，並通過此種批判去塑造理想的君子人格，以展現士大夫的文化觀感及藝術審美情操。

1. 指陳法律政令之失——士大夫的群體意識

宋初創制定法，其側重點在於矯正唐末五代君權旁落之失，全面厲行中央集權，此舉雖收百年興盛安定之效，但也同時帶來了弊端。表現在法律政令上，一是法令太密，二是言而無信，變化無常，三是賞罰不明，仁而無止，赦宥過度。對此，兩宋士大夫展開了激烈的批判。

早在宋仁宗時期，歐陽修就已經指出：「法令在簡，簡則明，行之在久，久則信⋯⋯至其繁積，則雖有精明之士不能遍習，而吏得上下以為奸，此刑書之弊也。」〔註7〕南宋時期，陳亮、葉適、黃震更是對法之密嚴加抨擊。陳亮說：「法愈祥而弊愈極。」〔註8〕水心先生說：「今內外上下，一事之小，一罪之微，皆先有法以待之。」〔註9〕黃震則云：「皆以懲創五季而矯唐末之失策為言，細者愈細，密者愈密，搖手舉足，輒有法禁。」〔註10〕

歐陽永叔論政，則謂人君必先慎號令，明賞罰，而後始足令眾翕明而可為治。若號令不信，賞罰不當，則天下危難矣。故歐陽文忠公言曰：「夫言多變則不信，令頻改則難從。今出令之初，不加詳審，行之未久，尋又更張。以不信之言，行難從之令。故每有處置之事，州縣知朝廷未是一定之命，則官吏咸相謂曰：「且未要行，不久必須更改」，或曰：「備禮行下，略與應破指揮。」旦夕之間，果然又變。至於將吏更易，道路疲於迎送，文牒縱橫，上下莫能遵懍，官吏軍民或聞而歎息，或聞而竊笑。號令如此，欲威天下，其可得乎！」〔註11〕

〔註7〕 （宋）歐陽修等：《新唐書》，卷五十六，中華書局 2013 年版，第 1414 頁。
〔註8〕 （宋）陳亮：《陳亮集》，卷十二，中華書局 1987 年版，第 133 頁。
〔註9〕 （宋）葉適：《葉適集》，卷十，中華書局 2010 年版，第 767 頁。
〔註10〕 （宋）葉適：《葉適集》，卷十二，中華書局 2010 年版，第 789 頁。
〔註11〕 （宋）李燾：《續資治通鑒長編》，卷一百三十六，仁宗慶曆二年，中華書局 2004 年版，第 3253 頁。

2. 反對濫赦與縱囚

歐陽修還對宋代的赦免過濫提出批評。赦免本是中國封建時代的一種刑法措施，指免除或減輕罪犯的罪責或刑罰。赦宥是中國古代法律中的一個基本問題，其價值源頭在於儒家的仁愛思想，古語所謂「聖王仁及囹圄」。自周秦之後，赦免罪人以布皇恩，乃有定制。宋之士大夫論事雖取儒家之立場，但常於現實與先修所論之處持懷疑批判之精神。歐陽修認為，刑獄之本，在去苛刻執平讞，不因怒而縱誅，使民知所避，而吏無以為奸，此所以致刑之措，非如是，則獄不平，雖歲赦之，刑獄難措而不用也。

歐陽修認為，刑為輔德之具，斷獄者一以輔治為先，則刑行而治道立矣。若赦之，則無益於治道也。從此一立場出發，歐陽氏反對縱囚之說。唐太宗縱囚為「貞觀之治」一美政，而為史書所稱道，但卻遭到歐陽公的批評。在歐陽修看來，罪既至死，自無可赦之理。三百九十人中，難道沒有殺人應償命的嗎？今日全部赦免，該是被害者的多大不幸，殺人若不死，傷人者不刑，有違聖人立法之本意。

3. 指陳先賢，於他人不疑處見疑

疑聖非經，斷以己意本是宋代士風所繫。〔註12〕批判先賢，指陳時弊遂為宋代士大夫司法之精神。

洪邁《容齋續筆》之《張于二廷尉》條稱：「張釋之為廷尉，天下無冤民。于定國為廷尉，人自以不冤，此漢史所稱也。兩人在職皆十餘年。周勃就國，人上書告勃欲反，下廷尉逮捕，吏稍侵辱之，勃以千金與獄吏，吏使以公主為證，太后亦以為無反事，乃得赦出。釋之正為廷尉，不能救，但申理犯蹕、盜環一二細事耳。楊惲為人告驕奢不悔過，下廷尉按驗，始得所予孫會宗書，定國當惲大逆無道，惲坐要斬。惲之罪何至於是！其徇主之過如此。傳所謂『決疑平法務在哀矜』者，果何為哉！」〔註13〕

張釋之、于定國為漢代之著名廷尉，司法以公平無冤濫著稱，洪邁於此舉史事以證其謬，可謂是於別人不疑處而有疑，宋人好疑之精神由此可見一斑！

〔註12〕蘇軾評價王安石說：「少學孔孟，老師瞿聃，網羅六藝之遺文，斷以己意；糠秕百家之陳跡，作新斯人。」見（宋）佚名：《宋大詔令集》卷第二百二十一，《王安石贈太傅制》，司義祖編，中華書局1962年版，第850頁。

〔註13〕（宋）洪邁：《容齋隨筆》，《容齋續筆》之《張于二廷尉》，孔凡禮點校，中華書局2005年版，第232～233頁。

二、關心人生，批判刑獄之黑暗

《名公書判清明集》一書收有真德秀書判六篇，其內容主要是：第一，申儆官吏，勸勉同僚；第二，批判刑獄之黑暗，痛斥時弊；第三，關心民間疾苦，提出平賦稅，禁苛撓的措施。〔註14〕

真德秀，字希元，人稱西山先生，浦城人，慶元五年（1199年）進士，《清明集》的書判分別是他在嘉定十五年（1222）任湖南安撫使及紹定五年（1232）再知泉州時作。開頭一篇《諮目呈兩通判及職曹官》既是《清明集》一書的綱領，也是宋之士大夫關心人生，批判刑獄黑暗的真實寫照，因此具有普遍的意義。

真西山在這篇判詞中把南宋刑獄的腐敗，概括為十害。他說：「何謂十害？曰斷獄不公（獄者，民之大命，豈可少能私曲）；聽訟不審（訟有實有虛，聽之不審，則實者反虛，虛者反實矣，其可苟哉！）；淹延囚繫（一夫在囚，舉室廢業，令吾之若，度日如歲，其可淹久乎！）；慘酷用刑（刑者，不獲已而用，人之體膚，即己之體膚也，何忍以慘酷加之乎！今為吏者，好以喜怒用刑，甚者或以關節用刑，殊不思刑者，國之典，以代天糾罪，豈官吏逞忿和私者乎！不可不戒。）；泛濫追呼（一夫被追，舉室皇撓，有持引之需，有出官之費，貧者不免舉債，甚者至於破家，其可泛濫乎！）；招引告姦（告訐乃敗俗亂化之原，有犯者自當痛治，何可勾引，今官司有受人實封狀與出榜召人告首陰私罪犯，皆係非法，不可為也。）；重疊攧稅（稅出於田，一歲一收，可使一歲至由稅乎！有稅而不輸，此民戶之罪也。輸已而復責以輸，是誰之罪乎？今之州縣，蓋有已納而鈔不給，或鈔雖給而籍不消。再追至官，呈鈔乃免。不勝其撓矣。甚者有鈔不理，必重納而後已，破家蕩產，鬻妻賣子，往往由之，有人心者，豈忍為此！）；科罰取財（民間自二稅合輸之外，一毫不當外取，今縣道有行科罰之政，與夫非法科斂者，皆民之深害也，不可不革）；縱吏下鄉（鄉村小民，畏吏如虎，縱吏下鄉，縱虎出柙也。弓手、士兵，尤當禁戢，自非捕盜，皆不可差出）；低價買物是也（物同則價同，豈有公私之異，今州縣有所謂市令司者，又有所謂行戶者，每豈司敷買，視市直率減十之二三，或不即還，甚至白著，民戶何以堪此）。」

真西山並非專門的司法官員，他的判詞也不是訴訟的判決書。但從關心

〔註14〕中國社會科學院歷史研究所宋遼金元史研究室點校：《名公書判清明集》，卷一《諮目呈兩通判及職曹官》，中華書局1987年版，第2～3頁。

時政、體恤民情的儒家立場出發，批判現實，痛斥獄政未必不是宋之士大夫人文主義情懷於司法行政工作中的真實流露。他在文中所列的「十害」，其對南宋社會反映的深度、廣度與真實程度又可於其他從事司法實踐活動的士大夫的判詞中得到印證。

單就胥吏來說，南宋吏人之貪，號稱「公人世界」。蔡久軒在判詞中說：「黃權簿以本州人攝本州官，狠愎暴戾，霸一縣之權，知縣為之束手。積奸稔惡，百姓恨之切骨，甚至檢驗受賕，恣為奸利。」〔註15〕

對於吏人之貪，南宋陸九淵、葉適等人都有當時是「公人世界」的感歎。葉適甚至說：「官無封建而吏有封建。」〔註16〕

就《清明集》的記載看，吏胥為奸千姿百態，有州的都吏鄭俊，「輔助貪守，椎剝民財，黨庇親私，激成大變。」〔註17〕州吏黃德，「用枉法取乞」、「酷虐醉酒」、「因事受賕」、「恐喝欺騙」等手段取財，「恃勢醉酒，而打碎祝家之店；恣行無道，而奸據鍾萬五之妻」，「拒天台之命令，玩監司之行移，往來牢獄如私家，輕視獄官如發蒙」。〔註18〕路提刑使司的副吏王晉，「威行九州」，有「小提刑」之稱。蔡久軒在判詞中說：「王晉，猾吏也，有滔天之惡性，山積之罪，所供未及九牛之一毛……呈奉臺判，本司副吏王晉，以敏給濟奸，以狡險濟惡，貪狠如虎狼，前政提刑受其籠絡，威行九州，凌犯綱常，至敢與提刑握手耳語，人皆呼為小提刑。當職曩仕本路，備稔其惡，恨不斬之。招納賄賂，金帛充斥，公然架造層樓覆屋，突兀於臺沼之側。始則恃提刑在要路，莫敢誰何，後則交結權要女婿，劫持官府，以堂堂上司，而一吏乃得以肆其奸，而莫之制，辱莫大焉。當職視事以來，節節據民詞訴，且形之歌謠，謂憲臺有意除奸吏，臺畔奸卻不除，聞之使人赧然」。〔註19〕

另外，在《清明集》一書中，宋代士大夫筆下的批判鋒芒不僅指向了官場上的貪官污吏，而且還把視角移向鄉村中的惡霸地主及土豪劣紳。這就是

〔註15〕中國社會科學院歷史研究所宋遼金元史研究室點校：《名公書判清明集》，卷二《貪酷》，中華書局1987年版，第49頁。

〔註16〕（宋）葉適：《葉適集》，卷十四《吏胥》，中華書局2010年版，第808頁。

〔註17〕中國社會科學院歷史研究所宋遼金元史研究室點校：《名公書判清明集》，卷十一，《都吏輔助貪守罪惡滔天》，中華書局1987年版，第428頁。

〔註18〕中國社會科學院歷史研究所宋遼金元史研究室點校：《名公書判清明集》，卷十一《罪惡貫盈》，中華書局1987年版，第411頁。

〔註19〕中國社會科學院歷史研究所宋遼金元史研究室點校：《名公書判清明集》，卷十一《籍配》，中華書局1987年版，第414～415頁。

士大夫筆下的「豪強」與「豪橫」。在《清明集》一書中「懲惡門」佔有較大的比例。而該門中，最突出的是「豪橫」類，有一萬字，共收入 10 個案例，提供了 18 戶土豪劣紳的典型。著名的如弋陽的方震霆，人稱「方閻羅」，他「承幹酒坊，嚴如官司。接受自私，私置牢房，杖直枷鎖，色色而有，坐廳書判，捉人弔打」；「以私酤為脅取之地，以騙脅為致富之原」；再如，福建南劍州碩昌縣官氏母子，「私置牢獄，造慘酷獄具，如蒺藜、槌棒、獄杖、銅鎚索、手足鎖之類，色色有之，兵杖、弓、刀、箭鏃，特其末者。最慘酷者，取細砂炒令紅赤，灌入平民何大二、羅五二、五三、廖六乙耳內，使之立見聾瞶。」〔註 20〕更為有趣的是，親民之官與豪橫相比，欺壓百姓的花招有過之而無不及。有的知縣，「輕置人囹圄，而付推鞫於吏手者，往往寫成草子，令其依樣供寫，及勒令應批，出外索線。稍不聽從，輒加捶楚，戶號慘毒，呼天莫聞。或囚糧減削，衣被單少，饑凍至於交迫。」還有的知縣，接受詞訴，借機勒索，「必須官紙，必賣兩券，受詞必須傳押，亦須定價，如不依此，並送南房，甚至有宣教紙墨錢，縣主坯粉錢。」〔註 21〕

官、吏、豪橫皆為宋代統治階級中的成員，其貪暴醜惡的嘴臉並非沒有在史書中留下印記，如《宋史‧刑法志》對刑獄的批判，《水滸》對宋朝各級官吏及豪紳的諷刺、揭露等。但這些文字材料多出自後人手筆，其反映的深度與批判的勇氣若與宋代士大夫相比，自然略遜一籌。就《名公書判清明集》一書來看，士大夫作為司法官員，以當代人記當代事，其判詞又是在審理案件時寫作的，故其可信程度當在其他史料之上。再從文學與接受美學的角度看，宋之士大夫的判詞既反映了社會生活的深度與廣度，表現了儒家知識分子的批判精神及人文情懷，又以其流暢的語言和頗為生動的描述為中國法律文化史這塊園地留下了一幅藝術珍品。至於此種人文批判精神所體現的宋之士大夫的獨有的憂患、悲憤及生命意識，以及這種意識對宋代法制建設的推動，更是一個值得深入研究的課題。

〔註 20〕中國社會科學院歷史研究所宋遼金元史研究室點校：《名公書判清明集》，卷十二《母子不法同惡相濟》，中華書局 1987 年版，第 471 頁。
〔註 21〕中國社會科學院歷史研究所宋遼金元史研究室點校：《名公書判清明集》，卷二，《繆令》，中華書局 1987 年版，第 59 頁。

試論宋代士大夫司法活動中的
德性原則與審判藝術〔註1〕

兩宋士大夫承儒家衛道弘毅之精神，挾道自重，學貴創新，在司法實踐中融人文精神於德性原則與審判藝術之中，胸中流淌的是一種憂國憂民的悲憤意識。從此一角度研究宋代法律文化，乃至中國傳統法律文化的個性，學界還鮮有人論及，本文對此從以下兩個方面略加論說，以補學界研究之不足。

一、德性原則與對孤幼的保護

在西方的法律傳統中，「良心原則」曾深深地影響著法制的進程。依此原則，法律不僅可以在學究式的推理中發現，而且可以在立法者或法官的心中求得。〔註2〕在中國古代，文化的最大個性莫外乎重禮尚德。古語有言：「君子尊德性而道問學，致廣大而盡精微，極高明而道中庸，溫故而知新，敦厚以崇禮。」〔註3〕著名學者唐君毅先生將孔子人文思想的特點概括為重人格。他說，孔子學說的意義是「在周代傳下的禮樂儀文之世界的底層，再發現一人之純『內心的德性世界』。而孔子以後的儒家，從孟子直到宋明理學，其整個學問的中心不外探索德性與人格之如何形成的智慧思想。」〔註4〕

〔註1〕本文原載於《法學》1997 年第 6 期。
〔註2〕（美）哈羅德·伯爾曼：《法律與宗教》，梁治平譯，三聯書店 1991 年版，第76 頁。
〔註3〕《禮記·中庸》。
〔註4〕胡偉希：《傳統與人文：對港臺新儒家的考察》，中華書局 1992 年版，第 77頁。

只不過到了宋代，「德性」因時代不同而獨具特色罷了。申言之，此種特色可作如下概括：其一，士大夫作為司法活動的主體，其在聽訟斷獄時，固然不可能從根本上脫離中國傳統法律文化的窠臼，依然奉行「興教化、息訴訟」的儒家傳統，但畢竟隨著時代的發展，單純的人倫教化已不足以解決現實生活中複雜多變的矛盾與衝突。尤其是劇烈的民族矛盾衝突更使宋之士大夫於審判活動中多了一層深切的憂患意識。因此，他們於司法中一方面主張「敦親睦族，教化為先」，另一方面又不把民事糾紛視為「民間細故」，而是十分重視，認真審理；其二，士大夫在審理財產糾紛時，他們對德性原則的把握，其旨趣不再是單純的興教化，而是通過對案件的具體審理，推「德性原則」於保護孤幼的財產權利之中，在啟迪人的內在自覺性的同時，努力塑造一種既「溫厚樸實又聰慧強幹」的理想人格。

筆者以《名公書判清明集》卷六《爭屋業》中的「叔侄爭業」為例，對此略加論說。該案的大意是：盛榮與盛友能為族叔侄。盛榮訴其侄盛友能包占古路，侵佔祖墓、強佔竹地、桑地共四事；盛友能反訴其叔盛榮私販糯米。審理此案的法官是吳恕齋。

經審理查證，基本事實是：盛榮所訴盛友能包占古路、侵佔祖墓兩項為虛。惟強佔桑地、竹地兩項，吳恕齋認為，官司於此有當考究。經進一步審理，結果是：桑地一事，乃盛榮父文旺先買得文智之產。「紹定年間，其姪友聞盜賣與友能為業。友能不問來歷，不收上手契照，鹵莽交易，宜有今日之訟……外所爭竹地一段，據盛榮執出分書，委係文旺、文貴各得其半，盛榮即文旺之子，友能即文貴之孫，今友能乃全有之，別無片紙干照，必是影帶包占，此盛榮所以反覆囂訟不已也。欲並帖委官，照分書將上件竹地標釘界至，作兩分管業，庶幾予奪各得其當。如盛榮再敢健訟，照已判斷治施行」。〔註5〕

此案在宋代司法實踐中並非最複雜的案例，但這一案例有幾個要點是大可值得注意的：其一，此案是以叔訴侄，即以尊告卑。其二，此案到吳恕齋審理時，已是從縣到府，興訟數年。這說明，在宋朝，不論是以尊告卑，還是以卑告尊，官府都不會單純以人倫說教「寧曲其卑，不曲其尊」。否則，盛榮作為友能之叔父決不會「囂訟不已」。其三，從訴訟的時間及友能反訴其叔「私販糯米」來看，當事人的訴訟觀念在宋朝是廣為流行的，連年興訟在《清明

〔註5〕中國社會科學院歷史研究所宋遼金元史研究室點校：《名公書判清明集》，卷六《叔侄爭》，中華書局1987年版，第189～190頁。

集》一書中並非個別現象，而且官府受理此案非常認真，非敢以「民間細故」視之。其四，判決的結果是在查明事實的基礎上，依據法律和社會實際而作的，並非不保護卑者的財產權。以本案為例，吳恕齋判道：「盛榮與友能為族叔姪，居止相近，安有紹定二年賣過此產，而不知之理？況友能自得此地，築屋其上，種竹成林，已十四、五年，而盛榮始有詞訴，何邪？在法：諸同居卑幼私輒典賣田地，在五年內者，聽尊長理訴。又諸祖父母、父母已亡，而典賣眾分田地，私輒費用者，準分法追還，令原典賣人還價，即滿十年者免追，止償其價。揆之條法，酌之人情，歷年既深，在盛榮只合得價，不應得產。欲帖縣，監友聞先賣契字，仍給還友能管業。外所爭竹地一段，據盛榮執出分書，委係文旺、文貴各得其半，盛榮即文旺之子，友能即文貴之孫，今友能乃全有之，別無片紙干照，必是影帶包占，此盛榮所以反覆囂訟不已也。欲並帖委官，照分書將上件竹地標釘界至，作兩分管業，庶幾予奪各得其當。如盛榮再敢健訟，照已判斷治施行。」〔註6〕

《清明集》一書中，胡石壁的判詞最多，他向以興教化為宗旨，所謂「宗族之間，最要和睦」。這說明胡石壁十分注意在審理案件過程中通過「德性原則」來塑造理想的人格。但有趣的是，這並不妨礙他對孤幼財產權利的保護。讓我們試以胡石壁所判「叔父謀吞併幼姪財產」為例，略加申說。

該案的大意是：李細二十三（人名）為李文孜之叔父。李文孜年幼，其父母雙亡。李文孜父母在生前曾收養李細二十三的兒子李少二十一為養子，但李少二十一不孝，致其養父母家破人亡。現李細二十三父子合謀吞併李文孜父母家產，遂引起官府的重視。

胡石壁判道：「李文孜蕞爾童稚，怙恃俱亡，行道之人，所共憐憫。李細二十三為其叔父，非特略無矜恤之心，又且肆其吞噬之志，以己之子為兄之子，據其田業，毀其室廬、服食、器用之資，雞、豚、狗、彘之畜，毫髮絲粟，莫不奄而有之。遂使兄嫂之喪，暴露不得葬，孤遺之姪，逃遁而無所歸。其滅絕天理，亦甚矣！縱使其子果是兄嫂生前所養，則在法，所養子孫破蕩家產，不能侍養，實有顯過，官司審驗得實，即聽遣還。今其不孝不友如此，其過豈止於破蕩家產與不侍養而已，在官司亦當斷之以義，遣逐歸宗。況初來既無本屬申牒除附之可憑，而官司勘驗其父子前後之詞，反覆不一。又有如主簿

〔註6〕中國社會科學院歷史研究所宋遼金元史研究室點校：《名公書判清明集》，卷六《叔姪爭》，中華書局1987年版，第189～190頁。

之所申者，上則罔冒官司，下則欺虐孤幼，其罪已不可逃，而又敢恃其強悍，結集仇黨，恐喝於主簿體究之時，劫奪於巡檢拘收之後，捍拒於弓手追捕之際，出租賦、奉期約之民，當如是乎？若不痛懲，何以詰暴！準敕：諸身死有財產者，男女孤幼，廂耆、隣人不申官抄籍者，杖八十。因致侵欺規隱者，加二等。廂隣不申，尚且如此，況叔姪乎？因致侵欺，尚且如此，況吞併乎？又敕：諸路州縣官而咆哮凌忽者，杖一百。凌忽尚且如此，況奪囚乎？又律：諸鬥以兵刃斫射人，不著者杖一百。斫射平人，尚且如此，況拒州縣所使者乎？合是數罪，委難末減。但子聽於父者也，李少二十一豈知子從父令之為非孝。原情定罪，李細二十三為重，李少二十一為輕，李細二十三決脊杖十五，編管五百里，李少二十一勘杖一百，押歸本生父家，仍枷項，監還所奪去李文孜財物、契書等。李文孜年齒尚幼，若使歸鄉，必不能自立於羣凶之中，而劉宗漢又是外人，亦難責以託孤之任，此事頗費區處。當職昨喚李文孜至案前，問其家事，應對粗有倫敘，雖曰有以授之，然亦見其胸中非頑冥弗靈者，合送府學，委請一老成士友，俾之隨分教導，並視其衣服飲食，加意以長育之。其一戶產業，並從官司檢校，逐年租課，府學錢糧，官與之拘榷，以充束脩服食之費，有餘則附籍收管，候成丁日給還。」〔註7〕

就本案來說，胡石壁對孤幼的保護有以下幾點：首先，以律、敕為據，懲罰了李氏父子。其次，斟酌情理（如李文孜年幼），送李文孜去府學就讀，並派「一老成士友，俾之隨分教導並視其衣服飲食，加意以長育之。」復其次，責令李少二十一返還所奪李文孜財物、契書等。最後，李文孜一戶產業，並從官司檢校，候成丁日（指李文孜長大成人）給還。「檢校」是宋代設立的一項保護孤幼子女合法權益的制度。史稱，所謂「檢校者，蓋身亡男孤幼，官為檢校財物，度所須，給之孤幼，責付親戚可託者撫養，候年及格，官盡給還。」〔註8〕

不言「權利」而從儒家「矜老憐幼」的仁愛意識出發，融「德性原則」於保護孤幼的司法實踐中，這既是宋代士大夫和西方職業法學家的最大不同之處，也是兩宋司法活動中普遍存在的現象，胡石壁只不過是個典型代表而已。

〔註7〕中國社會科學院歷史研究所宋遼金元史研究室點校：《名公書判清明集》，卷八《叔父謀吞併幼姪財產》，中華書局1987年版，第285～287頁。

〔註8〕中國社會科學院歷史研究所宋遼金元史研究室點校：《名公書判清明集》，卷七《不當檢校而求檢校》，中華書局1987年版，第228頁。

二、德性原則與審判藝術

這裡所說的審判藝術，不單純指自西周以來盛行於中國古代司法實踐中的，以察言觀色為旨趣的「五聽」審理方式，而是指在注意當事人心理活動的基礎上，既要查明事實，依法判決，這是司法的前提，又要參酌案件的實際情況，以詩歌、故事、比喻入判，啟發當事人的內心自覺性，從而達到天理、國法、人情互為圓融的「和諧」境界，塑造中國文化浸潤下特有的理想人格。

在《清明集》中，真德秀所寫的《諭州縣官僚》一文，是該書的總綱。就文中倡導的「以四事勉同僚」而言，可知「德性原則」體現在司法活動中決非僅僅是「敦親睦族，教化為先」，它同時還有著時代的內涵。申言之，它至少包含有下列兩層意思：

第一，天理、國法、人情皆有所指，並非是法官以己之喜怒而參與其間。就「天理」而言：一是為官要廉。所謂「廉者，士之美節；污者，士之醜行。」〔註9〕二是從事司法活動，應以「哀矜惻怛為心，而以殘忍、揞克為戒。」〔註10〕三是「是非分明」。所謂「是非之不可易者，天理也。」〔註11〕再說「國法」。士大夫在司法活動中，至少要有這樣的觀念：國法指的就是朝廷的法令，執行法令一定要出於公心。真德秀說：「公事在官，是非有理，輕重有法，不可以己私而拂公理，亦不可執公法以循人情。」

至於人情，並非是說法官可以據此上下其手，以快己私，而是指在審理婚姻、財產、田土的訴訟糾紛時：其一，注重訴訟雙方的關係，是否親戚、鄰居、故友等。其二，指案件之中當事人的實際情況，如是否孤幼，是否典賣房屋而不離業等。其三，適當保護或照顧孤幼的利益。

第二，天理、國法、人情互為圓融的審判藝術。在案件的審理過程中，國法強調審理案件的客觀性、執法的公平性；天理旨在強調審案是非分明，恰如其分。人情要求司法官員權衡實際，靈活斷案。三者都與司法官員的「德性原則」密切相關，處理好三者之間的關係並不容易，它需要一定的審判藝

〔註9〕中國社會科學院歷史研究所宋遼金元史研究室點校：《名公書判清明集》，卷一《諭州縣官僚》，中華書局1987年版，第5頁。

〔註10〕中國社會科學院歷史研究所宋遼金元史研究室點校：《名公書判清明集》，卷一《諭州縣官僚》，中華書局1987年版，第6頁。

〔註11〕中國社會科學院歷史研究所宋遼金元史研究室點校：《名公書判清明集》，卷一《諭州縣官僚》，中華書局1987年版，第6頁。

術。我們通過案例來看宋代士大夫對這個問題的處理。

案例一，《受人隱寄財產自輒出賣》。判者，翁浩堂。

該案的大意是：江山縣臨江鄉呂千五訴稱：詹德興賣給毛監丞宅的土名坑南、牛車頭、長町丘等田，本是盜賣，該田是呂的家業。

而當事人則稱：毛監丞宅買田有淳熙十六年及紹熙五年詹德興買田之契約兩件，證明詹德興所賣之田屬於自己所有，買賣合法，又有「嘉熙四年產簿一扇，具載上件田段，亦作詹德興置立，不可謂非詹德興之業矣。」〔註12〕

但呂千五又稱：該田本是呂家所有，嘉定十二年寄於詹德興家，且有詹德興典該田於呂德顯（業主）之契約。

經查證，事實是：該田確為呂千五家所有，之所以出現上述矛盾，是因為呂千五父（呂德顯）為逃避差役，故意將田產隱寄於親戚詹德興家。詹德興趁機自賣以邀利，致使事情敗露，遂興爭田之訟。

呂千五父所為，在宋代稱為「詭名挾戶」，又稱「詭戶」，是宋代社會中常見的現象。所謂詭戶，可分為「詭名子產」和「詭名挾佃」兩類。前者指一戶虛立幾戶乃至幾十戶戶名，以便降低戶等，冒充下戶，規避上戶承擔的某些稅役。呂家所為，顯是後者，即「詭名挾佃」。就是將田產隱寄於官戶、形勢戶，冒充客戶，規避主戶承擔的某些稅役。

就本案來說。呂千五、詹德興顯然皆有過錯。只有毛監丞宅不知情，作為買者，他是無辜的。該怎樣處理天理、國法、人情之間的關係呢？審理此案的翁浩堂是這樣判決的：

「在法：諸詐匿減免等第或科配者，以違制論。注謂以財產隱寄，或假借戶名，及立詭名挾戶之類。如呂千五所為，正謂之隱寄、假借，既立產簿，作外縣戶，卻又兜收詹德興典契在手。賦役及己，則有產簿之可推，戶名借人，又有典契之可據，其欺公罔私，罪莫大焉。今智術既窮，乃被詹德興執契簿為憑而出賣，官司既知其詐，而索以還之，是賞奸也，此呂千五之必不可復業也。詹德興元係呂千五之的親，故受其寄，及親誼一傷，則視他人之物為己有，不能經官陳首，而遽自賣之。在法：即知情受寄，詐匿財產者，杖一百。詹德興受呂千五戶之寄產，自應科罪，官司既知其偽，而遂以與之，是誨盜也，此詹德興之必不可以得業也。西安稅賦陷失，科配不行，邑號難為者，

〔註12〕 中國社會科學院歷史研究所宋遼金元史研究室點校：《名公書判清明集》，卷五《受人隱寄財產自輒出賣》，中華書局1987年版，第136頁。

皆因鄉民變寄田產所致。當職或因索干照而見，或閱版籍而知，未能一一裁
之以法，亦未見有寄主與受寄人如是之紛爭也。上件田酌以人情，參以法意，
呂、詹二家俱不當有。毛監丞宅承買，本不知情，今既管佃，合從本縣給據，
與之理正。兩家虛偽契簿，並與毀抹附案。詹德興賣過錢，追充本縣及丞廳
起造，牒縣丞拘監。詹德興已死，呂千五經赦，各免科罪，詹元三留監，餘人
放。」〔註13〕

就本案來說，翁浩堂判詞中的「酌以人情」含義有二；其一，指呂千五、
詹德興皆有過錯這一事實，呂氏規避差役，詹德興則趁機自賣，二人皆應受
法律處罰。其二，毛監丞宅作為不知情者，在買田交易中是無辜的，且已管
佃多年，理應得到保護。顯然，這裡「人情」是指案件的實際情況，而非飄忽
不定的法官之喜怒。

再就翁浩堂的判決來說，「酌以人情，參以法意」，使所爭之田呂、詹二
家皆不得有。惟有對無辜者——毛監丞宅則「本縣給據，合從理正」。應該說，
這是至為公允的。

案例二，《孤女贖父田》，吳恕齋判。

該案的大意是：俞百六娘及夫陳應龍訴戴士壬，要求贖回其父俞梁典出
的田九畝三步。但據戴士壬稱，該田已於紹定二年買得，價錢是四十五貫。
也就是說，案中所訴田地，先由戴士壬以八十七貫典得，後又以四十五貫的
差價買斷。

經查，事實是：戴士壬所執田契，典契是真，買契是偽。如此，該田理應
由俞百六娘夫婦照契取贖。判決並不難作出，但是法官吳恕齋並沒有簡單不
判，認為仍有「當酌之人情者」。首先，俞百六娘夫婦贖田當念「士壬培壅之
功」（即指對土地的投資）；其二，「開禧田價，律今倍有所增；開禧會價，較
今不無所損。」故愈百六娘夫婦贖田應以官會還戴士壬。

考慮到上述因素，吳恕齋的判詞是這樣寫的：

「今索到戴士壬原典賣俞梁田契，喚上書鋪，當廳辨驗，典於開禧，賣
於紹定，俞梁書押，復出兩手，筆跡顯然，典契是真，賣契是偽，三尺童子不
可欺也。作偽心勞，手足俱露。又有可證者，俞百六娘訴取贖於嘉熙二年二
月，而士壬乃旋印賣契於嘉熙三年十二月，又嘗於嘉熙三年三月內，將錢說

〔註13〕中國社會科學院歷史研究所宋遼金元史研究室點校：《名公書判清明集》，卷
五《受人隱寄財產自輒出賣》，中華書局1987年版，第136～137頁。

誘應龍立契斷賣四畝，以俞百六娘不從，而牙保人駱元圭者，嘗獻其錢於官。使其委曾斷買，契字真實，何必再令應龍立斷賣契，又何為旋投印賣契於俞百六娘有詞一年之後耶？此其因阿俞有詞取贖，旋造偽契，以為欺罔昏賴之計，益不容掩。切原士壬之心，自得此田，歷年已深，蓋已認為己物，一旦退贖與業主之婿，有所不甘，故出此計。照得諸婦人隨嫁資及承戶絕財產，並同夫為主。準令：戶絕財產盡給在室諸女，而歸宗女減半。今俞梁身後既別無男女，僅有俞百六娘一人在家，坐當招應龍為夫，此外又別無財產，此田合聽俞百六娘夫婦照典契取贖，庶合理法。所有假偽賣契，當官毀抹。但應龍既欲取贖此田，當念士壬培壅之功，蓋已年深，亦有當參酌的人情者。開禧田價，律今倍有所增；開禧會價，較今不無所損。觀應龍為人，破落澆浮，亦豈真有錢贖田，必有一等欲炙之徒資給之，所以興連年之訟。欲監陳應龍當官備十八界官會八十七貫，還戴士壬，卻與給還一宗契字照業。俞梁既別無子孫，仰以續祭祀者惟俞百六娘而已，贖回此田，所當永遠存留，充歲時祭祀之用，責狀在官，不許賣與外人。如應龍輒敢出賣，許士壬陳首，即與拘籍入官，庶可存繼絕之美意，又可杜應龍賤贖貴賣之私謀，士壬憤嫉之心，亦少平矣！」〔註14〕

　　通過以上案例的分析，可見宋之士大夫判詞中的「人情」均指案情而言。「參以人情」，就是在調查研究的基礎上，明辨是非，依據法律靈活判決。對它的把握，須以人證、物證為基礎，以法律為依據，這是宋之士大夫特有的審判技巧。

　　在宋代的司法實踐中，士大夫從關心民生疾苦的角度出發，一方面對現實採取強烈的批判態度，另一方面又以其衛道的職業精神和實用的態度認真對待因婚姻、田土、財產而發生的訴訟糾紛，親臨田邊、墓地、池塘作實地查驗，以求獲得第一手資料。宋人鄭克曾說：「旁求證佐，或有偽也；直取證驗，斯為實也。」〔註15〕胡石壁則說：「大凡官廳財物勾加之訟，考察虛實，則憑文書，剖判曲直，則依條法。」〔註16〕

〔註14〕中國社會科學院歷史研究所宋遼金元史研究室點校：《名公書判清明集》，卷九《孤女贖父田》，中華書局1987年版，第315～317頁。

〔註15〕（宋）鄭克：《折獄龜鑑譯注》，卷六，劉俊文譯注，上海古籍出版社1988年版，第378頁。

〔註16〕中國社會科學院歷史研究所宋遼金元史研究室點校：《名公書判清明集》，卷九《質庫利息與私債不同》，中華書局1987年版，第336頁。

　　從這種認識出發，士大夫作為司法官員在審理案件時對書證（包括各種契據、圖冊、帳簿、定親貼子、族譜、遺囑等）、證人證言、檢驗結論（書鋪所做鑒定文書真偽的報告）、勘驗筆錄（即司法官員或所派人員到雙方當事人所爭田、墳墓等現場勘驗結果的報告）等格外重視，並在判定書證真偽上積累了大量的經驗。

　　第三，以詩歌、故事、比喻入判，以法律為據，寓教化於美學之中。以崇尚德禮為原則，中國傳統法律文化向以「明刑弼教」為先。孔子有言：「不教而殺謂之虐」。〔註17〕然而，如何寓教化於司法實踐活動中，中國古代各封建王朝則因時代不同而各具特色。就宋而言，以詩歌、故事入判，以比喻為技巧，以法律為依據，寓教化與美學之中則是兩宋士大夫判案的最大特色。

　　《清明集》卷六載一案例，名為《謀詐屋業》。說的是塗適道謀詐其師陳國瑞屋業一事，該案的大意是：陳國瑞本是塗適道之師，塗自小隨陳讀書。陳無房屋，於嘉定十三年租賃沈宗魯等書院三間房屋而居。七年之後，沈宗魯將上件屋一間半，就典與陳國瑞，並立契云：所典屋與基地係陳學諭在內居住。繼之後，沈宓也於寶慶三年冬將上件屋一間半典與陳國瑞。「契亦云，其屋原係陳學諭居住，所有房門板障，乃陳學諭自己之物」。陳國瑞從賃至典，甚合條法。不料，後來沈宓竟重疊交易，又把典給陳國瑞的一間半房屋與沈權作了交易，沈權又把此屋典給了塗適道。塗便趁機覬覦此屋業，不僅要贖回沈宗魯、沈宓典給陳國瑞的房屋，而且還指示楚汝賢等人「陽與和對，陰行傾陷」。誘陳國瑞交出契書，並強迫陳簽約領錢。

　　此案的結果，當然是塗適道陰謀敗露，受勘杖八十的處罰。我們的關注點不在於判決的結果。而在法官葉岩峰的判詞韻味上。葉以生花之筆寫道：「嘗讀杜甫詩曰：『安得廣廈千萬間，大庇天下寒士俱歡顏。』又曰：『何時眼前突兀見此屋，寧令吾廬獨破受凍死亦足。』使塗適道觀此詩，將愧死無地矣。塗適道，庸妄人也，固不責其庇寒士，不奪其師所居之屋足矣……塗適道操心不仁，見利忘義，莫甚於此……塗適道不合悖慢師道，妄吝屋業，併合勘杖八十。」〔註18〕這種饒有趣味的判詞裏，字裏行間漾溢著法官的人文主義情愫，如對塗適道悖逆師道的批判，對八十老人身遭不幸的同情等。詩歌

〔註17〕《論語‧堯曰》。
〔註18〕中國社會科學院歷史研究所宋遼金元史研究室點校：《名公書判清明集》，卷六《謀詐屋業》，中華書局1987年版，第192～194頁。

的引用則使教化之主旨寓於美學趣味之中。

不僅如此，在士大夫的判詞中，還有不少引用故事、借用音樂之器乃至花鳥來比喻兄弟之情、人倫之愛的事例，以融教化於天理、人情、國法之中。〔註19〕對宋代士大夫來說，處理好一件婚姻、田土、財產糾紛，並不是一件輕鬆的事。如何擺正天理、國法、人情之間的關係，這便是一項藝術。法律是斷案的依據，它體現著客觀、公平，故執法應嚴明。但嚴明不等於苛刻，更不是照搬法條。對此鄭克解釋說：「夫所謂嚴明者，謹持法理深察人情也。悉奪與兒，此之謂法理；三分與婿，此之謂人情。武（人名）以嚴斷者，婿不如約與兒劍也；詠之明斷者，婿請如約與兒財也。雖小異而大同，是皆嚴明之政也。」〔註20〕

兩宋時期，士大夫融「德性原則」於司法實踐之中，他們懷著強烈的憂患意識，批判現實，關心人生與民間疾苦。在處理天理、國法、人情三者之間的關係時，既從法律剖決是非，《清明集》一書中諸多「在法」、「準律」「依敕」等語便是明證；同時又要不傷物情，不害事體，這是天理；然後親臨現場勘驗、調查，獲得一手資料後，據案情實際，作出判決，這是「參酌人情」，如判詞中既倡以和睦，寓教化於審美趣味之中，又要注意保護卑幼的財產權利，這不能不說是宋人在司法活動中特有的創新意識與審判技藝。對此，我們在研究中國傳統法律文化時應格外予以關注。

〔註19〕如許多判詞把兄弟人倫之愛比作「鳥中鶺鴒」、「棠棣之華」等等。中國社會科學院歷史研究所宋遼金元史研究室點校：《名公書判清明集》，中華書局1987年版，第375～367頁。

〔註20〕（宋）鄭克：《折獄龜鑑譯注》，劉俊文譯注，上海古籍出版社1988年版，第462頁。

南宋事功學派法制變革思想論析〔註1〕

　　南宋自偏安江左以來，外患頻仍，內憂不斷；財竭兵羸，國勢日蹙。為了重新尋求地主階級統治的思想武器，各派思想家紛紛著書立說，精心擘畫。就在以朱熹和陸九淵為代表的性命義理之學漸次充斥意識形態領域的時候，商品經濟發達的浙東地區卻另有一批學者異軍突起，發出了與朱、陸不相諧和的聲響。他們在道德價值觀上，一反朱陸，強調事功；在法律思想上，力主除弊興利，改革現行法度，不僅為南宋的理論界注入了一股清新的空氣，也在我國古老的法學園地上獻上了一朵奇葩，這就是以陳亮、葉適為代表的浙東學派，亦稱「事功學派」。

　　陳亮（1143 年～1194 年），字同甫，原名汝能，婺州永康（今屬浙江）人，因死後葬家側龍窟馬鋪山，故稱「龍川先生」。葉適（1150 年～1223 年），字正則，溫州永嘉（今屬浙江）人。因暮年長住永嘉城外水心村，故人稱「水心先生」。葉適同陳亮一樣，傾畢生之精力行「道」於當時，希冀匡救時弊，一展宏圖。

　　對他們的哲學思想、經濟思想，學術界多有論述，而對他們的法律思想則缺少深入的研討。其實，研究陳亮、葉適為代表的事功學派的法律思想，不僅有利於對他們思想的整體把握，還可以給現代人以某種啟迪。本文試圖以馬克思主義的法學理論為指導，在史學界、法學界同道研究的基礎上，對此問題略加探討。

〔註 1〕本文原載於《法律科學》1992 年第 1 期。本文的寫作過程中曾參考了煙臺大學姜永琳同志的有關材料，並得到了孔慶明老師的指教，謹此致謝！

一、法制變革思想的理論基礎

生活在南宋國危時艱、風雲多變時代的陳亮、葉適，不僅是我國古代哲學、經濟思想史領域裏的傑出代表，也是古代法學園林裏的著名思想大師。他們為南宋的振興提出了一系列的法度改革的具體主張，闡述了「道」與法度變革的關係，揭示了「道」、「義理」、「事功」與法度變革的辯證統一規律，從而奠定了法度變革的理論基石。要言之，有如下幾個方面。

1. 道存於人事。

「道」本是中國古代哲人經常探索的一個哲學範疇，但由於對它的不同思考往往會導致不同的法律主張，因而對「道」的探究也就具有了法理學的意義。陳亮認為，變革法度、建立事功就是「道」的體現，二者是辯證的統一，存在著有機的聯繫。這種觀點是在與以朱熹為代表的理學家的論辯中形成的。

朱熹認為，在茫茫宇宙之中，芸芸萬物之上，有一個亙古永存的超驗存在，它是人間之至理，宇宙之統攝，這就使「道」。它的存在與事功的建立、法度的變革、王朝的盛衰並無必然的聯繫，因而對它的追求，不可能通過建立事功、變革法度來實現，而要社會個體通過內心的道德自覺去把握。從這一觀點出發，朱熹固然並不簡單反對變法，但卻主張，變法「必以仁義為先，而不以功利為急。」〔註2〕

陳亮、葉適恰恰相反，他們從樸素的唯物史觀和歷史進化論的觀點出發，主張「道」存於世間萬物之中，蘊含於人的七情六欲之內。陳亮說：「夫道，非出於形氣之表，而長行於事物之間者也。」〔註3〕又說：「天下豈有道外之事哉」，「夫道豈有他物哉，喜、怒、哀、樂、愛、惡得其正而已。」〔註4〕葉適也認為：「夫形於天地之間者，物也」，〔註5〕「物之所在，道則在焉」。〔註6〕既然如此，「道」的實現就不可能單純靠社會個體的「正心誠意」與道德自

〔註2〕（宋）朱熹：《晦庵先生朱文公文集》卷七五《送張仲隆序》，載《朱子全書》第 24 冊，上海古籍出版社、安徽教育出版社 2002 年版，第 3623 頁。

〔註3〕（宋）陳亮：《陳亮集》卷九，《勉強行道大有功》，鄧廣銘點校，中華書局 1987 年版，第 100 頁。

〔註4〕（宋）陳亮：《陳亮集》卷九，《勉強行道大有功》，鄧廣銘點校，中華書局 1987 年版，第 100～101 頁。

〔註5〕（宋）葉適：《葉適集》，《水心別集》卷五，劉公純、王孝魚、李哲夫點校，中華書局 2010 年版，第 699 頁。

〔註6〕（宋）葉適：《習學記語序目》卷四七，中華書局 1977 年版，第 702 頁。

律去把握，而必需通過建立事功，革除時弊，變革法度去追求。正因為如此，陳亮、葉適堅決反對朱熹把循道求義與建功業、變法度截然對立，主張以理率義、功成理就；主張循道求義與建功變法有著內在的聯繫。陳亮認為，賞罰本身就包含著利與義的統一，變法除弊即是「道」的內在精神。他說：「義利之分，孟子辯之詳矣，而賞以勸善，刑以懲惡，聖人所以御天下之大權者，猶未離於利乎」〔註7〕，若謂「賞罰不必取於勸懲，則無以御天下；未其為勸懲而設，則賞罰也利耳。」〔註8〕在《人法》這篇文章中，他論述了除弊、變法與道之間的辯證統一關係。他認為除弊必須變法，變法就是道的內在精神之實現，其途徑就是建立事功。他說：「孰謂任人、任法、與夫人法並行之外而他無其道乎！」〔註9〕若「使立法者得是說而變通之，豈謂弊源之療有日，而三代立法之意，藝祖立法之初，當自今日而明矣。」〔註10〕

質言之，「道」與「義理」是建立事功、變革法度的本源，而振救時弊、建功立業、變革法度既適應了時代得要求，也是實現「義理」、遵循天道的正確途徑，二者是辯證的統一，不是截然的對立。這就為法度變革的合理性奠定了理論基礎。

2. 法隨時立，須變而通之。

宋初創制定法，其側重點在於矯正唐末五代君權旁落之失，全面屬行中央集權。此舉雖收百年興盛安定之效，但歷史發展到南宋初，社會形勢發生了巨大變化，北宋都城淪陷，徽、欽二帝被俘，外有強兵壓境，內部官員苟且。原來得良法美意，早已蕩然無存。法度之弊集中為一點，即是法令太密、事權太專。葉適說：「今內外上下，一事之小，一罪之微，皆先以法待之」，「搖手舉足，皆有法禁。」〔註11〕陳亮則說：「法愈詳，而弊愈極。」〔註12〕

〔註7〕（宋）陳亮：《陳亮集》卷四，《問答下》，鄧廣銘點校，中華書局1987年版，第41頁。

〔註8〕（宋）陳亮：《陳亮集》卷四，《問答下》，鄧廣銘點校，中華書局1987年版，第41頁。

〔註9〕（宋）陳亮：《陳亮集》卷十一，《人法》，鄧廣銘點校，中華書局1987年版，第125頁。

〔註10〕（宋）陳亮：《陳亮集》卷十一，《人法》，鄧廣銘點校，中華書局1987年版，第126頁。

〔註11〕（宋）葉適：《葉適集》，《水心別集》卷十二，《法度總論二》，劉公純、王孝魚、李哲夫點校，中華書局2010年版，第789頁。

〔註12〕（宋）陳亮：《陳亮集》卷十二，《銓選資格》，鄧廣銘點校，中華書局1987年版，第133頁。

需要指出的是，陳亮、葉適並非簡單地反對法律在治理國家中的重要作用，相反，他們還認為法乃治國之良策，所謂「慶賞刑威，聖人所以奔走天下之具」，〔註 13〕又說，「自有天地，而人立乎其中，人道立而天下不可以無法矣。」〔註 14〕陳亮甚至還讚揚宋太祖、太宗立法是「綱紀總攝，法令明備」。〔註 15〕他們要反對的是法律上不知變革的僵死保守主義。他批評道：「南渡以來，大抵遵祖宗之舊，雖微有因革損益，不足為輕重有無」〔註 16〕他大聲疾呼說：「於法而思之，則變通之道不可緩也」。〔註 17〕如若不然，「至於今日，而不知所以變而通之，則維持之具窮矣」。〔註 18〕

這是從法須因時而宜得角度來論述法度變革的必然性與重要性，也是「道存於人事」，「道」與事功、變法密切相連之觀點的邏輯展開，表現了南宋事功學派在法度變革上的樸素求實精神，閃爍著實踐理性的光輝。

3.「為政以實」。在南宋事功學派看來，既然「道」與物密不可分，義與利互為一體，那麼體現「道」與「義」的政治就應該變革法度，講求實效、追求事功。葉適認為，最好的政治是「務實而不務虛」。〔註 19〕陳亮也認為，王者之治是講求實際，而不是空發議論，他說：「孔明之治蜀，王者之治。治者，實也。」〔註 20〕然而，陳亮、葉適所生活的社會現實完全是另外一種樣子。官場上，朝廷內外的大小官員，在國土淪喪，金人侵撓的嚴峻形勢下，不是振奮精神以雪國恥，反而不思事功，忘記復仇，一味空談「禮義忠信之教」，慨然以純儒自律。官場如此，士林也當然以空談「義理性命」為尚。

〔註 13〕（宋）陳亮：《陳亮集》卷十一，《任子宮觀牒試之弊》，鄧廣銘點校，中華書局 1987 年版，第 122 頁。

〔註 14〕（宋）陳亮：《陳亮集》卷十一，《人法》，鄧廣銘點校，中華書局 1987 年版，第 124 頁。

〔註 15〕（宋）陳亮：《陳亮集》卷一，《上孝宗皇帝第一書》，鄧廣銘點校，中華書局 1987 年版，第 5 頁。

〔註 16〕（宋）陳亮：《陳亮集》卷一，《上孝宗皇帝第一書》，鄧廣銘點校，中華書局 1987 年版，第 6 頁。

〔註 17〕（宋）陳亮：《陳亮集》卷十一，《人法》，鄧廣銘點校，中華書局 1987 年版，第 125 頁。

〔註 18〕（宋）陳亮：《陳亮集》卷一，《上孝宗皇帝第三書》，鄧廣銘點校，中華書局 1987 年版，第 12 頁。

〔註 19〕（宋）葉適：《葉適集》，《水心文集·補遺》，劉公純、王孝魚、李哲夫點校，中華書局 2010 年版，第 617 頁。

〔註 20〕（宋）陳亮：《陳亮集》卷六，《酌古論》，鄧廣銘點校，中華書局 1987 年版，第 63 頁。

　　陳亮針對此種情況，不無痛心地說：「自道德性命之說一興，而尋常爛熟無所能解之人自託於其間，以端愨靜深為體，以徐行緩語為用⋯⋯為士者，恥言文章、行義，而曰『盡心知性』；居官者，恥言政事、書判，而曰『學道愛人』。相蒙相欺以盡廢天下之實，則亦終於百事不理而已。」〔註21〕

　　改變此種狀況的辦法唯有一條，那就是：在「為政以實」的思想指導下，去空言，倡實效，建事功，革法度。使一時虛言求信者，不得昌進，然後申敕有司，視朝廷利害如在其家與其身，不得以文移慮具，上下相蒙。人修實行，事建實功，上施實德，下受實惠。這就從南宋的社會實際出發，再一次把變革法度的重要性揭示了出來。

　　由此可見，南宋事功學派是從社會的實際出發，從「道」與法律的關係，法隨時轉的運動規律，「為政以實」的社會功利觀三個方面論述了變革法度的重要性與必然性，三者的有機結合奠基了法度變革的思想理論基礎，也為其具體措施指明了方向。

二、法制變革的具體內容

　　南宋事功學派法度變革思想的核心是：除弊興利，振興宋朝山河。為此，他們在官制、刑法、經濟、軍事諸方面提出了一系列的法制改革措施，為宋代統治者描繪了一副頗為壯麗的畫卷。本文限於篇幅，只擇其大而要者論述之。

　　1.「紀綱以專為累，則莫若分之。」葉適在考察了秦漢以來行政體制上中央集權與地方分權的歷史及其規律後，得出了這樣一個結論：行政體制上的單一中央集權制並不能使國運於長久，只有中央集權與地方分權並舉，才是治國安邦的長久之計。葉適批評宋統治者「盡收天下之權威歸於上」的方針是綱紀法度不善。他說：「何謂今日綱紀法度未善？昔日之立國者，治威柄之不能獨專也，故必有所分；控持之不能盡用也，故必有所縱。⋯⋯然則盡收威柄一總事權，視天下之大如一家之細，孰有如本朝之密者與？」〔註22〕其結果，使一朝之患，百年之憂，皆天子獨擋，豈有過不亡地不失之理。他明確指出：「紀綱以專為累，則莫若分之」。細而言之，有兩點：在中央，恢復三省權能，重用宰執及大臣，改變祖宗嚴防大臣執家法舊制，重用六卿，振起朝

〔註21〕（宋）陳亮：《陳亮集》卷二四，《送吳允成運干序》，鄧廣銘點校，中華書局1987年版，第271頁。

〔註22〕（宋）葉適：《葉適集》，《水心別集》卷十五，《應詔條奏六事》，劉公純、王孝魚、李哲夫點校，中華書局2010年版，第842頁。

綱，此其一。其二，於地方，重分畫，隆委任。柔內堅外，以治天下。葉適認為，天下之綱紀法度未善的標準在於如何處理中央與地方的關係。就宋朝而言，葉主張應「堅外柔內」，「重分畫、隆委任」，給地方官員以實權。〔註23〕

這裡需要特別指出的是，南宋事功學派並不是、也不可能在理論上對封建專制制度的核心——皇權進行根本的否定，在事功學派看來，中央王朝內部權力的分配及中央與地方管理權限的劃分都是以皇權為軸心而進行的。他們反對的不是皇權專制制度，而是皇權過專的運行機制及其與此相應的猜疑大臣的統治方法。因此，陳亮、葉適的上述主張與近代意義上的民主政治要求，是迥然有別的。

當然，如果我們不苛求歷史，就應該承認，南宋事功學派能在皇權越來越強化的趙宋王朝，以辯證而深邃的法學思想家眼光，批評「綱紀太專」「法網過密」所帶來的種種弊端，並指明匡救的方法，實屬難能可貴，更是中國古代法律思想史長河中真理火花的閃現。

2. 選賢任能，革出吏弊。宋代的官是指各級政權機關中具有一定權限的朝廷命官，吏則是中央和地方官府衙門中的具體辦事人員。宋稱之為「吏人」或「公人」。通常所說的「吏治」，是治官與治吏的統稱。

有宋一代，官職混亂，機構沉浮，吏治的腐敗在官與吏兩個層面都有突出的反映。在官的方面，主要表現為尚空言，任資格，因循苟且，不求進取。在吏的方面，則主要是胥吏擅權，任作威福。

針對上述情況，陳亮、葉適提出了選賢任能、革出吏弊的法度變革思想。其內容是：第一，去空言，任賢能。宋制，選拔官吏的主要途徑是科舉。由於科舉考試只重視詞章詩賦及經義，故天下士子多尚空言，喜論義理，而於治國之術、匡弊之道則索然無趣。葉適說：「夫科舉之患極矣。……今天下之士，雖五尺童子無不自謂知經，傳寫習誦，坐論聖賢。其高者談天人，語性命，以堯、舜、周、孔之道，技盡於此。雕琢刻畫，侮玩先聖之法言，……眾說潰亂，茫然而莫得其要。人文乖謬，大義不明，無甚於此。」〔註24〕陳亮、葉適認為，改變這種世風，必須罷除空言之詞賦，倡實效，明事功，選用那些具

〔註23〕（宋）葉適：《葉適集》，《水心別集》卷十，《實謀》，劉公純、王孝魚、李哲夫點校，中華書局 2010 年版，第 767～769 頁。

〔註24〕（宋）葉適：《葉適集》，《水心別集》卷三，《士學下》，劉公純、王孝魚、李哲夫點校，中華書局 2010 年版，第 677 頁。

有真才實學的人。陳亮在《中興論》中規勸宋統治者道：「選賢能以清官曹，減進士以列選能之科，革任子以崇薦舉之實。」〔註25〕第二，破資格，實銓選。宋朝在考察官員、注授差遣時，資格時一種法定的標準。當時之各類差遣皆有任期，滿一任即得一資。選人只依不同出身、考數、任數、舉主員數自下而上，逐級遞陞。

葉適認為，要想振興吏治，匡治時弊，就必須破除官吏任用、升遷制度上的資格限制，不拘攣於常格，拔擢不世之奇才。對於一般官員也要注意在考察其資歷得同時，重視對其政績的考核。如此，可使朝廷「有資格之利，而無資格之害。」〔註26〕再其次，陳亮、葉適還提出了「整肅臺監，以振朝綱」的設想，試圖運用法制的手段通過監司懲貪察非、執法律人的運行機制，在整肅吏治方面發揮重要的作用。

其實，宋朝的吏治不善並非一日使然，他是北宋以來官制混亂，紀綱太專，法網嚴密互為影響所帶來的必然結果，南宋事功學派試圖用幾條措施就加以改觀，當然是不現實的。但他們能在當時的歷史條件下，從封建社會內部的運行機制中尋求解決問題的途徑，並主張用法度變革的手段加以調整改善，表現了事功學派在法制變革方面的勇氣與膽量。

3. 國以恤刑為要，恤刑貴乎用人。在階級矛盾尖銳，農民反抗猛烈，大量「流民」淪為盜賊時，如何運用刑法這個暴力工具為統治階級服務，便成為思想家們爭論的大課題。南宋孝宗時期，朱熹的「嚴刑為本」與陳亮、葉適的「恤刑為要」，就是在這樣的歷史背景下提出來的。

朱熹認為，在匡救時艱、整頓統治階級內部秩序時，應「以嚴為本，而以寬濟之」。〔註27〕他指出，「刑愈輕而愈不足以厚民之俗，往往反以長其悖逆作亂之心，而使獄訟之愈繁。」〔註28〕陳亮、葉適則認為，在階級矛盾尖銳、社會動盪不安的情況下，振興國家必須從整頓統治階級的司法秩序入手，

〔註25〕（宋）陳亮：《陳亮集》卷二，《中興論》，鄧廣銘點校，中華書局1987年版，第22頁。
〔註26〕（宋）葉適：《葉適集》，《水心別集》卷十二，《資格》，劉公純、王孝魚、李哲夫點校，中華書局2010年版，第791頁。
〔註27〕（宋）黎靖德編：《朱子語類》卷一○八，王星賢點校，中華書局1986年版，第2689頁。
〔註28〕（宋）朱熹：《晦庵先生朱文公文集》卷一四《戊申延和奏劄》，載《朱子全書》第20冊，上海古籍出版社、安徽教育出版社2002年版，第657頁。

緩和社會矛盾，而要害是革弊興利。時弊是刑酷法嚴、司法黑暗，而不是寬與輕。故事功學派堅決反對朱熹的「嚴刑之說」，力重「恤刑」與「寬厚」。

陳亮說：「使知刑者聖人愛民之具，而非以戕民也。」〔註29〕葉適則說：「能隆禮以裕其臣而恤刑以愛其民」，「國家之大本，無窮之祚，不可變之俗也」。〔註30〕之所以把恤刑作為治國之本，原因有三：首先，重刑並不能使人去犯罪之心。葉適總結了歷史的經驗，認為：「夫以前世用刑之重，而民亦無畏刑之心，滋長其悍虐，視性命死生如旦暮。或白晝挺刃殺人於市，或報仇行俠，皆有不畏死之心」，「雖其自棄於盜賊者，亦非重法所能治」，「唯至仁可以柔之」。這就是第二點原因：恤刑之義在於教。恤刑不僅僅是寬恕仁厚，而在於寓恤刑於教育之中。教而後刑方合聖人為治之義。葉適說：「古者君既養民，又教民，然後治民，而其力常有餘。後世不養不教，專治民而力猶不足。」〔註31〕此乃為政之悲也。其三，革弊必以實。就南宋當時的弊政而言，害莫大於刑獄酷濫。若在此情況下，仍強調嚴刑，豈不是揚湯止沸、誤國害民嗎？既然「恤刑為治國之本」，那麼，各級司法機關中的大小官員便成為「恤刑」實施的關鍵。因此，葉適主張「恤刑」貴乎用人，「大要其君賢而所任者仁人也」，用人的標準在於曉禮義、明法律、有實才。〔註32〕

本來事功學派的「恤刑」思想並未從根本上超出儒家「德政」、「人治」思想之範疇，但陳亮、葉適二人「恤刑」思想的可貴之處在於他們並不是簡單地重複古代聖賢的思想，更非空談輕刑之高調，而是有感而發，並在「為政以實」的理論指導下，把「恤刑」提到了時代高度。此外，南宋事功學派為了進一步強調「恤刑」的重要性，他們還要求統治者在刑法上去繁就簡，改嚴從寬；要求在刑法的執行上，摒私見，倡公平。葉適規勸朝廷「發號出令，無有巨小，必思生民之大計，而不徇乎一身之喜怒。」〔註33〕陳亮則把君主

〔註29〕 （宋）陳亮：《陳亮集》卷四，《問答下》，鄧廣銘點校，中華書局 1987 年版，第 43 頁。

〔註30〕 （宋）葉適：《葉適集》，《水心別集》卷二，《國本下》，劉公純、王孝魚、李哲夫點校，中華書局 2010 年版，第 650 頁。

〔註31〕 （宋）葉適：《葉適集》，《水心別集》卷二，《民事上》，劉公純、王孝魚、李哲夫點校，中華書局 2010 年版，第 651 頁。

〔註32〕 （宋）葉適：《葉適集》，《水心別集》卷二，《國本下》，劉公純、王孝魚、李哲夫點校，中華書局 2010 年版，第 649 頁。

〔註33〕 （宋）葉適：《葉適集》，《水心文集》卷二七，《上西府書》，劉公純、王孝魚、李哲夫點校，中華書局 2010 年版，第 544 頁。

於刑罰上的恣意妄為，視為亡國之道。他說：「故私喜怒者，亡國之賞罰也。」
〔註34〕他還站在「順天心，應民意」的歷史高度，論述統治者立法行刑必須
以天下為公的重要性。所謂「夫賞，天命；罰，天討也。天子，奉天而行者
也，賞罰而一毫不得其當，是慢天也，慢而至於顛倒錯亂，則天道滅矣，滅天
道則為自絕於天。」〔註35〕既然「典禮刑賞同出於天，而車服刀鋸非人君之
所自為」；那麼人主立法行刑就必須上應天心，下合民意，以天下為公，以仁
恕為本。這就使得「恤刑」得理論更加深刻，更具有思辨性與說服力。

4. 農商互濟，本末具舉。

事功學派崛起於經濟較為發達得浙東地區，在經濟上握有一定財力，代
表著在政治上尚未躋身於統治行列的商人階級的利益。他們面對千年以來的
舊傳統、舊制度，從法制變革的角度強烈要求統治者改變「重農抑商」意識，
更改限制工商發展的舊法令，以新法令保障「本末具舉，通商惠工」，提高工
商業者的政治地位，發展商品經濟，繁榮社會生活，以達到國家富強、民族
振興。

陳亮說：「古者，官民一家也，農商一事也。上下相恤，有無相通，民病
則求之官，國病則資諸民。商借農而立，農賴商而行，求以相輔，而非求以相
病，則良法美意何嘗一日不行乎天下哉！……而國家則一切付之，使得以行
其意而舉其職，展布四體，通其有無，官民農商，各安其所樂以生，夫是以為
至治之極，而非徒恃法以為防也。後世官與民不復相知，農與商不復相資以
為用，求以自利，而不恤起相病。故官常以為民難知，民常以官為厲己；農商
盼盼相視，以虞其壟斷而已，利之所在何往而不可為哉！故朝廷立法日以密，
而士大夫論其利害日以詳，然終無補於事者，上下不復相恤也。」〔註36〕

陳亮在這裡將官民農商四者並列，認為這四者的關係應是互相體恤、互
相資助、互通有無的，不應該厚此薄彼，更不應該用強制的手段來抑制工商。
葉適亦指責「抑末厚本」之說為不正之論。他說：「《書》『懋遷有無化據』，周
『饑而不經』，《春秋》『通商惠工』；皆以國家之力扶持商賈，流通貨幣。漢高

〔註34〕（宋）陳亮：《陳亮集》卷四，《問答》，鄧廣銘點校，中華書局1987年版，
　　　　第42頁。
〔註35〕（宋）陳亮：《陳亮集》卷十，《春秋》，鄧廣銘點校，中華書局1987年版，
　　　　第106、107頁。
〔註36〕（宋）陳亮：《陳亮集》卷十二，《四弊》，鄧廣銘點校，中華書局1987年版，
　　　　第140頁。

帝始行困辱商人之策，至武帝時有箕船告緡之命，極於平準，取天下百貨自居之。夫四民交致其用，而後至化興。抑末厚本，非正論也。」〔註37〕

　　南宋事功學派對工商業的重視，不僅表現在反對抑末厚本、反對奪商人之利賞，而且，他們還從立法的角度，為工商業者參政議事、進入統治階級行列大聲疾呼。陳亮規勸統治者在立法時務必更新觀念，不要像王安石那樣，總是遵循「困富民」、「折商人」的立法精神，限制商人的活動，貶低商人的政治地位。他說：「我祖宗常嚴廟堂而尊大臣，寬郡縣而重守令，於文法之內未嘗折困天下富商巨室。」〔註38〕但是，到王安石變法時，「青苗之政，唯恐富民之不困也，均輸之法，唯恐商賈之不折也。」〔註39〕陳亮認為，王安石變法的主旨固然是為國家積累財富，但立法以「困富民、折商賈」的精神而進行，則只能是事與願違。葉適則把富商視為州縣之本。他說：「然則富人者，州縣之本，上下之所賴也。富人為天子養小民，又供上用，雖厚取贏以自封殖，計其勤勞也略相當矣。」〔註40〕葉還進一步建議統治者能從法制著眼變革舊有的銓選制度，為工商業者進入仕途開闢一條通路。他以為：「其要欲使四民世為之，其理固當然，而四民固公未有不以也。至於蒸進髦士，則古人蓋曰無類，雖工商不取絕也。」〔註41〕

　　由上可知，南宋事功學派一反戰國以來的思想傳統，從「理財非聚斂，更法以裕民」的經濟法制思想出發，主張農工商並重，各行業協調發展，進而從根本上批判和否定了漢以來抑商的法令，並以響亮的聲音為工商業者獲得政治權利而呼喊。儘管這種要求依然帶有濃厚的封建主義色彩，不能同西方市民階級要求自治權益的法律思想相媲美，但他們畢竟第一次公然否定了「重本抑末」的傳統思想，並從立法、變法的大處呼籲重視工商業者的利益，表現了朝氣蓬勃的戰鬥精神，也對後來黃宗羲等人「工商皆本」思

〔註37〕　（宋）葉適：《習學記語序目》卷十九，《史記一》，中華書局 1977 年版，第273 頁。

〔註38〕　（宋）陳亮：《陳亮集》卷一，《上孝宗皇帝第一書》，鄧廣銘點校，中華書局1987 年版，第 5 頁。

〔註39〕　（宋）陳亮：《陳亮集》卷一，《上孝宗皇帝第一書》，鄧廣銘點校，中華書局1987 年版，第 5 頁。

〔註40〕　（宋）葉適：《葉適集》，《水心別集》卷二，《國本下》，劉公純、王孝魚、李哲夫點校，中華書局 2010 年版，第 657 頁。

〔註41〕　（宋）葉適：《習學記語序目》卷十二，《國語》，中華書局 1977 年版，第 167頁。

想的提出產生了深遠影響。

三、餘論

自古以來，在義利與治國的關係上，中國古代的思想家就存在著分歧。儒家主張以義率利，強調禮樂教化在治理國家中的決定作用。而法家則相反，他們重視社會現實中人與人之間的利害關係，主張以利引導民心，以刑罰的威嚴來維持社會的統治。南宋事功學派雖然主張法律政令的勸懲作用，但他們並不是簡單地贊成和反對儒法二家的主張，而是針對南宋的現實，在功利主義法哲學的基礎上，賦「道」、「義利」以新的含義，並深刻揭示了「道」、「義」與建立事功、變革法制的內在關係。主張「為政以實」，反對空談「義理」；主張變革法度，反對僵死不化；主張恤刑慎獄，反對刑罰酷濫；主張為法以公，反對刑賞以私；主張「農商並舉」，反對「重本抑末」。這些思想，或針砭了時弊，或體現著事功學派的膽識和勇氣，抑或包含著思想家深層次的文化價值追求。這些雖終因南宋統治者的愚昧而未能見用於當時，但它畢竟閃爍著中國古代法律思想家在認識論上的理性光輝，也是中國法律文化史長河裏一朵閃光的浪花。

就此思考我國傳統法思想、法文化與現代法制建設的關係，可以從中得到三點啟示：第一，古代變法理論中的求是精神，是社會主義法制建設的理論源泉。南宋事功學派在「為政以實」的基礎上，針對北宋以來法度過密的事實，強調「法須變而通之」，體現著我國古代法文化中的內在求實精神。早在春秋、戰國時期，思想家就強調法律穩定與變革之間的辯證關係。韓非、商鞅在論證「法莫如一而固」的同時，就從另一個角度論述了「法與時轉」「治與時宜」的重要性與必要性。其主旨在於突出立法、變法必須切合時代需要，符合社會發展變化的求實精神。而這種精神不正是我們進行社會主義法制建設的歷史資源嗎？第二，事功學派「摒私見，倡公平」的法觀念，包含著古代先賢注重統治階級整體利益、反對君主恣意妄為的價值追求，雖然其「公私」的蘊含都刻有時代與階級的印記，若經過合理的改造與轉換，仍可成為社會主義司法精神的內在動力。第三，陳、葉「恤刑慎獄」「注重教化」的刑法思想，固然其意識的深層裏浸潤著儒家「仁政德教」的血液，若清除其教化的封建倫理毒素，也可以為我們的刑法理論及勞改法思想提供歷史的借鑒。

唐宋州縣治理的本土經驗：從宋代司法職業化的趨向說起 [註1]

　　唐宋之際，國家的治理方略發生了兩次大的變化。一是自唐開元年間，國家治理的重點由中央轉向地方，提出了「不歷州縣，不擬臺省」[註2]的治國用人原則；二是自唐中期之後，隨著土地私有制的深入發展及社會結構的深層變革，國家的治理模式朝著官僚法制化的方向發展，[註3]司法公正成為政治清明與否的決定性因素。與此同時，司法職業化之傾向開始自唐宋的州縣出現，尤其是宋代的州級司法，不僅組織結構嚴密、分工明確，而且還出現了獨具時代特色的「檢法議刑」制度、「斷由」與「千文架閣制度」制度等。對此，學界已往的成果雖分別有所涉及，但鮮有從「司法職業化」的視角看待此變化的，更沒有從國家治理的高度，論證司法職業化趨向與政治清明之內在關係的。[註4]本文試論之。

〔註1〕 本文原載於《法制與社會發展》2014 年第 1 期。
〔註2〕 （宋）歐陽修等：《新唐書》卷四五，選舉志下，第 4 冊，中華書局 2013 年版，第 1176 頁。另見劉後濱：《廊廟之器如何造就——從唐「不歷州縣不擬臺省」的選官原則說起》，載《光明日報》2005 年 12 月 20 日。
〔註3〕 官僚法制，學界或稱「帝制法治」，其特徵是「不別親疏，不殊貴賤，一斷於法」，重點是通過法律規範治理官吏，再通過官吏的清明來治理民眾。中國自秦漢以來，即沿著這條路的指向而行，至唐而達頂盛，《唐律疏議》是其典範。參見李貴連：《從貴族法治到帝制法治》，載《中外法學》2011 年第 3 期。
〔註4〕 「檢法議刑」的研討可參見臺灣地區法史學者的著作，如徐道隣：《鞫讞分司考》，載氏著《徐道隣法政文集》，清華大學出版社 2017 年版，第 226～238 頁；劉馨珺：《明鏡高懸：南宋縣衙的獄訟》，五南圖書出版公司 2005

一、宋代司法職業化趨向之表現

學界通常認為：司法職業化是西方法治文明特有的產物，它最基本的含義是在民主政治及權力制衡的基礎上，特指司法的獨立、自治與司法的專門化。這是一個基於西方法學主流價值觀念的嚴格定義。以此定義證諸中外歷史，資產階級革命前的中國與西方主要國家皆無司法職業化可言。然而，德國著名的思想家與社會學家馬克斯・韋伯在討論司法職業化與西方法律理性化及其與資本主義之興起的關係時，則認為：無論是羅馬時期的法學家，或者是前資本主義時期英國律師、文藝復興時期的羅馬法注釋者，都是一個法律職業共同體，即司法職業化群體。〔註5〕韋伯的視角告訴我們，對於「司法職業化」還可以有另一種理解：即要把此概念置身於一定的社會結構與歷史條件下分析。當然韋伯對此問題的討論意在說明兩點：首先，西方司法職業共同體的形成及其思維方式對西方法律的理性化即形式邏輯化有著決定性影響，其次，世界各大法律系的特質，與其說由其生產方式決定，不如說由其「名流」，即各大法系中的文化傳承者的價值觀所決定。古典中國，沒有現代意義上的職業法學家，也更不會有嚴格意義上的司法職業化。但問題在於：如若不把司法職業化僅僅與三權分立基礎上的「司法獨立」相聯繫，而是從司法官員設置的專門化及司法職權行使的制衡化兩個角度出發，我們則會發現，唐宋州縣的治理與司法審判出現了極其鮮明的「職業化趨向」。

（一）從「法直官」到「檢法官」：宋代州級司法專門檢法官員的設置

中國古代自秦漢以來，中央的司法機構相對比較嚴密，尤其是到了隋唐，大理寺、刑部、御史臺作為中央三大司法機關，分工嚴明，職權專一，中央

年版。大陸學者戴建國與王雲海先生在其著作中也有論述。可參見戴建國：《宋代法制初探》，黑龍江人民出版社2000年版；王雲海主編：《宋代司法制度》，河南大學出版社1992年。以上著作均有所涉及。對該問題討論較深的是臺灣地區學者陳登武的論文《唐宋審判制度中的「檢法官」》（載高明士主編：《唐律與國家》，五南圖書出版公司1998年版）。「千文架閣制度」的研究，參見王金玉：《宋代「千文架閣法」辨析》，載《歷史研究》1996年第4期。

〔註5〕參見鄭戈：《韋伯論西方法律的獨特性》，載李猛編：《韋伯：法律與價值》（《思想與社會》第1輯），上海人民出版社2001年版，第1～100頁。

司法機關的職業化趨向已十分突出。唐中葉之前，無論是中央或者是地方，雖然《唐律》要求，各級司法官員斷案必須引律令格式，否則就應負法律責任，受杖三十之處罰。〔註6〕但是，各級司法機構中並沒有設置專門檢斷法律條文、供司法長官決斷的專門官員。唐代的重要法律文獻《唐六典》對中央司法機關及地方諸州的司法職能是這樣記載的：「凡察獄之官先備五聽，又稽諸證信，有可證焉而不可首實者，然後拷掠，二十日一訊之。凡斷獄之官皆奉律、令、格、式正條以結之。」〔註7〕這指的是中央司法官員。地方諸州除長官負有司法職能外，協助長官司法的諸曹官則是：「法曹、司法參軍掌律、令、格、式，鞫獄定刑，督捕盜賊。」〔註8〕這裡文獻中雖有「察獄之官」與「斷獄之官」的差別，也有地方上「法曹」與「司法參軍」的設置，但與其後宋朝「審」與「判」的嚴格分離仍有極大距離。唐代中期，隨著社會的發展，出現了專門檢索法條的司法官員，只不過這時的檢法官還只限於唐代中央機關。宋初頒布的基本法典《宋刑統》載有唐建中二年（781年）十一月十三日敕文：

「刑部法直應覆大理，及諸州府獄案，據《獄官令》，長官以外皆為佐職，法直官是佐職以下官，但合據所覆犯由，錄出科條，至於引條判斷，合在曹官，法直仍開擅有與奪，因循自久，殊乖典禮。自今以後，不得更然。其諸司及外州府並宜準此。」〔註9〕實際上，「法直官」一詞在《新唐書·百官志》出現一次。〔註10〕「法直」在《唐律疏議》與《唐六典》中無記載，在《唐會要》卷

〔註6〕（唐）長孫無忌等：《唐律疏議》卷三十，劉俊文點校，中華書局1983年版，第561頁。原文是：「諸斷罪皆須具引律、令、格、式正文，違者笞三十。」

〔註7〕（唐）李林甫等：《唐六典》卷六《尚書刑部》，上冊，陳仲夫點校，中華書局1992年版，第190～191頁。

〔註8〕（唐）李林甫等：《唐六典》卷三十《三府督護州縣官吏》，下冊，陳仲夫點校，中華書局1992年版，第749頁。

〔註9〕（宋）竇儀等：《宋刑統》卷三十，吳翔如點校，中華書局1984年版，第485頁。

〔註10〕陳登武先生在《唐宋審判制度中的「檢法官」》一文中說：「唐中葉以後，出現法直官，專門負責檢法的司法人員。兩唐書及《唐六典》均不見有關法直的記載。」其實，「法直」就是「法直官」，「法直」未見於兩唐書，但「法直官」一詞已在《新唐書·百官志》出現。（參見（宋）歐陽修等：《新唐書》卷四九下，百官四下，第4冊，中華書局2013年版，第1309頁。）儘管如此，陳登武先生對唐宋「檢法官」的梳理仍然是最詳盡而富有啟迪意義的。本文的此一段寫作也多受陳先生的啟發。

六十《御史臺上》〔註11〕、白居易《策林》及《百道判》中〔註12〕均有記載，但具體設置年代有待文獻證實。由於「法直」與「法直官」設置的確切年代無法詳考，故其職能也只好依據《唐會要》，白居易《策林》《宋刑統》之記載，知其大略是：檢索法條並參與判案。〔註13〕這與宋代的檢法官只能檢索出法條、提供判決意見，但決不能斷案之職權，絕然有別。正因為如此，再加上唐中期之後，宦官把持朝政，干預司法，通曉法律的「法直」官每每借專業知識舞文弄法，致人冤屈。為糾其弊端，唐末至五代時期，朝廷開始以「格」文明確規範「法直」官的職責與權限，且要求劃清「法直官」與「本斷官」之間的權限，在這裡，值得一提的是五代後唐時期的李延范，他為此做出了卓越的貢獻。據《五代會要》記載，後唐長興二年（931）八月十一日，大理卿李延范奏：

「當寺今有要切事節，謹具諸件如後：一件，寺司每奉敕旨斷案，準格須委法直司據罪人所犯，檢定法條，本斷官將所犯罪名，並所檢法律及法書本卷，對驗不差，然後逐件於法狀上署名，下法定斷。伏見寺司案內，每將法直官所檢條件法狀，備錄在詳斷案。伏準格文，法直官只合錄出科條，備勘押入案，至於引條判斷，合在曹官。」這裡的「法直司」就是指的「法直」或「法直官」；「本斷官」與「曹官」即是指專門負責依據法條決斷案件的判案官員，前者專門負責依據罪名檢索出適用的法條，後者則依據「法直」所檢之法條進行斷案，二者職責分工明確，不得侵襲。因為法律要求判狀內不許「載法直官姓名者」。〔註14〕

〔註11〕（宋）王溥：《唐會要》卷六十《御史臺上》，下冊，上海古籍出版社2006年版，第1227頁。唐貞元八年（792年）正月，「御史臺奏『伏以臺司推事，多是制獄，其中或有準敕，便須處分，要知法理。又緣大理寺、刑部斷獄，亦皆申報臺司，倘或差錯，事須詳定。比來卻令刑部、大理寺法直較勘，必恐自相扶會，縱有差失，無由辯明。伏請置法直一員，冀斷結之際，事無缺遺，其糧料請取臺中諸色錢物量事支給，其功優等，請準刑部、大理處分。』敕旨依奏。」《宋刑統》卷三十所載敕令節文可證：唐建中二年（781年）已有「刑部法直」的記載。據此，唐代「法直」與「法直官」的設置應在唐建中二年前。

〔註12〕參見（清）董誥編：《全唐文》卷六百七十一，中華書局1983年版，第6846頁；卷六百七十三，第6874頁。

〔註13〕如白居易《策林》：「得甲盜買印用，法直斷以偽造論，訴云『所由盜賣，因買用之，請減等。』」參見（清）董誥編：《全唐文》卷六七三，中華書局1983年版，第6874頁。

〔註14〕（宋）王溥：《五代會要》卷十六《大理寺》，上海古籍出版社1978年版，第270～271頁。

　　問題在於後唐時期，雖然出現了職權分明的檢法官員——「法直」，但卻依然侷限在司法機關——大理寺所斷案件中，大理寺審斷的是京師及地方上報來的大案，至於地方的審判機關仍無專門檢法官員的設置，到了周太祖廣順三年（953 年）二月，天下諸道州府出現了專職的「檢法官」。史稱：「今後應天下諸道州府斷遣死罪者，候斷遣訖，錄元案聞奏，仍分明錄推司官典及詳斷檢法官姓名。其檢用法條朱書，不得漏落。」〔註15〕

　　陳登武先生認為，這條史料為以往學界所忽視，其實它是宋代「鞫讞分司」制度的先聲。此處的「推司官典」與「詳斷檢法官」正是宋朝的「鞫司」與「讞司」，即「法司」的前身。問題是，五代十國時期，戰亂頻仍，驕兵悍將當政，司法的殘酷與刑獄的黑暗使「推司」與「檢法官」職權的劃分無實際意義。真正意義上的專職「檢法官」，普遍設立於全國各州，並以制度（如檢法官的充任資格、陞轉、獎懲、地位、職權等）為保證使其行使職權，則是兩宋之事了。

　　宋朝建國伊始，太祖、太宗就十分重視法制建設，表現在司法上，除了以讀書之士子取代五代之馬步牙校充當司法官員外，其次一個最大的舉動就是嚴密州級司法組織，於全國各州設置專門負責「檢法議刑」的官員——「司法參軍」，實行「鞫讞分司」制度。

　　《宋史·職官志》稱：「司法參軍掌議法斷刑；司理參軍掌訟獄勘鞫之事。」〔註16〕這裡的「司法參軍」與「司理參軍」是州長官——知州的屬官。宋制，全國地方上置州縣二級行政機構，長官由朝廷委派，以京朝官充任，謂知州、知縣。州上邊有路的設置，是監察機構，與州同級的還有府、軍、監，其中府雖與州同級，但地位稍重，如開封府、大名府等。依據宋代法律規定，縣只能判決徒刑以下案件，即笞杖刑的輕罪及婚姻田土之類的民事糾紛案件。徒以上案件，可擬判，但判決權在州不在縣，故州一級司法權力較大。鑒於五代十國刑獄黑暗、濫殺無辜的教訓，宋朝特別重視州一級的司法建設。

　　按照宋代法律之規定，知州、知縣作為親民之官，必須親決囚徒，違者

〔註15〕（宋）王溥：《五代會要》卷十《刑法雜錄》，上海古籍出版社 1978 年版，第163～164 頁。陳登武先生率先發現了此條史料，並解釋了這條史料的價值及其歷史地位，參見上引陳先生文章。

〔註16〕（元）脫脫：《宋史》卷一六七，職官七，第 12 冊，中華書局 1977 年版，第3976 頁。

徒二年。〔註17〕故知州作為長官權力重大，為了防止冤假錯案的發生，再加
之知州、知縣司法、行政職務兼於一身，事務冗雜，宋代於州級長官之下，特
設幕職官與諸曹官承辦長官交派的各種司法業務。幕職官與諸曹官史稱「州
縣幕職官」，前者有「簽書判官廳公事、兩使、防、團、軍事推判官、節度掌
書記，觀察支使」等，後者則指「司法、司理、司戶」參軍諸曹官，所謂「諸
曹」就是指專門負責承辦各項業務的機構。宋代司法職業化之趨向在地方上
的重要表現就在於「檢法議刑」制度確立，因為它是宋代另一別具特色制度
「鞫讞分司制」的基礎。

　　需要說明的是，宋代從中央到地方，均設有負責「檢法」的官員，中央
除了三大司法機關的「檢法官」之設置與司法審判相關外，其他機關——如
戶部、三司使等部門之「檢法官」，與司法審判並無關係，他們只是負責檢索
與該部業務相關的法條而已。我們在此討論的重點是州級司法審判中司法參
軍之設立及其職權的範圍。必須明確的是，「司法參軍」作為州級屬官，早在
唐朝便已設立，並非是宋朝首創，但使其職權專業化，即專管「檢法議刑」，
不得參預審理與斷決，則是宋朝所獨具的時代特色。宋代州級司法，在長官
之下設有「鞫司」與「讞司」，又稱「推司」與「法司」。「鞫司」或「推司」，
相當於現代的偵訊與預審，「讞司」或「法司」相當於現代的判決機構。按照
宋代法律之規定，不僅審訊與判決要分立，職權不得混淆，更不准相互打探
消息以屈法營私。就是法司的判決中，也須由通曉法律的專職人員——檢法
官，州一級即「司法參軍」，專門負責依照犯人之罪名檢索出本案所適用的法
條，並依據法條提出刑罰之建議，這就叫「檢法議刑」。「議刑」只是提出建
議，並非是決斷，因為判決權在長官。故州之「司法參軍」的專職是：檢出法
條，提出建議。這樣以來，宋代州級司法實際是兩大階段，三個程序，兩大階
段是：審訊偵辦與判決，三個階段是：（1）偵審或叫「鞫推」；（2）「檢法議
刑」，即檢出法條，提出建議；（3）依法判決。往往由長官做出，並鈐印發布
公告。宋代把這種制度稱為「鞫讞分司制」。對「鞫讞分司」制度，學界討論
頗詳，本文不再贅述。我在這裡關注的是如何從司法職業化之趨向考察唐宋
州縣治理的經驗，故司法參軍之專職檢法的具體表現及其效用，自當在考察

〔註17〕《文獻通考·刑考》載：「州縣官不親聽囚而使吏鞫訊者，徒二年。」參見（宋）
　　　　馬端臨：《文獻通考》卷一六七《刑考六》，第 8 冊，中華書局 2011 年版，第
　　　　5011 頁。

視野之中。讓人頗感欣慰的是，幸有《名公書判清明集》保留的真實案例及《宋代石刻文獻》的記錄，使我們尚能在千年後一窺司法參軍之檢法與法官判決職權分立之風尚。

（二）從《清明集》中的「司法擬」看宋代地方司法職業化之趨向

《名公書判清明集》〔註18〕是一部反映南宋後期社會生活與司法審判制度的寶貴歷史文獻，其文獻價值與反映宋代司法制度的深度一向為學界所重視，但從「檢法擬」之角度，看宋代司法職業化之趨向，並由此評判其歷史地位，還尚未引起人們的關注。這裡試加以檢討，以補學界研究之不足。

《清明集》一書收有五份南宋時司法參軍所擬的書判，史稱「檢法擬」。〔註19〕它真實的反映了「司法參軍」作為州級司法屬官，在具體的歷史案件中所履行的「檢法議刑」功能。之所以叫「擬」，不叫「判」，亦不稱為「斷」，是因為「判」或「斷」是長官的職權，司法參軍只能依案情，檢出適用於此案的法律條文，提出適用何種刑罰或某種處罰的建議，故叫「議刑」，也稱作「擬判」。這裡擬選兩件以便分析，一為民事，一為刑事。前者為家庭財產之爭訟，書判名為「立繼有據不為戶絕」；後者為與官方勾結強取錢財的刑事案件，書判稱之為「結託州縣蓄養罷吏配軍奪人之產罪惡盈貫」。

先看家庭爭財案。時間為南宋中後期，地點是荊湖北路的通城縣（今屬湖北省咸寧市通城縣）。案情是：吳琛有四女和一抱養子，各為「二十四娘」、「二十五娘」、「二七娘」與「二十八娘」，抱養子名為吳有龍，又稱二十六郎。二十四娘與二十五娘皆已完婚，但並未出嫁，因為她們二人都是「倒插門」，

〔註18〕《名公書判清明集》，不著彙編者姓名，經中國社會科學院歷史研究所宋遼金元史研究室點校後，由中華書局1987年出版。此書出版後，立即引起學界的廣泛關注，發表了豐厚的研究成果，臺灣學界為此成立了專門的讀書小組，出版了《宋代社會與法律——〈名公書判清明集〉討論》文集，柳立言先生發表了系列論文並出版了專著《宋代的宗教、身份與司法》《宋代的家庭與法律》。大陸學界戴建國等也發表了專門的文章與著作。為了行文之方便，下文把《名公書判清明集》簡稱為《清明集》。

〔註19〕這五份署名「司法擬」的書判分別見於：《清明集》卷七《立繼有據不為戶絕》，第215頁；《清明集》卷十二《與貪令挹摡鄉里私事用配軍為爪牙豐殖歸己》，第463頁；《清明集》卷十二《結託州且蓄養罷吏配軍之產罪惡盈貫》，第466頁；《清明集》卷十二《舉人豪橫虐民取材》，第468頁；《清明集》卷十四《把持公事欺騙良民過惡山積》，第525頁。這些案件均發生在南宋中後期，覆蓋荊湖北路、江南西路、荊湖南路，大致相當於現在的湖北省、江西省與湖南省，案件性質包括戶婚（民事）與詐騙（刑事）等。

即招的「贅婿」，三女二十七娘具體情況不詳，案中記載，或嫁給了許氏，或賣為「義女」，但因人在外地，真假難辨。二十八娘為幼女，尚未到出嫁年齡。爭訟的原因在於：吳琛及養子吳有龍雙雙死亡，吳有龍之子吳登及母親不能使家庭和睦，遂使已到婚嫁年齡的二十八娘興訟到官，要求依「戶絕法」重新分割家庭財產。這裡的問題關鍵在於：吳琛死後，其家庭是否為戶絕。唐宋時，戶絕的含義相同。所謂「戶絕」，又稱絕戶，它有兩層含義：一是指父系子嗣的斷絕，即無後者為戶絕，二是指納稅單位「戶」的消失。一個有男性家長的戶稱之為「課戶」，一個無子嗣（子嗣包括親生、領養、立嗣）的寡婦家庭則為「女戶」，其死後就成為絕戶。白凱說：「從國家的觀點來看，絕戶同時意味著父系的斷絕和納稅單位的消失。因此，這一概念並不適用於兄弟數人同居未分，共同擁有財產的家庭，即使其中有一個兄弟（及其妻）已死而無子嗣，該戶仍是一個完整的納稅單位，國家並不將其看作一個絕戶。因此絕戶這個概念只適用於這樣的家庭，在這個家庭中父親已經與他的兄弟分家並獨立門戶，而父親（和母親）已去世，沒有留下子嗣，這樣的家才成為名副其實的絕戶，即父系的斷絕和納稅單位的消失」。〔註20〕

　　就本案來說，吳琛雖無親生兒子，卻有一養子，他是戶絕嗎？我們先來看宋代的法律規定。宋代，男姓家庭若無親生子，可以立嗣，也可以抱養異姓子。立嗣分兩種情況，一是立繼，二是命繼。宋代不同於其他朝代，立繼是指一個男性家長年老無子時，由他過繼一個同宗昭穆相當的男子為自己的嗣子，或在其死後，由其寡妻過繼一個嗣子，這兩種情況都叫立嗣，但其法律地位卻有差異。立繼之嗣子法律地位同親生子，命繼則是指當男姓家庭家長夫妻雙亡，生前無立繼的情況下，其族人為其過繼嗣子的行為。命繼子法律地位低於立繼子，他只能與戶絕之家的女兒及國家共同分割戶絕之財產。對於一個無男姓子嗣的家庭來說，若男姓家長生前無立繼，他也可以抱養一個異姓子為自己的子嗣，這種情況稱為「義子」。義子若要獲得如同立繼子一樣的權利，須符合兩個條件：一是異姓子須在三歲以下，二是抱養過來後，必須辦理法律手續。即向官府申請，除去抱養子家庭所在戶口，歸於抱養之家。同時由異姓改為抱養家庭之姓，法律上謂之「附籍」。附籍之法是比照「除附法」實行的。

　　就本案而言，吳琛之長女、次女皆招贅婿，本可以不再抱養義子，可是

〔註20〕（美）白凱：《中國的婦女與財產》，上海書店出版社 2007 年版，第 11 頁。

吳琛似乎並不覺得兩個女婿可靠，遂抱養異姓子有龍為義子，並比照「除附」法辦理了有關手續，可謂是完全符合法律之規定。而且，依儒家禮制精神，有龍改姓之後還於吳琛死時行了「斬衰」之禮，即服喪三年。這更從法律與禮制兩方面說明了有龍的嗣子身份完全成立。怎麼可以說吳有龍不是吳琛之子，吳琛是戶絕呢？況且，現在吳琛、吳有龍皆已去世，去世多年未有事端，現何以成訟呢？原因在於有龍之子吳革與其母親沒有很好的對待未出嫁的二十八娘，致使二十八娘出走，並告之官府，同時次女之婿胡闓也聲稱，吳氏之家產，其中一部分是由吳家二婿以妻家之財物，營運增殖而成，因此要求這部分財產重新分配。

歸納本案的焦點有四：一是吳琛之家是否戶絕？二是應龍是否享有親子之待遇？三是胡闓之訴是否成立？四是本案適用的法條有哪些？作為檢法的司法參軍，是怎樣根據法條與案情提出審理意見的？

由於第一個問題與第二個問題相互聯繫，故可以合併分析。吳琛有四女無親生兒子，若不立嗣或收養異姓子，就會成為絕戶。根據案情看，吳琛生前沒有立嗣，也沒有命繼，而是於生前抱養了一個異姓子。宋代，抱養異姓若符合法定條件，並辦理有關手續，其法律地位與親子同。這個異姓子是否符法律規定的條件呢？宋代法律規定了兩項條件，一是異姓子之抱養時年齡須在三歲以下，二是比照「除附法」辦理附籍手續。對於吳有龍之身份，判詞稱，案發時查得縣所給證據有二本，一是存在吳琳之處的，所記為七歲。吳琳為何人，判詞中無明確說明，或者是吳琛的兄弟，總之是與本案有關聯的人。以此為據，異姓男吳有龍所立就不合法律規定，因為他已經七歲；二是阿塗之據，記載為一歲。阿塗是誰，判詞中也無說明，推測應是吳登之母，亦即吳有龍之妻。按此所載，符合法律規定。到底誰為真呢？「司法擬」分析為：前者為假，後者為真。理由是：首先，吳琳之據文字有改動痕跡，七字為改字；其次，有龍若是七歲，公法不當立，縣司也無理由給付證據，就不會有阿塗手中記載為一歲之公據，故「司法擬」判定為，有龍被抱養時一歲為真。這就符合了法律之第一項規定。第二條規定，辦理「附籍」手續，即除去有龍原戶籍，並改姓歸於吳琛戶籍之中。這項手續辦完，依宋代法律，吳有龍就由「義男」成為吳琛嗣子，享有親生兒子的地位。本案中所說的依法都是哪些法呢？

「司法擬」在本案中撿出的法條如下：

　　第一，訴訟時效，即「諸義子被論訴及自陳之法」。本案是在吳琛（養父）及吳有龍（養子）均已死亡數年後，才由吳琛幼女（二十八娘）及其姐夫到官府告狀的，先不說二十八娘及其姐夫胡闉有無告狀資格，[註21]單就訴訟時效而言，「司法擬」撿出的法律條文是，「在法：諸義子孫所養祖父母，女母俱亡，或本身雖存，而生前所養祖父母、父母俱亡，被論訴及自陳者，官司不得受理。」就本案而言，吳有龍與吳登本是義子孫，只不過辦理有關法律手續後，其法律地位視為吳姓親子，其實，這只是法律上的擬制，並非他們就是吳琛親生子孫。法律在此種情況下，因涉及到三方的權益，即養父家、生父家與義子及其後人，故法律必須在三家權益的保護上尋求平衡點，否則就會引起一系列麻煩。宋代法律既要保護養父母之權益，也要保護生父母權益，還要保護義子之權益。從反面來講，法律之設計既要防止生父家借送養之名，不盡養子之道，不辦理有關手續，而行覬覦錢財之心，也要防止養父家在時過境遷後，不承認養子之法律地位，而無端追訴養子的身份。故法律規定兩種情況下，不再受理養子身份認定之訴訟，一是養子與所養祖父母、父母俱亡，二是養子在世，但其所養祖父母、父母俱亡。結合本案，正是符合第一種情況。吳有龍不僅身份合法，且已在養父吳琛死後，恪盡為子之道，行了「斬衰」之喪禮，故吳琛家不是戶絕，吳有龍具有親子之法律地位。

　　第二，「異姓養子與除附法」。司法檢出的法條是：「又準法：異姓三歲以下，並聽收養，即從其姓，聽養子之家申官附籍，依親子孫法。雖不經除附，而官司勘驗得實者，依法。」[註22]何謂「除附法」？《清明集》卷之八《夫亡而有養子不得謂之戶絕》的判詞說：「此謂人家養同宗子，兩戶各有人戶，甲戶無子，養乙戶之子以為子，則除乙戶子名籍，而附之於甲戶，所以謂之除附。」[註23]由此可知，「除附」僅適用於養同宗子，異姓子雖不適用「除附法」，但可比照施行，即經官司（多為當事人所在地區的官府）勘驗得實後，依「除附法之文」。就吳氏女爭訟之案而言，案中吳有龍，原

[註21] 宋代法律規定，諸子女年幼時，一般不得去官府告狀，出嫁後，財產同夫為主。夫死後，可成為訴訟主體。

[註22] 中國社會科學院歷史研究所宋遼金元史研究室點校：《名公書判清明集》卷七《立繼有據不為戶絕》，中華書局1987年版，第216頁。

[註23] 中國社會科學院歷史研究所宋遼金元史研究室點校：《名公書判清明集》卷八《夫亡而有養子不得謂之戶絕》，中華書局1987年版，第273頁。

姓閭丘，為異姓子。雖不經除附，但經養父吳琛提出申請後，由縣衙查驗得實，給據為憑，其程序是比照除附法實行的，其法律地位是依照親子孫法獲得的。

第三，贅婿以妻之財營運增殖「分配法」。「司法擬」判詞檢出的是一條宋廷頻布的敕令：「在法：諸贅婿以妻家財物營運，增置財產，至戶絕日，給贅婿三分。」〔註 24〕這道法令頒布於何時？具體記載不詳，欲理解它，先須瞭解宋代中國家庭財產的性質。唐宋時期，實行「同居共財制」，此制度下，家庭財產之屬性為「家產」，即是說，家產既不歸父親個人所有，也不歸家中某個子女所有，也不是現在意義上的「共有」，因為古人沒有民事權利主體之概念，而是為「家」所有，對此學界已辨之甚詳。〔註 25〕問題在於，到了宋朝的仁宗年間，政府為了適應社會私有制經濟的發展與人們社會生活之所需，特於景祐四年（公元 1037 年）正月乙未下詔：「應祖父母、父母服闋〔註 26〕後，不以同居、異居，非因祖父母（父母）財及因官自置財產，不在論分之限。」〔註 27〕我國臺灣地區學者柳立言先生認為，這是一個具有劃時代意義的詔令，因為它把個人從家庭財產制的束縛中解放了出來，〔註 28〕法令賦於個人具有私財的權利，即家庭中的兒子或女兒可以擁有私財。既然女兒有私財之權，女兒之丈夫——贅婿在岳父家依靠妻子之財，營運增殖後，自然也有權分取其利，故在判詞中，吳琛之女婿胡閭便借二十八娘告訟之際，要重新分配吳琛所留之家產，因為此家產中有部分財產是自己依靠二十五娘之嫁妝增殖的。但欲分此份家產，須有一個前提，那就是吳琛須是「戶絕」，即法律中所謂「至戶絕日，給贅婿三分」。前面已經言明，吳琛已經以「義子」吳有龍為繼子，當然不是「戶絕」，胡閭之要求自然被法官所否定。

第四，「戶絕財產與在室女法」。即：「又法：諸戶絕財產盡給在堂諸女，

〔註 24〕 中國社會科學院歷史研究所宋遼金元史研究室點校：《名公書判清明集》卷七《立繼有據不為戶絕》，中華書局 1987 年版，第 216 頁。

〔註 25〕 參見俞江：《論分家習慣與家的整體性》，載《政法論壇》2006 年第 1 期；《家產製視野下的遺囑》，載《法學》2010 年第 7 期。

〔註 26〕 「服闋」意指子女為父母服喪三年，實際上服二十七個月之喪。

〔註 27〕 （宋）李燾：《續資治通鑑長編》卷一二〇，仁宗景祐四年正月乙未，第 5 冊，中華書局 2004 年版，第 2820 頁。

〔註 28〕 柳立言：《宋代的社會與法律文化：中產之家的法律？》，載《唐研究》第十一卷，北京大學出版社 2005 年版，第 134 頁。

歸宗者減半」〔註29〕本案中，司法檢出此法條之用意在於告誡二十四，二十五娘及其二人的丈夫石高與胡闐，吳琛非戶絕之家，吳有龍非義子，而是父親吳琛所抱養之繼子。繼子權利與親子同，吳有龍之子吳登是吳家的承分人，吳家香火由吳登延續，吳家財產也由吳登繼承。二十四娘與二十五娘作為女兒，已在婚嫁時，依法律取得嫁資，父親死後也已分家，現在理應與丈夫一起「扶顛持危」，續吳氏之血脈，幫助吳登重振家業，不應再有分外之心。

第五，「在室女聽婚嫁之法」，按照宋代法律，男性家長辭世時，若有兒子，財產由兒子繼承，女兒給嫁資，嫁資之數目為兄弟聘財之半。南宋時，法律有所變化，既女兒有權獲得兄弟所繼承財產的二分之一，稱為「男二女一法」或稱「男倍女半法」〔註30〕就本案而言，吳琛四女中，長女次女已嫁，三女或稱已嫁許氏，或稱賣為義女，實情不詳。幼女二十八娘已到婚嫁年齡，卻未得到應有的嫁資，而且因與吳登母子所處不和，居住在吳琳之家，吳琳身份不詳，似是吳琛之兄弟，故司法提出的建議是：監督吳登母子把二十八娘迎接回家，好好照顧，盡姑侄之禮，待日後擇偶後，選擇吉日出嫁，照法給嫁資。司法撿出的法條是「在室女婚嫁法」中的一部分，即「在法：男年十五，女年十三以上，並聽婚嫁。」至於嫁資之數，由於前有兩個姐姐嫁資可比，故司法並未列出，想必是在有例可循的前提下，自然不難處理。至此，司法針對本案所檢的法條有五：（1）諸異姓養子身份追訴時效法，（2）異姓養子與「除附法」，（3）贅婿以妻之財營運增殖分配法，（4）戶絕財產與在室女法，（5）在室女聽婚嫁法。

儘管本案中的司法參軍在趙知縣判決的基礎上，對案情分析的鞭闢入微，頭頭是道，而且一一檢出法條，其專業化程度是十分令人驚歎的！然而，在宋代的司法程序中，司法參軍只能依案情檢出法條，發表建議，但卻不能做出判決，所以他最後只能說：「管見如此，取臺判」。〔註31〕所謂取臺判，就是最後由州長官定奪，可見檢法與判決是兩分的。

《清明集》中，司法參軍的擬判及檢出來的法條，既有民事的，如本案。

〔註29〕中國社會科學院歷史研究所宋遼金元史研究室點校：《名公書判清明集》卷七《立繼有據不為戶絕》，中華書局 1987 年版，第 217 頁。

〔註30〕對此，學界研討頗詳，可參見柳立言：《宋代的家庭與法律》，上海古籍出版社 2008 版。

〔註31〕中國社會科學院歷史研究所宋遼金元史研究室點校：《名公書判清明集》卷七《立繼有據不為戶絕》，中華書局 1987 年版，第 217 頁。

也有刑事的，如《清明集》卷12《結託州縣蓄養罷吏配軍奪人之產罪惡貫盈》《與貪令掯摭鄉里私事用配軍為爪牙豐殖歸己》；〔註32〕有州司法參軍所檢所擬，也有路（監司）司法參軍所檢所擬，檢即是檢出法條，擬便是擬判，或稱「議」。不論是哪種情況，都只能說明宋代地方司法參軍的職責是「檢法議刑」，它是宋代地方司法，尤其是州級司法中的一個專門化很強的環節，它不能參與審訊，也不能最後判決，只能檢出法條，提出建議。這並非是停留在紙面上理論，而是真實的司法實踐。《清明集》提供的判詞便是檢法與判決兩分之最真實可靠的實據。

〔註32〕《名公書判清明集》卷十二共載有南宋著名法醫學家宋慈三個以「檢法書擬」為基礎所做的判決，其名稱分別是《與貪令掯摭鄉里私事用配軍為爪牙豐殖歸己》《結託州縣蓄養罷吏配軍奪人之產罪惡貫盈》《與人豪橫虐民取財》。這三個案例都與懲治「豪橫」有關。所謂「豪橫」，就是南宋鄉村社會的土豪劣紳，《清明集》所載案例中極其深刻地反映了宋代社會官府、鄉紳與庶民百姓生活三者之間錯綜複雜的關係。對此，點校者已在該書《附錄七》「宋史研究的珍貴史料——明刻本《名公書判清明集》介紹」一文中有所論述。但學界卻很少注意這三個案例所顯示的宋代「檢法書擬」與司法長官之間的職權關係，更沒有注意到宋代司法程序中所蘊含的分權制衡價值在中國司法文明史上的地位。其實，這三個案例都清楚地顯示了宋代路級司法中「檢法官」與長官之間的職責關係，折射出宋代司法傳統中的人文理念及理性精神。在第一個案例中，土豪陳瑛「操不仁之心，貪不義之富，出入縣道，以神其奸，交結配吏，而濟其惡。」檢法官檢出的適用於陳瑛一案的法條是：「在法：『諸欺詐取財滿五十貫者，配本城。』又法：『諸以買賣、質借、投託之類為名以取財，狀實強奪者，以強盜論。』欲將陳瑛決脊杖二十，配一千里。」宋慈作為提刑使，即審斷本案的長官，在「斷罪」（實即判決）中說：「甚矣！陳瑛之貪黷奸狡也，上則為貪令作囊橐，掯摭鄉里私事，與之推剝取財，下則用配軍為爪牙，旁緣氣勢劫縛，因而豐殖歸己。即此一項，已是白奪四千四百貫之業，其他被其嗜膚吮血，合眼受痛，緘口茹苦者，不知其幾。湖南之盜賊，多起於下戶窮愁，抱冤無所伸。此事自州縣而至本司，將及一年，獄官則為其奇玩釣餌，推吏則為其厚賂沉迷，越歷兩官，托延百計，及其終也，反將詞人兩手兩腳縛爛終死定論。若非專官專吏，索齊干照案牘，不特豪強依然得志，而被害之家反被誣罔之刑矣。若酌情而論，情同強盜，合配遠惡。送之檢法，止欲抑疾惡之忿心，行酌中之公法。並引上照斷，遵照擬判，逐一結斷。」在「結託州縣蓄養罷吏配軍奪人之產罪惡盈貫」及「舉人豪橫虐民取財」兩案中，宋慈在最後的判決中也都說：「王元吉且照檢法所定罪名，刺配廣州刺配攔鋒軍，拘監重後，日下押發」，「已錄問訖，索冒賞吏部帖及文解帖，遵照擬判，逐一施行。」（參見中國社會科學院歷史研究所宋遼金元史研究室點校：《名公書判清明集》卷十二，中華書局1987年版，第461～469頁。）應該說，檢法與判決及其清晰的分工關係真切地反映了宋代司法職業化趨向中的專業性特質。

（三）宋代地方審判，即州級審判中「偵訊、檢法、判決」三分，這是司法職業化趨向的典型表現

南宋司法官員周林曾說：「獄司推鞫法司檢斷，各有司存，所以防奸也。」〔註33〕這就是宋代刑事審判中所實行的「鞫讞分司制」。「鞫」是指審訊，「讞」是指判決，「鞫讞分司制」就是指審與判的分立。關於此制度的討論，學界已發表有大量的成果，臺灣學者徐道隣，日本學者宮崎市定，大陸學者戴建國、王雲海均在其論著有所論述。這其中需要關注的是戴建國教授的研究，因為戴建國先生針對徐道隣與宮崎市定所遇到的問題，即在同一個司法官員身兼數職的情況下，宋代所實行的「鞫讞分司」制度是否還有效？戴建國回答了此問題。戴認為：一個司法官員身兼數職時，並非說「鞫讞分司制」就不實行了。這是因為「鞫讞分司」是指審與判的分立，一般來說，這種分權精神落實到司法上，必然是司法官員職權的專門化。但由於宋代全國形勢的複雜及其官員設置數量的限制，在一些邊遠地區，一官多職經常出現，這是因為要提高司法效力，就不能於人數極少的縣或州對官員專職專設，而是一官數任。此種情況下，「鞫讞分司制」精神如何落實到位呢？戴指出，這種情況下依然實行分司制，就在於官員於集體案件中，一旦被委任去履行某種職責時，他所兼的其他司法職權就不能再行使。譬如說，「某位官員被任命為某州的錄事參軍兼司法參軍時，這位官員的職責除了主持州院事物外，也可以擔任案件的檢法議刑工作，但在實際審判中，如果這位官員被派去審訊犯人，依據鞫讞分司原則，這位官員便不能同時再擔任同一案的檢法議刑工作。」〔註34〕戴建國的分析極為深入，但是這裡仍需要指出以下兩點：第一，宋代州以上直至中央實行的鞫讞分司制，實際上包含了四個小階段，也可稱之為程序。首先是，刑案發生後，抓捕與審訊屬於第一個環節，宋代稱之為「巡捕」。所謂巡捕，又稱偵捕，盜捕。指偵查與逮捕嫌疑犯，宋代由巡檢與縣尉負責，簡稱為巡尉。巡捕抓獲犯罪嫌疑人後，須交由專門的人員審訊，這就是第二個環節，「推鞫」，又稱鞫獄或勘鞫，即對捕獲之犯罪嫌疑人進行事實調查與訊問。此項工作由獄司負責，史稱獄司推鞫，在州由司理參軍，或被稱為「獄官」的錄事參軍負責。案情基本審理清楚後，便轉交到了下一步，即第三個

〔註33〕（明）黃淮、楊士奇編：《歷代名臣奏議》卷二一七，慎刑，第 3 冊，上海古籍出版社 1989 年版，第 2850 頁。
〔註34〕戴建國：《宋代法制初探》，黑龍江人民出版社 2000 年版，第 206 頁。

環節，「檢斷」。所謂檢斷，是檢法議刑的簡稱。宋制，州設司法參軍專門負責檢索法律，並分析案情，提出司法建議。待此項工作完成後，案子便進入了最後一個階段，即第四個階段——判決。宋代，州的司法權甚重，即州長官有權斷決徒刑以上的案件，故其組織非常嚴密，審判程序分明，司法原則獨居時代特色。第二，如果說，「檢法官」之設置與職能行使體現了宋代州一級司法之專業精神的話，那麼上述層次分明的審判程序則從分權制衡的角度，反應了宋代州級司法的職業化趨向。

第三，司法職業化一般來說是與專職專設聯繫起來的，宋代也是如此。多數情況下，宋代州一級的司法參軍專管檢索法律，分析案情，但有時也會出現兼職的情況，如南宋時司法參軍監管州里的糧倉與財政，這是本官兼它職。也有可能出現它官兼本職，即不是專管檢法的官員負責檢法，如州的錄事參軍，本職為主持州之院務，審理州獄，有時也兼「檢法」職能。上述兩種情況之出現並沒有從根本上否定宋代州級司法的職業化趨向，因為在具體案件的審理中，一旦兼職的司法官員職責被鎖定，他的兼職便不再履行，兼職與司法職業化表面相反而實相成。這說明專職是司法職業化的必要條件，但並非是充要條件。

二、審理民事案件，宋代創立了獨有的給「斷由」制度

縣令是古代的「親民之官」，儘管《唐六典》對縣令的職責做了詳盡規定，且要求其重在「撫字黎氓……審察冤屈，躬親獄訟，務知百姓之疾苦」。〔註35〕但唐中期之前，州縣之用人並非是唐朝的重點，直到唐開元年間，唐朝才把對人才的選拔由中央轉向地方，提出了「不歷州縣不擬臺省」〔註36〕的用人原則。儘管如此，由於唐中期之後，社會的變革及藩鎮割據勢力強大，地方用人率由節度使自辟，中央遂失地方用人之權，其政策自然難於貫徹，及至五代，縣令率由武人充任，其吏風貪黷，司法嚴酷向為史書所病。宋自建國伊始，便懲五代十國之弊，於司法進行改革。其主要措施有：其一，州縣長吏多用士人，其二，地方司法官員設專職，且要求他們參加法律考試，並具有司法實踐經驗。使司法朝著職業化方向發展。

〔註35〕（唐）李林甫等：《唐六典》卷三十《三府督護州縣官吏》，下冊，陳仲夫點校，中華書局1992年版，第753頁。

〔註36〕（宋）歐陽修等：《新唐書》卷四五，選舉志下，第4冊，中華書局2013年版，第1176頁。

　　宋室南渡以後，隨著江南私有制及商品經濟的發展，中產階級從民間崛起，社會矛盾日益突出，多元利益於社會結構中呈現，訴訟之風遂興起於江南各地。宋政府為了適應社會發展之需，不得不把司法的重點由刑事轉向民事，即由原來的「獄訟為首務」轉向「治理以民事為急」，這種精神反映在南宋的縣級司法上，就是創立了宋朝獨具的「婚田之訟」，必給當事人以「斷由」的制度。

　　對於南宋的「斷由」，我已於近年的研究中多所論及，〔註37〕但隨著時間的推移，我對此問題又有了新的認識，即斷由制度還應與宋代司法職業化趨向密切相關。之所以這樣說，其根本原因不在於「斷由」的形式屬性，而在於「斷由」背後所反映出來宋朝政府對縣令審理民事案件的法律專業化訴求。在宋政府看來，越來越多的民間「婚田之訴」，直接關係到社會生活中民眾矛盾的化解與政策的安穩，如果一個「親民之官」不能公正的審理所在地的民事糾紛，老百姓就會心懷憤恨之情，或訴之於州，或訴於監司，直至朝廷，這樣不但使國家的司法資源白白浪費，而且也使矛盾加劇，積怨加深，小則鄰里不和，大則演化為人命大案，直接影響社會的穩定。故宋代朝廷不斷發布敕令，要求斷案之長官，必須給訴訟當事人以「斷由」，以求司法公正。由於「斷由」需要明確記載案情及適用的法律條文，乃至法官判案的依據及其道理，故其制度的施行必然要求審案者要有較高的法律素養及法律專業知識，糊塗斷案是無法給當事人明確的理由的。

　　我們先來看宋代原始文獻對「斷由」的解釋，再來看一個南宋時期的縣令對為何要給「斷由」所做的內心獨白，最後再把「斷由」置身於宋代社會生活的脈絡中與百姓過日子的規則及邏輯相聯繫，以理解「斷由」在司法職業化中的作用。宋高宗紹興二十二年（公元 1152 年），宋朝首創給當事人以「斷由」的制度。史載：「（紹興二十二年）辛丑，右諫議大夫林大鼐言：『比來遐方多有健訟之人，欺紿良民，舞玩文法。州縣漕憲未結絕，則伸冤於部於臺於省，官司眩於偏詞，必與之移送重定。外方往往觀望，為之變易曲直。欲今後所訟，如婚田、差役之類，曾經結絕官司，須具情與法，敘述定奪因依，謂之斷由。人給一本，厥有翻異，仰繳所結斷由於狀首，不然不受理。使官司得

〔註37〕　參見陳景良：《宋代司法傳統的敘事及其意義》，載《南京大學學報》2008 年第 4 期；《釋干照——唐宋變革視野下的田宅訴訟說起》，載《河南財經政法大學學報》2012 年第 6 期。

以參照批判，不失輕重，而小人之情狀不可掩矣。將來事符前斷，則痛與懲治。可使戶婚訟簡，臺省事稀，亦無訟之一策也。』上曰：『自來應人戶陳訴，自縣結絕不當，然後經州經監司以至於經臺，然後到省。今三吳人多是徑直至省，如此則朝廷事多。可其所奏。』」〔註38〕

這段史料生動地記載了南宋高宗與右諫議大夫林大鼐之間就為何給斷由、斷由是什麼的對話。就時間而言，是宋高宗紹興二十二年辛丑，印正於《宋會要輯稿・刑法三・訴訟》，知是公元 1152 年 5 月 7 日。〔註39〕事情的原委是三吳之地婚田訴訟繁多，因得不到有效處理，當事人逕自訴之於州，未及審理完畢。又訴之於中央司法機構，嚴重影響了正常的司法秩序，引起了朝廷的高度關注，才有了這番對話。文中的「三吳」之地，並無確切可指，大概指現代的江蘇與浙江。其實，這只是一個籠統的說法，因為當時南宋的江南各路均有此類現象之發生，此從宋人的各類材料中可以驗證。

概括說來，「斷由」應是南宋民事審理中的專有名詞，質言之就是判決理由，當然就其形式而言，你也可以說它是由官府製作的、記載案情與適用的法律條文及其判決理由的法律文書。由於時代的遙遠，宋代這種發給當事人的法律文書或憑證並沒有保留下來，但是通過《清明集》之判詞及其他宋代史料之敘述，我們仍然可從中知其大概。

斷由的作用，我曾在《釋干照》與《宋代司法傳統的敘事及其意義》之文中加以概括，現在這種概括依然有效。簡言之有三：

第一，斷由作為法律文書，它記載了基本案情、判決適用的法律條文與法官的邏輯推理、案情分析與判決理由。它對案件的真實與公平與否，起著證信的作用。其次，如果當事人不服，可以「斷由」為據向上級司法機關申訴。宋代沒有三級二審制或四級三審制的概念，法律的既判力不可能如現代社會一樣清晰，故上訴與申訴沒有什麼界限，不服判決即可上告，宋代稱作「翻訴」，既便是婚姻田土訴訟，一個案件審理三至五次是宋代司法中常見的現象，甚至可達七八次之多，纏訟數十年之久，《清明集》一書對此多有記載。斷由因此成為上級機關審理及查明案情的重要依據。最後，也是最為重要的

〔註38〕（宋）李心傳：《建炎以來繫年要錄》卷一六三，第 7 冊，上海古籍出版社 2018 年版，第 2817 頁。

〔註39〕（清）徐松：《宋會要輯稿》刑法三，第 14 冊，劉琳等校點，上海古籍出版社 2014 年版，第 8407 頁。

一點，即通過給當事人以「斷由」的制度，既表明了宋代政府對民事案件的重視，同時，也是對縣令法律素養的高水平要求。南宋時，臨湘縣令王炎留下了一篇極其難得的審理心得。他說，臨湘與江浙一帶大縣相比，地狹民稀，詞訟也只是這些「繁難之縣」的百分之一。即便如此，臨湘縣的訴訟案件仍有一半是爭田地的。可見，田疇官司是百姓生活中常見之現象。既然訟田如此之多，說明田產之爭對於百姓來說該是多麼的重要，那麼，作為親民之官的縣令該如何審理呢？

王炎認為，審理田產之訟，首先要看「干照」。干照既是田產交易的一應契約文書，這說明宋代審理田產案件，書證起著極其重要的作用。若契約文書明晰，就再進一步看，現在所爭田產究竟由誰管理、佔有、使用。如果契約渙漫不明，田產歸屬之訴的追訴時效限於二十年。若因戰亂及自然災害，原田主人已逃離，土地已荒蕪數十年，現在有人開荒田為熟田，則原主人不得執舊田產證予以「剗奪」。若當事人爭執不休，誰管業誰開荒，難以見虛實，那麼審理者就必須問及鄰保，細細調查，方得其情。

這是通常的情況，審理原則十分清楚，問題是臨湘縣雖小，可民情萬端，所爭田產之訟自有與他縣不同之處？王炎列出的特點是：（1）契約不明，田產界限相互交叉，有的人一直納田稅，可並無田產證明；（2）有的既不納田稅，也無田產證明，卻一直在佔有、使用。在此種複雜情況下，縣令只能依據法律精神、根據案情，平心據理而斷，既不敢徇私、偏頗袒護，也不能盡聽胥吏之偏詞，受其迷惑。若當事人反覆爭執，則必須要求原被告至庭前問話，反覆詰問、論辯，但不得施以刑訊，也不得把他們收監拘押。

即便如此小心，但案情複雜，人心不古，法官也恐有「十得一失」之弊。對此，縣令斷案時又必須依據法律之規定，為當事人出具「斷由」。王炎說：「然人之情偽固難盡知，而一己所見豈能盡當，即又準條令為給斷由，其斷由之中必詳具兩爭人所供狀詞，然後及於理斷曲直情理，恐人戶以為所斷未公，即當執出斷由，上詣臺府陳訴。」〔註40〕

在這段文字中，王炎作為臨湘縣縣令，把審理民田之訟之所以給當事人以斷由的原因及作用都做了說明。究其原因，王炎概括了兩點：一是怕自己謀慮有誤，以失公平，二是怕當事人故意找茬子不服而纏訟，給出斷由以為

〔註40〕（宋）王炎：《上孫漕書》，載《全宋文》第 270 冊，上海辭書出版社、安徽教育出版社 2006 年版，第 89～90 頁。

上級審查憑證，因為斷由之中，已記載了訴訟雙方爭執的原因及判決的理由。

王炎所述，確實道出了一個南宋親民之官的心聲。但若從宋代社會生活的發展脈絡而言，無論是「斷由」作為民事審判的專有名詞，或者是「給斷由」作為一項民事訴訟的制度，它之所以成為一種時代風尚單獨出現在南宋，既跟宋朝政府為適應社會生活發展之需要而採取的重大措施密切相關，也與百姓生活中對司法專業化的訴求相關。首先是朝廷針對社會上連年出現的「訟累」而採取的社會減壓措施，所謂「訟累」，既包括了當事人在訟師教唆下的興訟與「健訟」，也包括了當事人不經州縣而徑直訴訟至路乃至中央的「越訴」。其次，是宋政府試圖通過民事訴訟給當事人以「斷由」的措施，來提高辦案的效力，以強化南宋地方司法官員的法律素養，並滿足南宋百姓社會生活中對司法專業化的訴求。南宋時，伴隨著土地私有制的深化及土地權利的細密化，典、賣、租乃至以田宅質押借錢等各種不動產交易現象在宋代百姓社會生活中無時無刻不在出現，由此產生的田宅訴訟也日益增多。在百姓的生活中，不僅田宅交易需憑契約文書已成為時代風尚，就是打官司需要訟師幫助也成為普遍現象。在社會雙重的壓力之下，田產之訟不僅要求法官具有良好的法律素養，同時，老百姓對司法公平的要求也越來越緊迫。他們不僅渴望法官明斷是非，還要求法官判決不能拖延時日，以免案牘積壓，既妨礙農務，也影響當事人對司法清明的心理訴求。所以南宋自高宗以後，不斷頒布詔令，嚴禁斷案不給斷由，甚至對給斷由的時限不斷地進行調整，或當廳給予斷由，或三日後給斷由。且看以下史料：

宋光宗紹熙元年（公元 1190 年）六月十四日，臣僚言：「州縣遇民訟之結絕，必給斷由，非固為是文具，上以見聽訟者之不苟簡，下以使訟者之有所據，皆所以為無訟之道也。比年以來，州縣或有不肯出給斷由之處，蓋其聽訟之際，不能公平，所以隱而不給。其被冤之人或經上司陳理，則上司以謂無斷由而不肯受理，如此則下不能伸其理，上不為雪其冤，則下民抑鬱之情皆無所而訴也。乞諸路監司、郡邑自今後人戶應有爭訟結絕，仰當廳出給斷由，付兩爭人收執，以為將來憑據。如元官司不肯出給斷由，許令人戶徑詣上司陳理，其上司即不得以無斷由不為受理，仍就狀判索元處斷由。如元官司不肯繳納，即是顯有情弊，自合追上承行吏人重行斷決」。有詔從之。〔註41〕

〔註41〕（清）徐松：《宋會要輯稿》刑法三，第 14 冊，劉琳等校點，上海古籍出版社 2014 年版，第 8412 頁。

上文已述，民事訴訟給當事人以斷由的制度，是自高宗紹興二十二年（即公元 1152 年）開始的，然從孝宗紹熙元年的這道詔令看，州縣審理民事訴訟於結案時，並沒有很好地貫徹這一法令，其中原因應是多方面的，其主要的原因是某些州縣因民訟繁多，不能按時結絕或者是判決不公、故意隱而不給，這才引起朝廷注意，要求諸路監司及州縣從此以後，民事案件於審理結案時，必須當廳給當事人以斷由。如若不給，許令當事人越級上訴，上級司法機構不得以無斷由為理由不接受詞狀。即是說，上一級司法機關必須受理，而且還要繼續向原斷機關索取斷由，若原斷法司不肯出具「斷由」，則推定為審理有作弊之嫌，原斷機關長官與辦案人員即要受懲處。這是一道更加嚴厲與詳實的法令。

「當廳給斷由」是一項嚴格的要求，而且這只能適用於那些案件事實清晰，不需要追索證人的輕微民事案件。對於案情複雜，又需追索證人的民事案件是無法當日審結的，自然也就給不了斷由，所以後來，朝廷又有三日給斷由之諭。宋寧宗慶元三年（1197）三月二十七日，臣僚言：「乞申嚴舊法，行下諸路，應訟事照條限結絕，限三日內即與出給斷由。如過限不給，許人戶陳訴。從之。」〔註42〕

由於「給斷由」之制度既涉及到路、州、縣各級司法機關，又關涉到案情的輕重各不相同，故宋政府曾把不同時期的詔令，歸納整理，整齊畫一到《慶元令》中，其具體規定是：凡是縣所受理的輕微民事案件，限當日結清，並當廳給斷由於當事人；若需追索人證、物證，原則上五天結案；州郡限十日；監司半月為限。有其他重大原因者，不在此限。各級司法機關若無故違限，許人戶陳訴，並追究司法機關之責任。〔註43〕這是宋代歷史文獻中能見到的最為詳實的有關給斷由的規定。

三、宋代以「千文架閣法」管理司法文書，為地方州縣司法的職業化發展提供了保障

中國是一個成文法傳統極其悠久的國家，自春秋戰國以來，公布成文法便是一個歷史大趨勢。秦漢統一中國後，歷朝歷代皆有統一的法典頒行於天

〔註42〕（清）徐松：《宋會要輯稿》刑法三，第 14 冊，劉琳等校點，上海古籍出版社 2014 年版，第 8412 頁。

〔註43〕（清）徐松：《宋會要輯稿》刑法三，第 14 冊，劉琳等校點，上海古籍出版社 2014 年版，第 8414 頁。

下。尤其到了唐宋，不僅有《唐律疏議》作為中華法系的代表作影響於後世及周邊各國，而且宋還在繼承唐律的基礎上，大規模地頒布敕令、修訂敕令。北宋有元豐敕令的修訂，南宋則有《慶元條法事類》頒行於全國。如此大規模的修訂法令，必然要求從中央到地方的各級機構建立起司法文書與法令的管理機構，並制定詳盡的檔案管理制度，來保證司法職業化的運行與實施。中國的檔案管理機構與制度到宋代獲得了突飛猛進的發展，成為中國歷史上最為輝煌的時期。

學界通常認為，有宋一代，從北宋真宗時起，已開始於京城設立專門的架閣庫，管理檔案。檔案學專家王金玉教授曾於 20 世紀 90 年代出版專著《宋代檔案管理研究》，並於《歷史研究》上發表大作《宋代千文架閣法辨析》，專門研討宋代地方上「千文架閣法」的實施。根據王先生的研究，「架閣」一詞原指貯存文牘案卷的櫥架。延伸之，可指架閣庫、架閣官，也可指將檔案放在櫥架上保存之意。如宋代文獻中多有「置庫架閣」、「送庫架閣」、「別庫架閣」語。「千文架閣法」應即以《千字文》編排字號收貯檔案的方法。《慶元條法事類》文書門架閣目中規定，倉庫的銷鈔薄要「常留一紙以《千字文》為號，月以架閣。」〔註44〕

宋代的地方檔案庫之創立並非始於宋仁宗時期的周湛，而「千文架閣法」之創立則始自於周湛無疑。對此，檔案學界辨之已詳，不必贅述。現在我們在這裡關心的是：宋代地方檔案庫之設立與司法職業化傾向之內在關係。簡言之，正是唐宋之際從中央到地方之檔案制度的完善與檔案庫的建立，才從外部支撐了唐宋時期州縣司法職業化傾向的出現，甚至可以說，如若沒有檔案庫的建立，司法參軍或其他各機構中的檢法官員，欲從卷帙浩瀚的法令文書中檢索出具體案件中適用的法令，無疑是大海撈針，幾乎是不可能實現的。正是因為宋代地方州縣各級檔案庫的建立，尤其是周湛「千文架閣法」〔註45〕的推行，才使得檢法官於法律文書中檢索出法條的可能性變為現實。

由於史料的散佚及歷史長河中文獻的湮滅，宋代地方上架閣庫實行中，

〔註44〕王金玉：《宋代「千文架閣法」辨析》，《歷史研究》1994 年 6 期。
〔註45〕《能改齋漫錄》載：「仁宗朝，周湛為江西轉運使，以江西民喜訟，多竊去案牘，而州縣不能制，湛為立千丈架閣，法以歲月為次，嚴其遺去之罪。朝廷頒諸路為法。」參見（宋）吳曾：《能改齋漫錄》卷一《事始》，上海古籍出版社 1979 年版，第 13 頁。「千丈架閣法」，北宋曾鞏《隆平集》作「千文架閣法」。王金玉先生已詳辨之。

檢法官從中檢索法條的直接史例已無從查考。但我們已然可以從《慶元條法事類》殘留下的《文書門・架閣敕令格》中，窺視到宋代架閣法的蛛絲馬蹟，並從中可以看到宋代對架閣官員職責的設置：

諸架閣庫，州職官一員，縣令丞、簿掌之。應文書印縫計帳數，封題年月事目並簿歷之類，各以年月次序注籍，立號編排（造帳文書、別庫架閣），仍置籍。遇借，監官立限，批註交受，納日勾銷，按察及季點官點檢。〔註46〕

諸制書若官文書應長留而不別庫架閣，或因檢簡移到而不別注於籍者，各杖一百。即應檢簡公案而被差覆檢官不如令者，罪亦如之。

諸架閣庫文書，所掌官吏散失者，杖一百。（散，謂出限或不立限各過百日不拘收者。行遣不絕者非。）當職官吏以架閣應留文書費用者，以違制論，非重害減三等。〔註47〕

從上列材料中可以看出，宋代法令對架閣庫官員的職責及其失職所應承擔的責任都作了詳盡的規定，法令及其與老百姓生活密切相關的納稅簿籍，司法文書等屬於法律上規定的「重害文書」，保留時間長，而且要求及時晾曬，以防黴變。嚴密的檔案管理制度為檢法官適時檢出法條，提供了法律上的保障。而此點尚未被學界研究所提及，有必要予以表出，以示重要。

宋代檢法官在民事訴訟中於架閣庫司法文書中檢出的法條除了《清明集》中保留下來的「司法擬」外，尚有《宋代石刻文獻全編》所收《給復學田公牒二》記載了宋理宗紹定三年（公元 1229 年）平江府檢法司檢出的法條：「今承法司檢具條令：律：諸盜耕種公私田者，一畝以下笞三十，五畝加一等，過杖一百；十畝加一等，罪止徒一年半，荒田減一等，強者各加一等，苗子歸官主（下條苗子準此）；律：諸妄訟公私田，若盜貿賣者，一畝以下笞五十，五畝加一等，過杖一百，十畝加一等，罪止徒二年；敕：諸盜耕種及貿易官田（泥田、沙田、逃田、退復田，同官荒田，雖不籍系亦是），各論如律，冒占官宅者，計所賃坐贓論罪，止杖一百（盜耕種官荒田沙田罪止準此），並許人告；令：諸盜耕種及貿易官田（泥田、沙田、逃田、退復田同），若冒占官宅，欺隱稅租賃值者，並追理。積年雖多，至十年止。（貧乏不能全納者，每年理

〔註46〕楊一凡、田濤主編，戴建國點校：《中國珍稀法律典籍續編第 1 冊：慶元條法事類》卷十七，文書門二，黑龍江人民出版社 2002 年版，第 357 頁。

〔註47〕楊一凡、田濤主編，戴建國點校：《中國珍稀法律典籍續編第 1 冊：慶元條法事類》卷十七，文書門二・架閣敕令格，黑龍江人民出版社 2002 年版，第 356 頁。

二分），自首者免。雖應召人租賃，仍給首者。格：諸色人告獲盜耕種及貿易官田者（泥田、沙田、逃田、退復田同）準價給五分。令：諸應備償，而無應受之人者，理沒官。」〔註48〕

　　這是目前能見到的宋代最為完整的一段檢法司檢出的法條，足見若無完備的檔案架閣制度，地方州縣檢法官員絕無可能檢出如此詳備之法條。

四、結論：唐宋司法職業化傾向的出現，預示著國家治理方略的轉變，是唐宋司法公正及政治清明的重要條件

　　現代法學理論認為：法律家的職業威信是國家規範效力的可靠保證，法律家的職業自治則是司法正義及現代社會公正的基本前提。嚴格說來，古典中國在儒家意識形態占主導價值的文化形態中，不可能有現代意義上的職業法學家與司法職業化，為何宋代社會單單出現了司法職業化之趨向？這是不能不回答的問題。

　　我認為欲解答此一問題，須從以下三個方面入手：首先是社會變革下，治國方略的轉變。即由對立法的重視轉向了宋於五代之亂後大規模的司法改革。唐於中前期曾頒布了一部享譽世界的法典——《唐律疏議》。據此，說到中國古代法治的輝煌，人們便不得不提及這部於中外古今發生了重大影響的法典。其實，這對宋代來說，並非十分公允。因為宋代司法的成就很容易湮沒在唐律法制成就的奪目光環中。其實，與唐相比，宋的最大成就不是立法上《宋刑統》的頒布與《慶元條法事類》的制定，而是宋初以來大規模的司法改革。舉其犖犖大端者有三：一是以讀書人，即士子充當地方各級司法官員，以取代五代以來的馬步牙校恣意司法的局面；二是重視法律考試與法律教育，提高法官的職業素養。宋代的法律考試規模空前，種類逾唐，法學教育重視法官人格的培養，頗具時代特色；三是法官的選拔有其嚴格的條件與程序，州級司法及中央三大司法機關中出現了一批具有職業化特色的司法群體，其專業化程度走在世界司法文明的前列，司法公正成為治國理政的重大方略。

　　其次是最高統治者司法理念的變化。宋代的統治者懲五代十國戰亂之弊，司法理念與前世朝代相比，變得更加務實，他們不再空喊民本及仁政的口號，而是腳踏實地地把儒家的這些理念落實到老百姓的生活中。太祖、太宗於建

〔註48〕國家圖書館善本金石組編：《宋代石刻文獻全編》，第 2 冊，北京圖書館出版社 2003 年版，第 339 頁。

國伊始，便派監察御史分巡諸道，並在一定程度上行使司法審判權力，這是
戰亂之際糾弊的重大舉措。同時，宋太宗又置「審刑院」於禁中，把司法公正
作為國家的頭等大事，太宗常說：「庶政之中，獄訟為切。」北宋末至南宋初，
隨著政權的南遷及江南經濟形勢的發展與利益多元化的呈現，宋代政府又把
司法治理的重點轉向了「民事」，為政以「民事為急」。

　　最後，宋代司法職業化趨向之出現還與士大夫主體意識的覺醒及老百姓
生活的訴求密切相關。余英時先生曾在《朱熹的歷史世界》一書中，把宋代
士大夫的主題意識概括為「以文化主體自居」、以「政治主體自覺」、具有「以
天下為己任」的自覺與擔當精神。﹝註49﹞余先生認為，宋代之士人與唐代士
人的最大不同就在於由貴族走向了庶民。其實，宋代士人作為法官的主體，
通過法律考試與科舉考試走進了司法職業隊伍，他們的文化自覺精神與政治
自覺意識反映在司法與實務上就是職業化趨向的出現。這種職業化趨向除了
表現在司法程序上的「鞫讞分司」外，還集中反映為宋代鄭克《折獄龜鑑》，
乃至宋慈世界上最早一部法醫學著作《洗冤集錄》的問世。

　　再就百姓的生活訴求而言，宋與唐中期之前的朝代相比，一個最大的變
化就是：隨著社會結構的變革及土地私有制的深入發展，婚姻、田宅、債務
之類的訴訟已成為百姓生活中的家常便飯。儒家的「息訟」觀念雖還經常在
士大夫的判詞中出現，但那不過是法官教育當事人的說詞而已。訴訟當事人
的權益之爭早已代替了那些空洞的道德訓條，務實的法律判決是宋代判詞的
時代風貌。百姓對司法的職業化訴求已是人們過日子的規則與邏輯，也是宋
以後明清市井文化的常態，這從其後的三言二拍及章回小說《水滸》的描寫
中，也可略見一斑。

　　如果說，現代的司法職業化，是指法官群體或法律職業群體的自治與獨
立的話，那麼宋代還不可能有這樣嚴格意義上的司法職業化群體。但若不是
以此凝固化的概念簡單地裁定歷史，不是以現代人的傲慢眼光蔑視傳統，我
們就會發現自唐至宋，確實出現司法文明史上少見的司法職業化趨向。所謂
「趨向」就是一種典型形態出現之前的「萌芽」或「狀態」，對這種「萌芽」
或「狀態」給予挖掘並進行適當的解釋，既是法史學者的職責，也是一個法
史研究者對中國司法傳統及司法文明史進行現代敘事的一種新嘗試。

﹝註49﹞余英時：《朱熹的歷史世界》自序二，上冊，生活·讀書·新知三聯書店 2004
　　　年版。實際上，宋代士人也是法官的主體，是司法活動的主體承擔者。

　　傅斯年先生曾說：「就統緒相承以為言，則唐宋為一貫，就風氣同異而立論，則唐宋有殊別。」唐宋社會變革既是一種事實上的歷史突破，也是學界一直關注的一個大課題。然而，以法史的眼光，從唐宋之際司法職業化之趨勢的角度觀察此社會變革，並把它與國家治理的方略相關聯，這在學界還是首次。

　　縱觀中國歷史，我們不難發現這樣一個規律：即是在中國社會發生變革的時代，國家的治亂興衰往往與法律的治理模式互為表裏。從夏商周到春秋戰國，以至於秦漢，國家的治理模式走過了由巫治到禮治再到官僚之治的模式，隨之而來的是法律治理模式也由貴族禮制走向了官僚法制。〔註50〕就其歷史進程而言，原生態的生長於中國歷史社會結構中的官僚型法制，儘管其身上自始至終都套著兩種沉重的歷史枷鎖，即宗法禮制與皇權專制的束縛，但在它的內在機制裏卻依然頑強地生長著官僚理性與法制理性。

　　所謂官僚理性，是說古典中國自戰國以來，尤其是秦統一中國後，官僚機器就格外的發達，其中的設官分職制度與官員考課制度，不僅強調「因任而授官，循名而責實」，而且還對官員的責任進行了詳細的劃分，其中既有經濟責任，也有行政責任，更有刑事責任，古代中國是現代西方文官制度的故鄉。所謂法制理性，既表現為古典的「罪刑法定主義」之萌芽，如劉頌倡導的「律法斷罪皆得以法律令正文，若無正文，依附名例斷之，其正文名例所不及，皆勿論」〔註51〕，也表現為唐宋之際，州縣之地方，尤其是州級司法的職業化趨向之出現。

　　就司法的專業性而言，儘管唐宋時期地方之長官，如知州、知縣等，仍然是行政兼理司法，可是我們千萬不要以為這就是所謂的司法行政不分，更不要以為唐宋州縣司法與漢唐及後期的明清沒有什麼大的變化，因為唐宋州縣，尤其是宋代州級司法，不僅長官要親審囚徒，而且長官的判決主要是建立在州級屬官——即州縣幕職官員的擬判上，宋之州級屬官中的司法參軍的主要職責就是「檢法議刑」，這是宋不同於中國歷史上各朝代的最大特色。檢法官員的設置及檢法職責的專業化，既是宋朝政府應對唐宋以來社會變化、

〔註50〕參見李貴連：《從貴族法治到帝制法治——傳統中國法治論綱》，載《中外法學》2011年3期。
〔註51〕（唐）房玄齡等：《晉書》卷三十，刑法志第二十，第3冊，中華書局2012年版，第938頁。

訴訟增多、百姓渴望司法公平、政治清明的重大舉措，也是宋王朝總結唐中期之後及五代十國以來「司法黑暗，刑罰殘酷」之慘痛教訓，而採取的治國方略之轉變的重大措施。

司法的專業化與偵、審、判的分工制衡化，雖不能完全保證整個宋代司法的公正，但任何時代的司法公正都離不開這兩個條件的支撐，而司法公正又是古典中國政治清明的決定性因素，因為司法不僅關涉每一個人的生活、財產及自由，而且還與人之生命及尊嚴密切相關，司法公正則社會安定，生活和諧。司法不公，則老百姓怨聲載道，社會矛盾突出，乃至「逼上梁山」，揭竿而起，故司法公正是社會正義的最後一道防線，與政治清明息息相關。

就宋代的州級司法而言，檢法官的專職設置及「鞫讞分司」的權力制衡是宋代司法公正與司法職業化的內在條件；而「架閣庫」制度與民事審判「給斷由」的制度，則從外部給予支撐。「千文架閣法」的施行保證了檢法官「檢法議刑」職責的行使，「給斷由」則要求法官必須通曉法律，熟諳法理。內外因素結合，上下制衡相維，使得唐宋州縣的治理於中國司法文明史上留下了光輝燦爛的一頁，正如時人所言：「本朝比之前世，刑獄號為平者，蓋其並建官師，防閑考核有此具也」。〔註52〕

〔註52〕（明）黃淮、楊士奇編：《歷代名臣奏議》卷二一七，慎刑，第 3 冊，上海古籍出版社 1989 年版，第 2852～2853 頁。